Bruno Schirra
ISIS – Der globale Dschihad

W0076490

Bruno Schirra

ISIS
Der globale Dschihad

Wie der »Islamische Staat«
den Terror nach Europa trägt

Econ

5. Auflage 2015

Econ ist ein Verlag
der Ullstein Buchverlage GmbH

ISBN 978-3-430-20193-3
Redaktionsschluß: 10. Dezember 2014
© der deutschsprachigen Ausgabe
Ullstein Buchverlage GmbH, Berlin 2015
© für Karte: Peter Palm, Berlin.
Alle Rechte vorbehalten
Gesetzt aus der Sabon
Satz: LVD GmbH, Berlin
Druck und Bindearbeiten: GGP Media GmbH, Pößneck
Printed in Germany

Inhaltsverzeichnis

Einleitung

Es dauert lange, sehr lange, einem Menschen den Kopf abzusäbeln. Gerade dann, wenn man wie die dschihadistische Terrorgruppe ISIS dies als einen geradezu rituellen Akt zelebriert. Öffentlich dazu und dann die Videoaufnahmen dieses archaischen Tötens ins Internet stellt. Was in Gottes Namen treibt einen Menschen dazu, so etwas zu machen?

Ich weiß es nicht. Werde es nie wissen. Aber ich habe ihre Augen gesehen. Die strahlten voller Glück ob ihres Mordens.

Was treibt andere Menschen dazu, solche Art des Tötens geradezu glücklich zu bejubeln? Ich weiß es nicht. Werde es nie wissen. Weiß aber, dass es in der ägyptischen Stadt Alexandria wie an anderen Orten recht viele Menschen gibt, die dieses Töten und die aufgespießten Köpfe der Gemordeten glücklich bejubeln. Was ist bloß mit Alexandria und seinen Menschen geschehen?

Ich kenne Alexandria noch aus den Zeiten, als in der Stadt am Meer die Frauen flanierten, als in der Nacht dort das Leben in all seiner deftigen Leichtigkeit pulsierte, als dort gelehrt und gelernt wurde, als die Stadt weltoffen und kosmopolitisch war. In der Menschen heiter und lustvoll das Leben und die Liebe liebten und beidem frönten. Verlorengegangene Zeiten. Die Stadt und ihre Bewohner sind im Würgegriff der Islamisten, im Dunkel des Dschihad gefangen.

Ich habe in Beirut, in Damaskus, in Kairo dieselbe Wandlung miterlebt, in all den Jahren nach 1981, als ich zum ersten Mal die Länder Arabiens besuchte. Zuerst als Reisender, später als Reporter. Habe gesehen und gespürt, wie die Menschen dort und überall in der arabischen Welt ihre Lust am Leben verloren haben. Ich habe erlebt, wie ihre Lebenskultur zerbröselte und eine andere Kultur entstand: die Kultur des Todes. Die Barbaren des Dschihad beherrschen heute die Menschen in Kairo, Alexandria, in Beirut, in Damaskus, in allen Ländern Arabiens. Auf lange, auf unendlich lange Zeit hinweg.

Und dann ist da Bagdad. Da ist der Irak. Bagdad war einmal, auch wenn das lange, sehr lange her ist, die strahlendste Stadt der ganzen Welt, der arabisch-islamischen sowieso. Eine Stadt der Gelehrsamkeit, der Künste, der Wissenschaften. Seit 35 Jahren kennen die Menschen dort nur eines: den Krieg und den Tod. Den hat ihnen Saddam Hussein, und niemand sonst, gebracht. Heute kriecht aus dem Land die Barbarei des ISIS und breitet sich einem Virus gleich in der gesamten arabischen Welt aus. Dschihad, Dschihad, Dschihad, so tönt es unablässig von dort. Zuerst unter dem Banner von Al-Qaida, dann unter der Flagge des ISIS ist die arabische Zivilisation zusammengebrochen und heute eine marode gewordene Gemeinschaft, aus der sich Al-Qaida, ISIS und die Glaubenswut des Heiligen Krieges erst haben entwickeln können. Es ist eine Gesellschaft, die ihre tiefen Wunden betrachtet und dabei jedoch die eine Fähigkeit verloren hat, die ihr zu wünschen ist, auch wenn das schmerzhaft ist. Die zur Selbstkritik, als ersten Schritt zur Heilung.

Die arabisch-islamische Zivilisation hat sich diese Wunden selbst geschlagen. Es war nicht der böse Westen. Nicht der schreckliche Imperialismus, nicht der gierige Kolonialismus und, ach ja, es waren auch nicht die Juden, die für die unsägliche Malaise der arabisch-islamischen Kultur verantwortlich zu machen sind. Muss da die Unschuld des George W. Bush noch eigens erwähnt werden? All die unzweifelhaft begangenen Sünden des Westens wider die arabische Welt haben, wenn überhaupt, nur als Katalysator gedient. Sie haben die Glaubenstumulte, die die arabische Welt erschüttern, nur beschleunigt. Nicht verursacht.

Die Trümmer, unter denen die einst so strahlenden islamischen Zivilisationen heute begraben liegen, müssen weggeräumt werden, damit die Menschen dort wieder leben lernen können. Weder die Amerikaner noch die Staaten des Westens werden diese Aufräumarbeit in Angriff nehmen. Sie wollen es nicht. Sie können es nicht. Sie dürfen es nicht. Antworten können nur aus diesen Zivilisationen selbst heraus kommen. Derzeit und wohl auf lange Jahre hinaus ist jedoch ISIS diese Antwort.

ISIS breitet sich in den arabischen Staaten aus. Auf dem Sinai, in Libyen, in Algerien. Sein Gedankengut wabert durch Jordanien und den Libanon, wuchert in Saudi-Arabien, durch den Jemen, findet Anhänger in Tunesien bis hin nach Mauretanien. Die islamisch-arabische Zivilisation, einst das Licht für das europäische Dunkel, ist jetzt selbst in Dunkelheit versunken und hat derzeit nur eine Antwort: sich und die ganze Welt durch ISIS zur Geisel Gottes nehmen zu lassen.

Die Barbaren sind auch unter uns. ISIS ist längst angekommen in Europa. Deutsche Schulabbrecher und angehende Ingenieure pilgern als »Heilige Krieger« in den Irak und nach Syrien. Junge Frauen in zunehmender Zahl. Konvertiten und Migranten der dritten Generation. Aus Europa sind etwa 8.000 Dschihadisten ausgereist, etwa 3.000 sind bereits wieder zurückgekehrt. Tickende Zeitbomben. ISIS wird Europa verändern. ISIS wuchert. Metastasen gleich.

In Deutschland, in Dresden wie an anderen Orten treibt das die Menschen auf die Straßen. Zehntausende demonstrieren bislang noch friedlich und gewaltfrei gegen die Islamisierung Europas. Allein: Die findet nicht statt. Europa ist vom Terror bedroht. Nicht von einer Religion. Auch wenn es aus dem Islam heraus starke Strömungen gibt, die Religion in eine Terror-Ideologie zu transformieren, bedeutet dies nicht, dass jeder gläubige Muslim die Kultur unseres Abendlandes bedroht oder gar ein Terrorist ist – oder dies werden wird. Die Demonstranten treibt die Angst vor dem Fremden, vor dem Terror auf die Straßen. Das ist ihr gutes Recht, man nennt dies Demonstrationsfreiheit. Sie sogleich in griffiger Dummheit als Rechtspopulisten oder gar Schlimmeres zu diffamieren ist kontraproduktiv. Ihre Ängste ernst zu nehmen und sie abzubauen wäre hingegen hilfreich. Die Türken, die Araber, sie stehen nicht vor den Toren Wiens, geschweige denn vor den Toren Dresdens. Sie leben schon längst unter uns – und das ist gut so.

Dieses Buch beschreibt, wie der Aufstieg des ISIS begann und wozu er führte. Ich berichte von meinen Reisen in ein terrorisiertes Land, habe mit ISIS-Terroristen und ihren Opfern gesprochen. ISIS ist nicht aus dem Nichts heraus entstanden. ISIS ist gehegt und gepflegt worden. Von Saudi-Arabien, aus den Golfstaaten, vom Natopartner Türkei. ISIS hat sich aus Al-Qaida heraus entwickelt, sich losgelöst und von der Mutterorganisation emanzipiert, ist heute weitaus gefährlicher, als es Al-Qaida je war. Der Führer des ISIS, der selbsternannte Kalif, Abu Bakr al-Baghdadi, der sich nun Kalif Ibrahim nennt, sieht sich selbst als den einzig legitimen Erben des Osama Bin Laden.

Das Buch will ganz explizit keine Antworten geben, was zu tun ist, um ISIS zu zerstören, will keine Lösungen behaupten. Aus einem ganz banalen Grund: Es gibt keine – außer der einen. Europa wird lernen müssen, mit ISIS und der von ihm ausgehenden Gefahr zu leben, ohne dabei seine Werte zu verlieren. Seine Freiheiten. Seine Würde. Die besteht aus sechs wunderbaren Worten in der Präambel des deutschen Grundgesetzes: Die Würde des Menschen ist unantastbar. Nicht die des Muslims, nicht die des Europäers, nicht die des Gläubigen, des Ungläubigen, des Mannes, der Frau. Schlicht die des Menschen. All dies negiert ISIS. Das Kalifat des Abu Bakr al-Baghdadi liebt nur eines: das Dunkel der blutigsten Barbarei. Den Tod, nicht das Leben. Nicht die Liebe, die Lust, die Schönheit, die Poesie. Sie lieben noch nicht einmal ihren Glauben.

»Sie sind keine Menschen«, sagte mein kurdischer Freund Tarik während unserer Reisen. »Sie verdienen nur eine Antwort.« Und zeigt seine Kalaschnikow. »Sie sind Ratten«, sagte Esther, die arabische Christin aus Des Moines, Iowa, USA. Die Ärztin Esther, die nach dem Einfall von ISIS alles stehen und liegen ließ, um im Irak zu helfen. Den Christen, den Jesiden, den Sunniten, den Schiiten des Landes.

Ich sehe keinen Sinn darin, ISIS, dem »Islamischen Staat im Irak und Syrien«, und sei es auch nur gedankenlos, den Anschein von Legitimität zu geben. ISIS nennt sich inzwischen »Islamischer Staat« und unterstreicht damit den globalen Anspruch seiner Herrschaft. Die deutschsprachigen Medien haben diesen von ISIS vorgegebenen Begriff sogleich übernommen. Bis auf eine Ausnahme. Die vielgescholtene BILD. Den Kollegen dort ist zu danken, dass sie nicht in die Falle des ISIS getappt sind.

Bruno Schirra, im Dezember 2014

Reise in ein terrorisiertes Land

Sie stand da wie eingefroren. Schon seit Stunden. Kein Zittern, kein Beben. Als sei sie aus Beton gemeißelt. Stumm und starr und regungslos. Das hatten uns die Leute in Tikrit erzählt und so, genau so, hatten wir sie vorgefunden, nachdem die Menschen von Tikrit uns zu ihr hingeführt hatten. Bewegungslos stand sie am Stadtrand, den rechten Arm nach unten ausgestreckt, dorthin deutend, wo es noch immer lag. Dieses Häuflein, das einmal ihr Kind gewesen war, und Tarik, der treue Freund und kurdische Begleiter in diesen Tagen, Tarik schüttelte langsam und traurig den Kopf, strich sich mit der Linken hilflos und scheinbar sehr bedächtig übers Kinn und hob dann irgendwann nur noch unendlich müde den rechten Arm »Das hier«, sagte er und deutete mit einer langsamen Kopfbewegung auf die Kalaschnikow in seiner Hand, »das hier ist die einzige Antwort, die diesen Leuten zu geben ist. Sie verstehen nur diese eine Sprache. Nur diese! Sie sind keine Menschen. Sie sind schlimmer als die schlimmsten Tiere.« So hatte Tarik das in aller Entschiedenheit gesagt und danach beugte er sich zur Seite, legte die Kalaschnikow zu Boden und hob das Kind mit beiden Händen und mit sehr viel Zärtlichkeit auf.

»Wir müssen es beerdigen«, sagte Tarik. »Ja«, meinte ich, »das müssen wir wohl.« Tarik schaute zur Seite.

Der 25 Jahre alten schiitischen Lehrerin Zaynab al-Husseini[1] war es in diesen Sommertagen im Juni 2014 in der sunnitischen Stadt Tikrit widerfahren, dass man ihr die Seele, die Liebe und das Menschsein aus dem Leib getrieben hatte. Zaynab war aus Kerbela, der den Schiiten heiligen Stadt, nach Tikrit gefahren. Ausgerechnet nach Tikrit. Der Geburts- und Heimatstadt des Saddam Hussein, aus der heraus in den letzten vier Dekaden so viel Blutiges über die Menschen des Irak, seine Schiiten, seine Kurden, seine Sunniten und all die anderen hereingebrochen war. Aber Zaynab wollte doch in Tikrit nur eine Freundin besuchen. Nun ja, eine sunnitische zwar, aber so etwas gibt es. Sogar im Irak. Freundschaft. Zwischen Sunniten und Schiiten. Auch heute noch. Allen Kriegen und, viel mehr noch, allem Glauben zum Trotz.

Aber dann ist Zaynab in Tikrit der heilige Furor Gottes widerfahren. Dessen gläubige Jünger beriefen sich auf ihn, bei allem was sie taten.

Sie haben ihr das Kind genommen. Das Zweijährige. Sie haben sich an jenem Tag das Kind an den Beinen gegriffen, ganz so, wie man sich ein totes Huhn greift. Haben das Kind durch die Luft gewirbelt, seinen Kopf an die Wand gedonnert. Der Kopf ist dann aufgeplatzt, so wie eine Melone aufplatzt, donnert man sie gegen eine Wand. So erzählten uns das die Menschen in Tikrit. In scheuer Angst, hilflos und mit blassen, totenbleichen Gesichtern. Sie konnten nichts dagegen tun. Das sagten sie uns an jenem Junitag 2014 immer wieder, und wir glaubten ihnen, Tarik und ich, und sei es auch nur, weil wir es ihnen glauben wollten.

Zwei Tage vor unserer Ankunft waren, wie aus dem Nichts kommend, von Norden, aus dem Westen und von Süden her die Terrorkohorten von ISIS, dem »Islamischen Staat im Irak und in Syrien«, einem alles zerstörendem Heuschreckenschwarm gleich blutig heranschwirrend, über die

Stadt hergefallen, hatten große Teile in ihren Würgegriff genommen. Bei unserer Ankunft waren aus der Ferne die Kämpfe, der Gefechtslärm, das Rattern schwerer Maschinengewehre, das ständig auf- und abschwellende Explodieren der Granaten, das schrille Pfeifen der Mörser noch zu hören und all das verschmolz zu einer einzigen Todessymphonie.

Als ISIS in die Geburtsstadt des irakischen Diktators Saddam Hussein einfiel, flohen die Soldaten der Zentralregierung in Bagdad ebenso wie die Polizisten der Stadt und die der Provinzregierung in panischem Schrecken. Sie warfen ihre Waffen weg, zogen eilends die Uniformen aus und Zivilkleidung an. Vom einfachen Polizisten und Soldaten bis zum Drei-Sterne-General waren alle, so scheint es im Nachhinein, nur von einem Gedanken angstbesessen getrieben: Weg! So schnell wie möglich! Die nicht mehr rechtzeitig aus Tikrit fliehen konnten, wurden gefangen genommen. Dann begannen die Selektionen. Wer als sunnitischer Soldat oder Polizist im Dienst der schiitisch dominierten Zentralregierung stand, konnte »bereuen«. Wurde ihm diese Reue geglaubt, dann wurden ihm seine Sünden wider Allah, sein Verbrechen, als Sunnit der ketzerischen schiitischen Regierung gedient zu haben, verziehen – wenn er sich ISIS anschloss und seine Reue dadurch bewies, dass er seine schiitischen Kollegen oder Kameraden als Schiit identifizierte und sie dann eigenhändig tötete. Wer unzweifelhaft als Schiit identifiziert wurde, wurde zur Seite getrieben. Dann begann das große Schlachten an mehr als 2.000 Menschen.[2]

Denn Da'ish, wie Allahs Glaubensterroristen aus den Reihen des ISIS im Nahen und Mittleren Osten genannt werden, Da'ish tötet seine Gegner nicht nur, Da'ish schlach-

15

tet sie, und Allahs Terroristen zelebrieren dieses Schlachten als inbrünstiges religiöses Ritual wider jeden, der sich ihnen in den Weg stellt, wider jeden, der sich ihrem Glauben nicht bedingungslos unterwirft. Da'ish beruft sich bei seinem Morden auf den heiligen Koran, auf die Sunna und auf die Hadithe, wähnt sich und nur sich im Besitz der allein gültigen Wahrheit, darüber wie Koran, Sunna und Hadithe zu lesen, zu verstehen und zu deuten sind. Die Nachrichten über das Morden von Dai'sh hatten sich wie ein Lauffeuer und in Windeseile im ganzen Land verbreitet, nicht zuletzt auch, weil ISIS selbst Tag für Tag immer neue, aufwendig und höchst professionell produzierte Videoaufnahmen vom heiligen Töten und gottestrunkenen Schlachten an den Feinden Allahs ins Internet gestellt hatte. Das waren Bilder eines nicht aufhörenden, sich ewig fortpflanzenden religiös bedingten Hasses auf alle ketzerischen Schiiten, alle Ungläubigen, alle vom wahren Glauben abgefallenen Sunniten, alle Christen, Jesiden. Bilder eines rituell ausgelebten Blutrausches im Namen Allahs und – wie Da'ish das sieht – im Auftrag Allahs.

Die Bilder erweisen sich bis heute als ein brillantes und perfekt funktionierendes Mittel der psychologischen Kriegsführung des »Islamischen Staates« (IS). So nennt sich ISIS seit dem 29. Juni 2014 selbst. An dem Tag hatte sich Abu Bakr al-Baghdadi in Mossul, der zweitgrößten Stadt des Irak, zum Kalifen ernannt, seinen Anspruch als Stellvertreter Gottes und Nachfolger des Propheten Mohammed der gesamten Gemeinschaft der Muslime dieser Welt postuliert und an diesem Tag, wie in den folgenden Wochen immer wieder, seine Ziele verkündet: die Wiedererrichtung des Kalifats zunächst nur im Irak und in den historischen Grenzen Großsyriens. Also dem heutigen Libanon, Syrien,

Jordanien und natürlich Palästina, womit Israel und die besetzten Gebiete gemeint sind. Die Befreiung Jerusalems. Als nächstes Ziel gibt Abu Bakr al- Baghdadi vor, ausnahmslos jedes Land, in dem jemals Muslime die Herrschaft innehatten, seinem Kalifat zu unterwerfen. Bis hin nach Al Andalus, mitten auf europäischem Boden. Westlichen Beobachtern zeigte sich Abu Bakr al-Baghdadi damit als ein geistig tief im Mittelalter feststeckender Kalif. Ein wahnwitziger Träumer aus 1001 Nacht. Sie belächelten ihn als einen Kalifen, der kläfft, er wolle »Rom erobern«[3].

Die Vorstellung eines nur kläffenden Kalifen, der in den Welten des Mittelalters gefangen ist und sich lediglich auf angebliche Vorstellungen aus dem siebten Jahrhundert bezieht, geht an der Realität vollkommen vorbei und unterschätzt die Gefahr, die von Abu Bakr al-Baghdadis Kalifat zunehmend ausgeht. Sein »Islamischer Staat« ist weltweit für Islamisten ein Magnet mit ungeheurer Anziehungskraft, ein mythisches Land, das sich derzeit konkretisiert und auf lange Jahre weiterexistieren wird. Es ist ein Trugschluss westlicher Politik, zu glauben, dass das Kalifat des Abu Bakr al-Baghdadi eine von nur vielen bizarren Merkwürdigkeiten in der Geschichte des Nahen Ostens sei. Ganz ohne jeden Zweifel steckt der selbsternannte Kalif in der Gedanken- und Glaubenswelt des dumpfsten Mittelalters fest – was ihn jedoch nicht daran hindert, alle Mittel der ihm so sehr verhassten Moderne effektiv einzusetzen. Auf Facebook, bei YouTube, via Twitter, in allen sozialen Netzwerken, verbreitet ISIS seine Botschaft, trommelt für seine Ziele und ist dabei mehr als nur erfolgreich. Gerade auch durch den Einsatz der blutigsten Bilder, die eine apokalyptische Endzeitbotschaft verbreiten: Du sollst töten! Im Namen deines Glaubens. Im Namen Allahs! Die Botschaft wirkt und erzeugt einen globalen Staubsaugereffekt. Aber-tausende pilgern in das verheißene Land des neuen Kalifen. Al-Baghdadi weiß um die schockierende Macht dieser Bilder, die zeigen, wie Männern, Frauen und Kindern die Köpfe abgesäbelt werden, wie sie gekreuzigt und zerstückelt werden. Er weiß um die Macht und die Wirkung der Bilder, die zeigen, wie Menschen gesteinigt oder lebendig begraben werden, wenn sie sich nicht seiner blutigen Glaubensknute beugen, sie sich nicht bedingungslos den Ge- und Verboten Allahs unterwerfen. Al-Baghdadi wird sich angesichts dieser Taten ganz im Einklang mit dem Islam wähnen. Das sollte ich in den kommenden Wochen in unzähligen Gesprächen mit vielen seiner Anhänger, mit einigen seiner Kämpfer, lernen: Heißt Islam in der wörtlichen Übersetzung des arabischen Wortes »Islam« doch nichts anderes als bedingungslose Unterwerfung und nicht Frieden, wie das als immer wiederkehrendes Stereotyp behauptet wird. Der neue Kalif weiß zudem, dass solche Bilder mitunter fehlende eigene Divisionen ersetzen und eine jede Kampfmoral zermürbende, jede Kampfkraft zersetzende Wirkung bei gegnerischen Armeen entfalten können.

Wie mörderisch die zerstörerische Wirkung dieser Bilder ist, realisierte die Weltöffentlichkeit erst nach der Eroberung von Mossul, der zweitgrößten und zugleich wichtigsten Industriestadt des Irak durch ISIS am 9. und 10. Juni. 60.000 Soldaten der schiitischen Zentralregierung waren an diesem Tag in den Garnisonen der Stadt stationiert. Trainiert von amerikanischen Ausbildern und Militärberatern. Die Divisionen Bagdads waren mit den modernsten Waffen aus US-Arsenalen ausgerüstet. Panzer, Hubschrauber, Flugzeuge, Artilleriegeschütze, Raketenwerfer, Granaten, Mörsergeschosse, Sturmgewehre. Seit Januar waren offensichtlich unbemerkt von den irakischen Sicherheitsbehörden etwa 3.000 ISIS-Terroristen in die Stadt eingesickert und fanden sicheren Unterschlupf bei sunnitischen Sympathisanten. Sechs Monate lang bauten sie unter den Augen der irakischen Sicherheitsbehörden eine militärische Infrastruktur auf, organisierten eine Schattenverwaltung und etablierten ein die ganze Stadt umfassendes mafiöses Geflecht, trieben monatlich allein in Mossul 15 Millionen US-Dollar an Steuern und Schutzgeldern ein.[4] Als am Abend des 9. Juni um 21.30 Uhr etwa 900 ISIS-Kämpfer in wendigen Toyota-Hilux-Geländewagen vor Mossul auftauchten und in die Stadt eindrangen, flohen als Erstes die irakische Generalität sowie deren hohe Offiziere. Eine ganze Armee löste sich über Nacht in Nichts auf. Ohne Gegenwehr und ohne einen einzigen Schuss abgefeuert zu haben. Im Morgengrauen des 10. Juni beherrschte ISIS die ganze Stadt.

Wochen später zeigte sich General Helgurt Hikmet Mela Ali, der Sprecher der kurdischen Peschmerga-Streitkräfte in Erbil, der Hauptstadt des Autonomen Kurdistan, noch immer fassungslos: »Wir können das nicht erklären. 60.000 Mann, ausgebildete Kampfsoldaten, die mit dem weltweit modernsten Kriegsgerät ausgerüstet sind, kapitulieren vor 900 ISIS-Terroristen vor der Stadt und vielleicht 3.000 Insurgenten in der Stadt. Ohne auch nur einen einzigen Schuss abzugeben? Das kann niemand verstehen. Das kann niemand erklären.« Es gab natürlich viele Vermutungen und unendliche Spekulationen, die zumeist in den im Nahen und Mittleren Osten so sehr beliebten Verschwörungstheorien mündeten. Die USA hätten den Zusammenbruch der irakischen Armee inszeniert, um endlich wieder im Irak militärisch eingreifen zu können. Natürlich durfte der Mossad als Schurke nicht fehlen, der Muslime in einen

Krieg gegen Muslime treiben wolle, auf dass die Juden so den Nahen und Mittleren Osten und schlussendlich auch die ganze Welt beherrschen könnten. Auch die Islamische Republik Iran wurde genannt. Die habe die schiitische Zentralregierung angewiesen, ihren Armeen in Mossul den Befehl zur Flucht zu geben. Es sei im Interesse Teherans, den sunnitischen Dschihad in Syrien und dem Irak zu stärken. Wenn sunnitischer Terror Syrien und den Irak überflute und den Westen bedrohe, dann sei der Westen gezwungen, Teheran im Kampf gegen den Terror des ISIS zu Hilfe zu rufen. Als Gegenleistung könne der Iran dann die Aufhebung aller Sanktionen gegen die Islamische Republik und massive Zugeständnisse im Atomstreit mit dem Westen verlangen. Zwei Tage nach dem Fall von Mossul erreichte der Sturmlauf von ISIS Tikrit, wo sich das Muster von Mossul deckungsgleich wiederholte, näherte sich Bagdad bis auf 25 Kilometer und drohte die Kapitale des Landes zu überrennen.

Als wir an diesem Sommertag in Tikrit ankamen, konnten wir den bestialischen Gestank des Todes, den Geruch des Blutes riechen, was kein Wunder war, denn überall lagen die zerfetzten Leiber der Gemarterten und verrotteten in der Wüstenhitze vor sich hin. Tikrit war an diesem Tag noch nicht wieder zur Gänze in der Gewalt der Gotteskrieger. Die Regierung in Bagdad hatte einen halbherzigen Versuch unternommen, die Stadt zurückzuerobern. Hatte neue Truppen ins Gefecht geschickt, aber die hatten außer Acht gelassen, dass sehr viele der Bewohner von Tikrit ISIS nicht als blutrünstige Besatzer angesehen, vielmehr als willkommene Befreier begrüßt hatten. Tikrit war immer eine Stadt Saddam Husseins gewesen. Der sunnitische Diktator, tief und fest in der tribalen Gedankenwelt Arabiens verankert, hatte die Stadt stets bevorzugt behandelt und sich aus seiner Heimatstadt seine engsten Vertrauten und ihm bedingungslos ergebene Gefolgsleute herangezüchtet. Die blieben Saddam Hussein über dessen Tod hinaus in unbedingter Treue fest verbunden, teilen dessen Hass auf alles Schiitische ebenso wie seine Angst vor allem Schiitischen. Beides zusammen schweißte ISIS und eine Vielzahl der Bewohner von Tikrit zusammen, und das war mit ein Grund, warum die schiitisch dominierte Armee der Zentralregierung in diesen Sommertagen die sunnitische Stadt nicht zurückerobern und ISIS nur aus einigen wenigen Randbezirken herausdrängen konnte.

Dort am Rande der Stadt war es also, wo wir in glühender Wüstenhitze Zaynab al-Husseini fanden und Abu Hamza und all die anderen trafen. Sunniten, denen das Entsetzen darüber ins Gesicht geschrieben stand, was der schiitischen Lehrerin aus Kerbela und ihrem Kind hier widerfahren war. Aber all das Kriegsgetöse um sie, das Mitleid und Entsetzen der Umherstehenden, die hilflosen Versuche, sie zu trösten, sie aus ihrer katatonischen Erstarrung herauszureißen, hatte für Zaynab al-Husseini wohl jede Bedeutung verloren. Sie war nur taub und schreckensstumm wie abgestorben dagestanden. Im wüsten Sand zu Tikrit.

Im glaubenstrunkenen Sturm hat ISIS, die dschihadistische Internationale des »Islamischen Staates im Irak und in Syrien« einer ewig sich selbst erneuernden Hydra gleich, im Zweistromland nicht nur irakischen Menschen wie Zaynab al-Husseini, sondern auch dem Rest der Welt das Schreckensgesicht einer islamischen Medusa gezeigt. All das, was Zaynab al-Husseini in jenen Junitagen widerfuhr, hatte kein einziger westlicher Geheimdienst auch nur ansatzweise so vorhergesehen. Im Gegenteil: »Als ISIS Mossul eroberte, waren wir fassungslos verblüfft. Erst als sie vor Bagdad stand, haben wir realisiert, dass wir es hier mit einer ganz neuen, viel gefährlicheren Dimension des Globalen Dschihad und seines Terrors zu tun haben. Die haben sich scheinbar aus dem Nichts heraus ein eigenes Territorium erobert«, so sollte mir das drei Monate später in resignierter Einsicht und mit sehr viel Bedauern ein hochrangiger westlicher Nachrichtendienstler sagen. Das gebiert eine unmittelbare, direkte, konkrete Gefahr nicht nur für alle Anrainerstaaten in der Region. Ebenso auch für ausnahmslos alle Staaten des Westens. Denn ISIS ist, anders als Kern-Al-Qaida, eine straff organisierte Macht, sehr gut durchstrukturiert, mit finanziellen, militärischen, verwaltungslogistischen Ressourcen, die es ermöglichen, die protostaatlichen Strukturen seines Territoriums zu verfestigen, auszubauen und zu verteidigen. ISIS ist darüber hinaus auf lange Jahre in der Lage, sich selbst zu finanzieren, und ist nicht mehr auf staatliche, substaatliche oder private Hilfe aus dem arabisch-islamischen Raum angewiesen. »Al-Qaida ist tot, die Zukunft gehört ISIS. Hier wird gerade ein Alptraum Realität.«[5] Ein Alptraum, so der Nachrichtenoffizier, der auf lange Jahre so schnell kein Ende fände.

Wie also hätte ausgerechnet Zaynab al-Husseini wissen können, was ihr in Tikrit widerfahren würde? Wohl wissend, dass die Leute zu Tikrit seit alters her Schiiten, zumal denen aus Kerbela, in mehr als nur glaubensbedingter Abneigung verbunden sind. Aber sie hatte die Versicherungen von Abu Hamza und all den anderen bekommen, dass die Lage in Tikrit ruhig und ihre Sicherheit nicht bedroht sei. Also hatte sie sich auf den Weg gemacht. Abu Hamzas Familie war mit der Familie ihrer Freundin, die sie in Tikrit besuchen wollte, in guter Nachbarschaft verbunden. »Ja«, hatte uns Abu Hamza an jenem Junitag in Tikrit auf unsere Nachfragen gesagt und scheu, verlegen und zugleich beschämt auf Zaynab al-Husseini gestarrt. »Ja, Sunniten und Schiiten in diesem Land, wir haben keine gute Vergangenheit gehabt. Noch nie. Eine gemeinsame, ja. Aber die war immer blutig.« Abu Hamza klang dabei mehr als nur resigniert. Abu Hamza ist ein Akademiker aus Tikrit, er hatte sich den Titel in langen Jahren des Exils erarbeitet, und es klang flehentlich, als er darum bat, nicht namentlich benannt zu werden. »Suchen Sie sich einen Namen für mich aus, aber niemals, verstehen Sie mich bitte, niemals nennen Sie meinen richtigen Namen. Sie können jederzeit von hier weggehen. Sie werden gehen und Sie müssen jetzt auch gehen und nehmen Sie die mit«, meinte er müde und deutete auf Zaynab, die noch immer dastand, verhüllt im schmutzig und schwarz befleckten Umhang. »Im Gegensatz zu Ihnen muss ich hierbleiben und leben. Aber ich liebe das Leben und das meiner Familie, meiner Freunde. Ich liebe nicht den Tod. Nehmen Sie sie also mit und gehen Sie. Denn die«, und es war klar, wen er meinte, »in einer Stunde oder zwei, aber spätestens in einem Tag werden sie wieder hier sein.«

Tarik wurde unruhig. Er drängte zum Aufbruch.

»Hat sie nicht einen Namen?« Abu Hamza schaute weg. Er hatte meine Frage gehört, sie, vielmehr noch, sehr genau verstanden. »Das weiß ich«, sagte er, »aber das sind Dinge, die hier jetzt nichts mehr zählen. Hat ein Mensch einen Namen, dann hat er eine Persönlichkeit. Hat ein Mensch seinen Namen verloren, dann hat er seine Persönlichkeit, seine Würde, seine Ehre verloren.«

Abu Hamza war ein kräftiger Mann mit finsterem Blick und freundlichem Wesen. Ich mochte ihn, auch wenn ich ihn immer weniger verstehen wollte, wohl weil ich ahnte, was er meinte. Er erklärte uns, wie sehr ihnen das alles leidtäte, dass sie Zaynab al-Husseini im Vorfeld ihres Besuches alle ihnen möglichen Sicherheitsgarantien gegeben hätten und dass niemand hätte ahnen können, was dann geschehen war. »Niemand hat das gewollt, niemand hat das gewusst, dieses Land ist im Untergang, und das ist es nicht zum ersten Mal in seiner Geschichte. Aber glauben Sie mir, dieser Untergang ist dieses Mal ein endgültiger. Es hat hier immer Kämpfe, Kriege gegeben. Zwischen Familien, zwischen Clans, zwischen den Stämmen, den Ethnien, den Religionen. Aber dann hat man zu guter Letzt doch immer irgendwie zueinander gefunden. Nicht perfekt, oder wie Sie das sagen würden, auf Augenhöhe.« Das hatte er in rasend schnellem Englisch geflüstert. Darüber geredet, dass es auch jenseits aller Familien, aller Clans, Stämme, Ethnien und Religionsgrenzen hinweg immer wieder über all die Jahrhunderte hinweg zumindest ein gedeihliches Nebeneinander, ein nachbarschaftliches Miteinander, oft genug ein freundschaftliches Zueinander gegeben habe. Abu Hamza hatte dann in bewusster Geste mit ausgestrecktem Zeigefinger auf Zaynab al-Husseini gezeigt. »Was ihr hier widerfahren ist, zeigt etwas ganz anderes auf. Die das taten, die werden dieses Land, diese Region, aber auch euch in Europa im Würgegriff halten. Ihr werdet die Schockwellen dessen, was hier geschieht, am eigenen Leib zu spüren bekommen. Sie werden euch einholen.«

Der Irak, das wusste Abu Hamza sehr genau, war dabei, endgültig auseinanderzubrechen. Der Staat würde aufhören weiter zu existieren und dabei würden alle Grenzen niedergerissen werden. Auch wenn in routinierter Hilflosigkeit aus dem Westen heraus die immer gleichen Beschwörungsrituale vernommen wurden, die Einheit des Irak um jeden

Preis zu bewahren. »Vielleicht ist es die Hölle, wenn mein Land explodiert«, sagte Abu Hamza, »ich weiß es nicht. Aber eines weiß ich. Die Hölle haben wir hier schon jetzt. Unter denen, die das taten«, sagte er und deutete dabei wieder auf Zaynab al-Husseini, »unter denen waren solche, die englisch sprachen, deutsch, französisch. Das waren die Schlimmsten, die Brutalsten. Wenn sie hier nicht sterben, dann werden sie zu euch nach Hause zurückkehren.«

Die Männer mit den langen Haaren und den noch viel längeren Bärten rühmten, während sie mit Zaynab al-Husseini taten, was sie mit ihr taten, glaubenstrunken und glückselig ihren Gott: Allahu Akbar – und der ist groß. Dann traten sie mit ihren Füßen das, was einmal ein Kind, ein zwei Jahre altes, gewesen war, achtlos zur Seite. Und dann trieben sie mit Zaynab al-Husseini das, was Männer nun einmal im Krieg so treiben. Mit Frauen. Stunde um Stunde. Gangbang. Vor allen Augen. Sie johlten und feixten und waren stark, diese glaubensstarken Männer Gottes.

Allahs wüste Kohorten hatten sich für ein paar Stunden aus diesem Teil der Stadt zurückdrängen lassen, um sich zu sammeln und neu zu gruppieren. Um zurückzukommen, weiter zu marschieren, zu morden, zu schlachten in ihrem Glaubenssturm gen Bagdad. Der große und kräftige Abu Hamza wirkte nur noch nichtig und klein und dann begann er das Weinen, bibberte und zitterte am ganzen Leib. Der kurdische Tarik hat den arabischen Abu Hamza in den Arm genommen und auf beide Wangen geküsst.

Wir sind dann hingegangen. Ein paar hundert Meter weiter weg. Haben mit Schaufeln ein Loch in den Sand gebuddelt. Haben das Kind in das Loch gelegt. So, dass es auf der rechten Seite lag, das Gesicht nach Mekka ausgerichtet. Danach haben wir den Sand in das Loch und auf das Kind geschaufelt. Tarik hat ein kurzes Gebet gesprochen. Danach sind wir gegangen.

»Wenn das deren Gott ist, dann ist das nicht mein Gott«, sagte Tarik auf dem Weg zu unserem Wagen nur hilflos, und da war ein Beben und Zittern in ihm. Tarik, der all die irakischen Kriege der letzten 35 Jahre durchlitten und darin als kurdischer Peschmerga gekämpft hatte, ist ein gottesfürchtiger Mensch. Tarik wusste viel zu erzählen über diese Streiter Gottes, die scheinbar aus dem Nichts herauskommend, einem alles zerstörenden Heuschreckenschwarm gleich, in jenen Sommertagen im Juni 2014 über den Irak und seine Menschen hergefallen sind. »Die Amerikaner hätten dieses Land niemals verlassen dürfen«, meinte Tarik an diesem Tag und spielte damit auf das an, was 2011 im Westen mit so viel Erleichterung zur Kenntnis genommen wurde. Der bedingungslose und sehr plötzliche Abzug aller amerikanischen Truppen aus dem Irak.

Ich hatte Tarik am Vorabend des dritten Golfkrieges, dem des George Walker Bush, im Januar 2003 in der kurdischen Stadt Suleymania kennengelernt, von wo aus ich den kommenden Krieg im Irak zu reportieren hatte, und Tarik war mir als Fahrer und viel wichtiger noch als sachkundiger Mensch empfohlen worden. In den folgenden Monaten hatte Tarik mich Tag und Nacht sicher durch die Geschehnisse dieses Krieges geführt, sich nicht nur als sicherer Fahrer und kompetenter Führer, vielmehr noch als treuer Freund erwiesen. Wir waren in den Jahren danach immer im Kontakt geblieben und als ich mich im Juni 2014 im jordanischen Amman mit recht zuvorkommenden jordanischen Staatsbeamten traf, da hatte mir beim abendlichen Essen einer aus der Riege der beamteten Menschen einen

Rat gegeben: »Gehen Sie nach drüben, wir können nicht genau wissen, was passiert, wir gehen aber davon aus, dass da was passiert.« Das schien mir eine recht kryptische Anmerkung, und auf meine Nachfragen, mir doch mit detaillierteren Auskünften zur Seite zu stehen, schwieg er zunächst auf die Art, die Leuten seiner Profession allzu oft zu eigen ist. Ein sehr vielsagendes Schweigen, das neugierig machen sollte und als ich ihn bat, konkreter zu werden, wurde er konkreter. »Der Irak wird auseinanderbrechen, das wird kein Beben, das wird ein Erdbeben sein. Fahren Sie hin.« Der freundliche Beamte aus den Reihen des jordanischen GID, dem mächtigsten Geheimdienst des Königreiches, hatte mir versichert, dass der Weg an Ramadi und Falludscha vorbei noch sicher sei, auch wenn beide Städte in weiten Teilen unter der Herrschaft von ISIS stünden. »Noch«, sagte er, »aber niemand weiß, wie lange noch.« Ich hatte mir eine Art von Visum besorgt und Tarik kontaktiert, er war gekommen und von Amman aus waren wir dann an Ramadi und Falludscha vorbei nach Bagdad gefahren, um uns dann eher zufällig in Tikrit wiederzufinden. Dort trafen wir Abu Hamza und Zaynab al-Husseini.

Tarik, der in seinem Leben vieles nur eines nie, das Lesen und Schreiben gelernt hatte, wusste klug zu analysieren. »Die Schiiten haben Öl. Wir Kurden haben Öl. Die Sunniten hier, die haben nur eines: Sand. Das ist nur eines der Probleme hier. Das viel Schlimmere ist der Glaube. Sunniten gegen Schiiten. Schiiten gegen Sunniten. Araber gegen Perser. Perser gegen Araber. Alle gegen die Kurden. Die Kurden gegen alle. Das ist das Leben in diesem Land.« Was Tarik nicht wissen konnte, er war in seiner Analyse fast wortgleich mit der eines deutschen Diplomaten, der mir in zynischer Heiterkeit am Vorabend des dritten Irakkrieges in Bagdad die Entwicklung prophezeite. Ich war im frühen Sommer 2002 vier Wochen lang durch die Republik des Terrors gereist, in die Saddam Hussein den Irak über Jahrzehnte hinweg verwandelt hatte. Ein Land, in dem lähmende Angst die Menschen in Gefangenschaft hielt. Jeder hier wusste, dass der Krieg des George Walker Bush unmittelbar bevor stand. Niemand wagte jedoch laut darüber zu sprechen, nur flüsternd fragten die Menschen, wann all die Bomben, die Granaten und Raketen, wann der Tod über sie hereinbrechen würde. Bagdad war eine in grauer Hässlichkeit erstarrte Stadt, aus deren Seele die Jahre während blutrünstige Diktatur schon längst jede Lebenslust herausgeprügelt hatte. Jeder wusste: Der Krieg der USA würde ein sehr kurzer, wenngleich für das Regime des Saddam Hussein sehr vernichtender sein.

Ausnahmslos jeder, mit dem ich sprach, hatte Angst vor diesem Krieg. Aber viel mehr noch hatten die Menschen vor einem Angst: davor, was unweigerlich und ganz ohne jeden Zweifel nach diesem Krieg kommen musste. Sogar die Schergen der Diktatur waren von dieser Angst besessen. Der Irak, das war die Befürchtung aller Gesprächspartner, würde nach dem unweigerlichen Sturz des Diktators, der dem Krieg der USA gegen Saddam Hussein folgen würde, explodieren. »Das wird ein blutiger Krieg aller gegen alle sein«, hatte mir ein Iraker resigniert erzählt. Ein Krieg entlang der ethnischen und konfessionellen Bruchlinien. Nur: die verliefen nicht klar und voneinander abgegrenzt. Viele Provinzen waren mit Sunniten und Schiiten, Arabern, Kurden, Turkmenen, Assyrern und weiteren Ethnien durchmischt. Alle konkurrierten miteinander, alle hatten mehr oder weniger blutige Rechnungen offen. Im erwartbaren Chaos des Nachkriegsirak würden diese Verwerfungen aufbrechen und die Radikalen aller Seiten stärken. Ein idealer Nährboden für Al-Qaida.

Natürlich konnte sich kein westlicher Journalist unbeaufsichtigt im Irak bewegen, und so waren mir zwei aufmerksame und fürsorgliche Begleiter zur Seite gestellt worden. Sie machten kein Geheimnis daraus, welchem der unzähligen Geheimdienste des Saddam Hussein sie angehörten, dass sie Tag für Tag ihre Berichte abzugeben hätten. Sie waren redlich bemüht, finster und einschüchternd zu wirken. Es blieb nicht aus, dass sie irgendwann in diesen Wochen zugänglicher wurden, und als wir eines Tages in Kerbela, der heiligen Stadt der Schiiten, zu Mittag aßen, meinte einer der beiden leise und sehr bestimmt, dass »die Amerikaner es diesmal wirklich ernst meinen. Sie werden den Job zu Ende bringen. Was soll nur aus uns werden?« Sie hatten beide als Soldaten im Süden gekämpft. In Nadschaf und in Kerbela.

Die USA hatten im zweiten Golfkrieg 1991 ihren Feldzug zur Befreiung Kuwaits siebzig Kilometer vor Bagdad gestoppt und auf Drängen Saudi-Arabiens sowie der sunnitischen Herrscher der Emirate am Golf mit Saddam Hussein einen Waffenstillstand vereinbart und so dem Diktator den Machterhalt ermöglicht. Zu groß war die Angst der Prinzengarde auf der arabischen Halbinsel, dass der Irak auseinanderbrechen würde. In einen armen sunnitischen, einen ölreichen schiitischen und einen kurdischen Teil, in dem die Kurden zum Entsetzen der Türkei und Syriens dann womöglich ihren eigenen unabhängigen Staat ausrufen würden. In Nadschaf und Kerbela befinden sich die wichtigsten Heiligtümer der Schia, und nach einem Sturz Saddam Husseins mussten die saudischen Prinzen befürchten, dass Teheran in das irakische Machtvakuum vorstoßen würde und zumindest im schiitisch dominierten Teil des Landes einen schiitischen Gottesstaat errichten wolle. Teheran würde so zur alles beherrschenden Macht im Irak werden und den uralten Hass zwischen Sunniten und Schiiten neu entflammen. Zumal die frommen Herrscher des Irans nie ein Hehl daraus gemacht hatten, ihr Modell eines Gottesstaates nach dem Prinzip der Velayat-e-Faqih, der Herrschaft des Obersten Führers, in die gesamte islamische Welt, also auch in die sunnitische exportieren zu wollen.

Teheran hatte nie ein Hehl daraus gemacht, dass es zur alles dominierenden Großmacht am Golf werden wollte, eine Position, um die sie mit den saudischen Herrschern rangen. Hinzu kam, dass in Saudi-Arabien etwa 15 Prozent der Bevölkerung Schiiten sind, die im besten Fall nur als Menschen zweiter Klasse behandelt werden, denen darüber hinaus ein Großteil der Öleinnahmen, das in den Gegenden Saudi-Arabiens gefördert wird, in denen seit alters her Schiiten leben, vorenthalten wird. Dahinter stand also die panische, durchaus nicht unberechtigte Angst der sunnitisch-arabischen Königskaste am Golf, dass ausgerechnet die verhasste persisch dominierte schiitische Islamische Republik Iran ihren Einfluss, ihre Macht bis an die eigenen Grenzen ausdehnen würde und darüber hinaus so zum Sturz der königlichen Herrscher Saudi-Arabiens beitragen könnte. Eine Befürchtung, die in Washington geteilt wurde. Das nach dem Auseinanderbrechen des Irak befürchtete Chaos würde, so die Angst der Bush-Administration, den Westen mit der Versorgung durch den so dringend benötigten Lebenssaft abschneiden: Öl. Araber versus Perser, Sunniten versus Schiiten. Der ewige über Jahrhunderte währende Hass sicherte Saddam Hussein die Macht. Es war ein Fehler des Westens, im zweiten Golfkrieg nicht nach Bagdad zu stürmen und stattdessen Saddam Hussein an der Macht zu belassen. Es ist mehr als nur zweifelhaft, dass die arabischen Schiiten des Irak so ohne weiteres den engen Schulterschluss mit den persischen Schiiten gesucht hätten. Dem Trugschluss war im ersten Golfkrieg schon Ayatollah Khomeini aufgesessen, der verzweifelt darauf setzte, dass die Schiiten des Irak an der Seite des Irans gegen Saddam Hussein kämpften. Das Gegenteil war der Fall. Die Schiiten des Irak verstanden sich zunächst als Araber, die gegen die Perser kämpften. Dass die mehrheitlich schiitische Glaubensbrüder waren, war da zunächst zweitrangig.

Vor laufender Kamera hatte George Bush senior 1991 die Kurden und die Schiiten zum Aufstand gegen Saddam Hussein aufgerufen, ihm jedoch im Waffenstillstandsvertrag seine mächtige Kampfhubschrauberflotte belassen. In der Hoffnung auf Beistand durch die USA, kamen Kurden wie Schiiten dem Aufruf des US-Präsidenten nach. Vor den Fernsehbildschirmen der Welt konnten die Menschen Tag für Tag zur Primetime mitverfolgen, was dann geschah. Mit mörderischer Effektivität setzte Saddam Hussein seine Kampfhubschrauberflotte ein. In Kurdistan, wie über den heiligsten Stätten der Schiiten, kreisten die Hubschrauber. Hunderttausende wurden massakriert. Den Verrat der USA haben die irakischen Schiiten den USA und dem Westen nie verziehen. Das war der eigentliche Grund dafür, dass nach 2003 die Schiiten im Irak für die Vereinnahmung durch Teheran mehr als nur empfänglich waren. Die brutale Unterdrückungspolitik, die der irakische Ministerpräsident spätestens seit 2011 offen und sehr gezielt gegen die Sunniten seines Landes durchsetzte, resultierte nicht zuletzt aus dem blutig gescheiterten Aufstand der Schiiten gegen Saddam Hussein.

Die beiden Begleiter meiner Reise durch den Irak 2002 hatten im Süden, in Nadschaf wie in Kerbela gekämpft und getötet. Sie sprachen mit gedämpfter Stimme darüber, machten auch kein Hehl daraus, wie notwendig sie fanden, was sie getan hatten. Damals 1991. Aber jetzt saßen wir elf Jahre später in diesem kleinen Restaurant in Kerbela und aßen. Unweit des Imam-Hussein-Schreins. Hussein starb in der Schlacht von Kerbela 680 den Märtyrertod. Die vollständig mit Gold überzogene Kuppel ragt 27 Meter hoch in den Himmel. 1991 war sie zerstört worden, für die Schiiten ein Frevel sondergleichen. Meine geheimdienstlichen Begleiter waren nachdenklich und vielmehr noch ängstlich. »Elf Jahre lang haben die Schiiten ihre Lektion verstanden«, meinte einer der beiden. »So ist das hier nun einmal. Lektionen müssen durch Blut erteilt werden, nur dann werden sie verstanden.« Was er nicht sagte, aber natürlich wusste, war die Tatsache, dass solche Lektionen nie vergessen, geschweige denn vergeben werden. »Was wird aus uns nur werden?«, wiederholte er und kannte die Antwort darauf natürlich. Sie würden sterben und sie wussten es. Bagdad und der Irak würden nach dem Krieg der USA durch eine lange Nacht des Terrors gehen, in der offene Rechnungen beglichen werden würden. »Was wird geschehen?«, fragte ich. Er schnaufte kurz auf. »Allein in Bagdad leben in Saddam-City drei Millionen Schiiten. Es wird eine blutige Nacht der langen Messer geben«, meinte er, »und die wird sehr, sehr lange dauern.« Schiiten würden gegen Sunniten kämpfen, als Reaktion darauf Sunniten gegen Schiiten. Aktion und Reaktion, das eine würde das andere bedingen, ein Kreislauf aus Blut und Hass und Religion würde ausgelöst und so schnell nicht wieder zu unterbrechen sein. Ich erlebte während dieser Reise einen Irak im Belagerungszustand, einen von außen immer enger werdenden. Aber auch einen Irak im Belagerungszustand mit sich selbst. Ein Land, das einen Ausblick auf das bot, was nach 2003 auch tatsächlich eintraf. Ein zerrissener Irak, der von westlichen Truppen besetzt, sich im Krieg mit sich selbst und zugleich im Krieg gegen die verhassten und zudem ungläubigen Besatzer war, sollte für Al-Qaida und alle mit ihm verbundenen Strömungen des Dschihads ein idealer Nährboden sein, aus dem heraus schlussendlich ISIS hatte entstehen können.

Eine blutige Nacht der langen Messer, das war es auch, was mir Tage später ebenjener deutsche Diplomat bei einem prächtigen Abendessen ins Notizbuch diktierte. Auf dem Tisch türmten sich alle Köstlichkeiten der arabischen Küche. Beflissene Diener eilten hin und her, sorgten für einen nie endenden Nachschub. Mit dabei waren die Repräsentanten von Daimler-Benz und Siemens. Die Menschen des Irak stöhnten und ächzten unter der Last eines umfassenden UNO-Embargos, das das Land seit 1991 in seinem Würgegriff hielt. Weltweit jammerten die Konzerne, litten sie doch besonders unter den Sanktionen. Geschäfte anzubahnen, gar mit Saddam Hussein abzuschließen war unter diesen Bedingungen nicht so einfach. Aber möglich schon, was Milliarden in die Kassen des Saddam Hussein und seiner internationalen Geschäftspartner spülte. Das »Oil for Food«-Programm, das die UNO 1995 eigens auflegte, um wenigstens eine minimale Grundversorgung der irakischen Bevölkerung zu garantieren, bot genügend Schlupflöcher, um das Sanktionsregime der UNO zu umgehen. Der Mann von Daimler-Benz stöhnte an diesem Abend ganz besonders, hatte er doch in langwierigen Bemühungen ein Geschäft eingefädelt, das seinem Arbeitgeber die Lieferung von 1.000 Schwerlasttransportern in den Irak ermöglichen sollte. Das Geschäft würde platzen, das wusste er, denn der Krieg des George W. Bush würde unweigerlich kommen. Das wusste er wie jeder in der Runde auch, und so flüchteten sich die beiden Wirtschaftsvertreter wie der Diplomat in hämischen Zynismus.

»Es wird eine kurze, eine sehr kurze Schlacht sein, die die Amerikaner hier schlagen. Sie werden sie natürlich gewinnen. Den Krieg, den werden sie jedoch verlieren. At the end of the day werden sie im irakischen Morast ihr Waterloo erleben«, gluckste der deutsche Diplomat recht heiter. »Die Sunniten hier sitzen nur auf Sand. Wenn die Amerikaner eines schönen Tages den Irak verlassen haben, und das werden sie mit mehr als nur blutigen Nasen müssen, dann wird es ein Hauen und Stechen, ein unendliches Morden und Töten geben. Man nennt dies Verteilungskämpfe. Natürlich nur im Namen Gottes.« Die religiös getränkten Verwerfungen innerhalb des Irak, die zwischen Sunniten und Schiiten, der Hass der Ethnien aufeinander, so wusste der auswärtige Mitarbeiter Deutschlands an jenem Abend zu parlieren, »all das wird irgendwann uns, und zwar bei uns zu Hause, einholen. Cheers.« So sprach der Mann und genoss im Beisein deutscher Wirtschaftsgrößen zu Bagdad eine trocken ausgebaute Spätlese.

Im irakischen Vorgarten Europas erfüllt sich spätestens seit dem frühen Sommer 2014 sichtbar und auf lange Zeit hinaus unheilvoll spürbar diese Prophezeiung. Der ehemalige US-Verteidigungsminister Louis Panetta warnt im Oktober 2014 vor einem »Dreißigjährigen Krieg«, der nicht auf den Nahen und Mittleren Osten beschränkt sei. Joschka Fischer, ehemals deutscher Außenminister, spricht im Sommer 2014 davon, dass die Grenzen der ganzen Region neu gezogen würden.«Gelänge es der Terrorgruppe ISIS tatsächlich dauerhaft, ein staatsähnliches Gebilde in Teilen des Irak und Syriens zu etablieren, so würde das die Desintegration der Region gewaltig beschleunigen. Die Vereinigten Staaten hätten dann ihren ›Krieg gegen den Terror‹ verloren; der Weltfriede wäre ernsthaft gefährdet.«[6] Befürchtungen, die im Ende 2014 Wirklichkeit geworden sind. Der Traum des Osama Bin Laden hat sich erfüllt. Zum ersten Mal hat sich eine dschihadistische Terrorgruppe ihren eigenen Staat erobert – und kann ihn halten.

Der alte Nahe und Mittlere Osten ist dabei, hoffnungslos im blutigen Glaubenschaos zu versinken. In Hass und Blut, in mörderischen Verteilungskämpfen. Es ist eine unheilige Allianz, die, nur scheinbar aus dem Nichts heraus kommend, die Menschen des Irak in ihrem mörderischen Würgegriff hält. Die Gotteskrieger aus den Reihen der dschihadistischen Internationale haben sich mit sunnitischen Stämmen verbündet. Ein Bündnis, das auf lange Zeit tragfähig bleiben wird, auch nachdem im September 2014 in Bagdad eine Regierung gebildet wurde, die verspricht, die Sunniten des Landes an der Macht zu beteiligen, ihre Unterdrückung zu beenden und Erdöleinnahmen des Landes gerecht zu verteilen. Die Regierung des Nuri al-Maliki hat seit 2008 und verstärkt nach 2011 über Jahre hinaus jedes Vertrauen der Stämme in die schiitisch dominierte Zentralregierung zerstört, unbeschadet davon, wer ihr vorsteht. Zudem Nuri al-Maliki als Vizepremier weiterhin am Kabinetttisch sitzt und immerhin noch der zweitmächtigste Mann des Landes bleibt.

Die Sunniten des Irak nehmen außerdem den tatsächlich vorhandenen direkten und indirekten Einfluss, den der Iran auf die politischen Entscheidungen in Bagdad ausübt, wahr.

Das radikale Ent-Baathifizierungs-Programm, das die USA initiiert und von den schiitisch dominierten Regierungen in Bagdad umgesetzt wurde, hat Hunderttausende ehemalige Mitglieder der früheren Staatspartei um Amt und Würden, um die Macht gebracht. Gut ausgebildete Armeeoffiziere, Polizisten, Mitarbeiter der Geheimdienste des Exdiktators, Wissenschaftler, Akademiker, Lehrer, Verwaltungsfachkräfte, die von einem Tag auf den anderen ihre Stellungen, ihr Einkommen, ihre Sicherheit verloren haben und sich oft genug in den Gefängnissen des Landes wiederfanden. Sunnitische Eliten, denen sehr bewusst die Wiedereingliederung in die irakische Gesellschaft verwehrt wurde. Unzählige wurden so radikalisiert, in einen wahnhaften Glaubensfanatismus getrieben. Für ISIS ein unerschöpfliches Rekrutierungspotential. Kein Wunder, dass die noch immer vorhandenen Netzwerke des untergegangenen Baath-Regimes des Saddam Hussein sich mit ISIS verbündet haben, haben die ehemals säkularen Baath-Mitglieder doch oft genug über Jahre hinweg, zusammen mit inhaftierten Al-Qaida-Mitgliedern, die sich später bei ISIS wiederfanden, die Zellen geteilt. Dort wurden Bündnisse geschmiedet, aus denen die neue militärische Koalition entstand. Die Hoffnung des Westens, dass diese Koalition brüchig sei, die allein schon auf Grund der in sich widersprüchlichen Ausrichtung und Ziele der Koalitionspartner keinen langen Bestand haben könne, hat sich nicht erfüllt. Im Gegenteil. Mit eiserner Faust hält ISIS seine Koalition zusammen, der Erfolg und Bestand von ISIS macht den Dschihad des ISIS zu attraktiv.

Issat Ibrahim al-Duri, einer der engsten Getreuen des irakischen Diktators, ist einer der Architekten des fulminanten Siegeszugs der Dschihadisten. Al-Duri, ein säkularer

Nationalist, der sich in den neunziger Jahren des letzten Jahrhunderts immer mehr dem Islam zuwandte und Saddam Hussein dazu drängte, eine strengere Ausrichtung des Islams im Land zu fördern, weiß die ethnischen und religiösen Verwerfungen, die den Irak am Beben erhalten, sehr wohl für seine Zwecke zu instrumentalisieren und scheut sich dabei nicht, ein Bündnis ausgerechnet mit den Glaubensterroristen des ISIS einzugehen. Al-Duri steht den »Männern der Armee des Naqshbandia-Ordens« vor, bei Experten bekannt unter ihrer arabischen Abkürzung JRTN (Jaysh Rijal al-Tariqa al-Naqshbandia). Die Kämpfer rekrutieren sich aus Mitgliedern der Baath-Partei, der Armee des Saddam Hussein. Viele kommen aus den Reihen der Muslimbruderschaft. Mit Jubel kommentiert dies aus dem jordanischen Refugium heraus Raddaq Hussein, die Tochter Saddam Husseins: »Diese Siege sind den Kämpfern meines Vaters zu verdanken und Onkel Issat al-Duri.« Die Siebener-Koalition des ISIS besteht darüber hinaus aus dem Militärrat der Stämme des Irak, einem Bündnis von etwa 80 sunnitischen Stämmen, die 41 bewaffnete Milizen kontrollieren. Daneben kämpft die »Islamische Armee im Irak«, eine Gruppe, die zugleich islamistisch wie nationalistisch ausgerichtet ist. Außerdem finden sich in dem Bündnis die »Brigaden der Revolution von 1920« wieder, eine dschihadistische Terrorgruppe, die nach 2003 zu den aktivsten Bombenbauern im Irak gehörte. Daneben kämpfen an der Seite des ISIS die Ansar al-Islam sowie die Jaish al-Mudjahedin (eingedeutscht: Dschaisch al-Mudschahidin). Beide Gruppen sind dschihadistisch-salafistisch ausgerichtet. Hinzu kommt der »Militärrat von Falludscha«, der sowohl dschihadistisch als auch nationalistisch ist. In der Vergangenheit haben sich diese sehr unterschiedlich ausgerichteten

Gruppen teilweise bis aufs Messer bekämpft. Die Hoffnungen westlicher Analytiker, dass diese Koalition auseinanderbrechen könnte, haben sich jedoch im Verlauf des Jahres 2014 nicht erfüllt. Im Gegenteil, ISIS hat sich als dominierende Kraft erwiesen.

Wir wollten nach Süden, nach Kerbela. Tarik hatte Zaynab al-Husseini gesagt, dass wir sie mitnehmen würden. Sie hatte kein Wort gesagt und sich ohne jede Regung von den Frauen zum Wagen führen lassen. Wir wussten nicht, wo genau auf unserem Weg nach Süden sich die Terroristen von ISIS befanden, wo genau ihre Stellungen, ihre Checkpoints waren. Also telefonierte Tarik, während er fuhr, mit irgendwelchen Freunden und Bekannten, um eine halbwegs sichere Route zu finden. Ansonsten waren wir stumm. Stumm, verlegen und hilflos. Tarik hatte die Hände in das Lenkrad des Wagens gekrallt, blickte starr nach vorne und knirschte hin und wieder unwillkürlich mit den Zähnen. Zaynab hatte während der Stunden dieser Fahrt von Tikrit nach Kerbela hinten im Fond des Wagens gesessen. Hochaufgerichtet und ohne jede Regung, hatte kein Wort von sich gegeben und wohl auch keines erwartet, und wir waren froh darüber, denn was sagt man einer Frau, mit deren Leib die heiligen Streiter Gottes ihre Spiele getrieben haben. Was sagt man einer Frau, der man das Kind genommen hat und vor ihren Augen den Schädel zertrümmert hat.

Wir fuhren also nach Süden, nach Kerbela, wo sich im heiligen Schrein des Imam Hussein ibn Ali, dem Enkel des Propheten Mohammed, das Wesen der Schia manifestiert. Wo sich all das Leid, die Scham, die Schande widerspiegelt, die die Schiiten dieser Welt von den Sunniten dieser Welt so blutig trennt, und dort unten, etwa zwanzig Kilometer vor

Kerbela, geschah es, dass sie mit uns redete, wenngleich auch nur diesen einen einzigen Satz. »Ihr werdet ihnen nicht sagen, was mir widerfahren ist«, sagte sie und ihre Stimme klang seltsam kalt und unpersönlich. Natürlich würde darüber zu reden sein, dass ihr das Kind genommen und getötet worden war. Aber das war nicht das, was sie meinte. Über all das andere, was ihr zugestoßen war, darüber würde zu schweigen sein. Das wussten wir. Tarik und ich, wir nickten nur mit dem Kopf. Und schwiegen.

Wir erreichten Kerbela früh am Freitag, übergaben Zaynab al-Husseini ihrer Familie und waren froh, sie zu verlassen. Wir fühlten uns erleichtert, und wir schämten uns dafür. Dann schlenderten wir zum Schrein des Imam Hussein. Es war die Zeit des Freitagsgebetes und aus allen Ecken und Enden dröhnten aus unzähligen Lautsprechern heraus religiös durchtränkte Schlachtengesänge, die süß und schwer vom Leid, der Qual, der Angst und Hoffnung der Schiiten berichteten. Dort, unweit des heiligen Schreines trafen wir Nadeem Mehdi, 27 Jahre alt. Nadeem war von Beruf das, was man einen Computercrack zu nennen hat. Es hatte ihn vom Schreibtisch und Computerterminal nach Kerbela verschlagen, wo er sich unversehens im Krieg wiederfand. Darüber redeten sie hier in diesen Tagen alle: dass sie sich im Krieg befanden, auch wenn der noch weit weg schien. ISIS war über das Land hergefallen, und sie wussten, wie sehr ISIS im religiösen Vernichtungshass gegen alles Schiitische gefangen war. »Tod allen Schiiten« – diesen Schlachtruf hatten sie alle vernommen. Die Nachricht über die Massaker des ISIS oben im Norden war den sunnitischen Gotteskriegern vorausgeeilt. Durch die Straßen Kerbelas marschierten schiitische Milizionäre und riefen die Gläubigen zu den Waffen. Nadeem saß in der Teestube und weinte.

Nadeem, den es aus der Behaglichkeit seines Lebens im britischen Leeds in die üble Sommerhitze nach Kerbela gezogen hatte, weil er dachte, das müsse nun einmal sein – einmal in seinem Leben seinen Wurzeln nachzuforschen. Aber jetzt saß er da und weinte bitterlich. Derselbe Nadeem, der zu Hause in Europa mehr als nur sehr gut verdiente, sich jeden Spaß und jede Freude am Leben gönnen konnte. Der so gerne tanzte und lachte, die Frauen, den Wein, das gute Essen zu schätzen wusste und den es eher selten, eigentlich nie in die Moschee trieb, diesen Nadeem hatte jetzt ausgerechnet hier in Kerbela ganz unverhofft der nun fast eineinhalb Jahrtausende lang während Hass und Glaubenskrieg ereilt und übermannt.

In den verwinkelten Straßen und Gassen von Kerbela irrten und schwirrten seit Tagen schon die Gerüchte, kochten sich gegenseitig hoch und verdichteten sich. Aber das waren eben nicht nur Gerüchte, die sich da in einer wüsten Mischung aus Angst und Hass und Wut und religiösem Eifer zusammenballten. Es waren sehr konkrete Geschichten, die sich in rasender Geschwindigkeit über das Internet verbreiteten. Massaker an Schiiten, verübt von Sunniten. In Mossul, in Tikrit und all den anderen Orten, die ISIS erobert hatte, und die Bilder der Massaker konnte man sich via Internet über Smartphones anschauen. Diese Bilder der Gegenwart vermengten sich mit all den schiitischen Mythen, Gerüchten und Geschichten aus dem Dunkel der Vergangenheit und ergaben in diesen Junitagen eine explosive Mischung aus Vergangenheit und Gegenwart. Eine, die von Tod und Vernichtung handelte, vom Sengen und Brennen, von Morden und Massakern. Davon, wie dem dritten Imma der Zwölfer-Schia, dem Imam Hussein ibn Ali, am 10. Oktober 680 hier zu Kerbela von seinen Feinden zuerst der

Kopf genommen, der Kopf dann auf eine Stange gespießt und sodann der Menge als Trophäe präsentiert wurde. Geschichte, die sich in diesen Sommertagen natürlich mit den Nachrichten deckte, dass ISIS Schiiten des Irak in einem genau kalkulierten rituellen Akt die Köpfe nahm, um sie dann auf Stangen aufgespießt öffentlich zu präsentieren. Und jetzt, so schien es, hatte ISIS sich ausgerechnet auf den Weg nach Kerbela gemacht, hatte dies immer wieder öffentlich angekündigt und ISIS schien schier unaufhaltsam. Darüber sprach Nadeem und während er darüber sprach, schluchzte er immer wieder auf, die Tränen rannen ihm über die Wangen.

Nadeem aus Leeds trank seinen süßen Tee und konnte unter Tränen nur eines sagen: »Was hier in diesem Land ab jetzt geschieht, wird ein Töten, Morden und Schlachten sein und nichts und niemand wird das so schnell beenden können.« Seine Hände zitterten dabei. »Wir leben im 21. Jahrhundert und erleben die Wiederkehr blutigster Religionskriege«, sagte er und wie er dies sagte, wirkte er seltsam fassungslos und noch viel mehr verblüfft. Jung sah er aus und glatt rasiert, und ich starrte immer wieder fasziniert auf seine Jeans von Armani, die Nike-Schuhe und das T-Shirt von Dolce & Gabbana. Auf mich wirkte er auf eine seltsame, ja surreale Art fehl am Patz hier in Kerbela. Zugleich jedoch spürte ich, wie sehr und selbstverständlich er eine Verbindung mit diesem mystischen Ort einging. Ich hörte ihm zu, wie er klagend und leise im trauerschweren Sprechgesang immer wieder das eine repetierte: »Es wurde Nacht und mein Herz war bekümmert,/ In Gedanken an Kerbela und den Schrein war es betrübt./ Ich wäre an dem Gedanken an Kerbela vor Gram gestorben ... Ya Hussein, Ya Kerbela«, so fuhr er monoton fort und erinnerte an das Martyrium des zentralen Imams der Schiiten, um dann im kühlen Englisch zu analysieren, was da im Irak derzeit geschieht. »Der Irak ist dabei, zu zerbrechen. Es regnet Blut in diesem Land. Hoffnung wird es lange Zeit nicht mehr geben können. Es gibt hierzulande zu viele offene Rechnungen zu begleichen.«

Über diese Rechnungen wusste Nadeem Mehdi viel zu erzählen. Über die langen Dekaden der Herrschaft des sunnitischen Diktators Saddam Hussein, der die Schiiten seines Landes, die schon damals die Mehrzahl der irakischen Bevölkerung stellten, mit eiserner Faust und blutig unterdrückt und geknechtet hatte. Nadeem berichtete, dass noch heute in Kerbela immer wieder Massengräber mit verwesten Leichen unzähliger Männer, Frauen und Kinder aus jenen blutigen Tagen entdeckt und ausgehoben werden. Das waren keine Gerüchte, das waren Fakten.

»Im Westen hat man damals zugeschaut und donnernd laut geschwiegen«, sagte Nadeem Mehdi. »Und heute schaut die Welt wieder zu und findet keine Antwort auf das, was hier geschieht. Mit schiitischen Menschen. Wir müssen uns selber helfen.«

Welcher Art diese Hilfe ist, war in Kerbela, in Nadschaf, in Bagdad und unten im Süden des Landes in Basra zu beobachten. Vor dem heiligen Schrein der Imam-Hussein-Moschee marschierten an diesem Freitag ganze Blöcke schwarzgekleideter Gläubiger auf, schlugen sich im rhythmischen Gleichklang immer wieder mit der rechten Hand auf die linke Brust. Reckten die weiß behandschuhte Linke in die Luft. Sie schrien und weinten und klagten und wussten immer wieder nur eines zu verkünden: dass sie bereit sind, in der Verteidigung der heiligsten Stätten der Schia im Irak zu kämpfen, zu töten und ihr Leben zu geben. Und welcher Ort, welcher Platz war besser geeignet, diesen heiligen Schwur abzugeben als hier in Kerbela unweit des Grabes und des Schreins des Imam Hussein? Hier galt es der Schande, dem Verrat zu gedenken, auf dass selbiges sich nie mehr wiederholen solle.

Hier hatte am 10. Oktober 680 angefangen, was seither weltweit schiitische Menschen so sehr bewegt. Auch wenn sie in ihrem Alltagsleben nicht sonderlich gläubig sind. Hier ist zu finden, zu spüren, zu fühlen, was das Wesen der Schia ausmacht. Das Martyrium des Imam Hussein, der hier an diesem längst vergangenen Oktobertag 680 mit den letzten 70 ihm verbliebenen Getreuen seinen letzten Kampf gekämpft hatte. Er musste diesen seinen letzten Kampf allein führen und deshalb sterben. Verlassen und verraten und verkauft von fast allen seinen Anhängern. Es war kein theologischer Dissens, der die damals noch junge islamische Gemeinschaft trennte. Es war einzig und allein der machtpolitische Kampf um die Nachfolge des Propheten Mohammed. Hier fing alles an. Wesen und Leid der Schia.

Von den mehr als 1,4 Milliarden Muslimen dieser Welt bekennen sich etwa 15 Prozent zur schiitischen Ausrichtung des Islams. Seit Anbeginn des islamischen Schismas wurden die Schiiten von der Mehrheit der Sunniten im besten Fall immer nur verachtet, häufig unterdrückt, gedemütigt und blutig verfolgt dazu. »Oft genug bis in den Tod hinein. Dies muss ein Ende haben. Das kann und wird aber erst dann ein Ende haben, wenn die einzige Antwort gegeben worden ist.« Über all das wusste Nadeem Mehdi an diesem Freitag sehr beredt zu berichten und auch über die Antwort, die zu geben ist: »Uns ist von ISIS der Krieg, bis hin zur Vernichtung angedroht worden. Also kann unsere Antwort nur eines sein. Blut für Blut. Krieg.« Ein Krieg an dem er selbst teilnehmen würde. Das zumindest betonte er, aber wie er dies in diesen Stunden der Gespräche in Kerbela immer wieder repetierte, schien es mir, als sei er selbst ein wenig über sich und seine fast rauschhafte Unerbittlichkeit erschrocken.

Ein Krieg, der nicht mehr aufzuhalten ist und im Juni 2014 seine höchsten theologischen Weihen bekam. Das religiöse Oberhaupt der Schiiten im Irak, der Großayatollah Ali al-Sistani, gab angesichts der Vernichtungsdrohungen der sunnitischen ISIS-Krieger seine Zurückhaltung auf. Er rief jeden schiitischen Gläubigen auf, sein Blut und Leben zu geben, um die heiligen Stätten zu verteidigen. Das war umso bemerkenswerter, weil al-Sistani immer als einer galt, der dagegen ist, wenn sich die schiitische Geistlichkeit in weltliche Dinge einmischt. Der Großayatollah, der eine sehr pietistische Ausprägung seines Glauben lebt und lehrt, hat zeit seines Lebens nicht sonderlich viel davon gehalten, wie unmittelbar und direkt seine iranischen Standeskollegen die Politik der Islamischen Republik Iran prägen. Ihm grauste vor dem Prinzip der Velayat-e-Faqih, der unbedingten Herrschaft des Obersten Rechtsgelehrten. Im Angesicht von ISIS jedoch mischte er sich mit sehr deutlichen Worten an seine Glaubensgenossen ein: »Wer immer dazu in der Lage ist, eine Waffe zu tragen, die Terroristen zu bekämpfen und das Land, das Volk und die heiligen Stätte zu verteidigen, hat sich zur Durchsetzung dieses heiligen Ziels in den Dienst der Streitkräfte zu stellen.«

»Das waren Worte, die mich aus der satten Zufriedenheit meiner Welt herausgerissen haben«, erzählte Nadeem Mehdi aus Leeds uns in Kerbela. Dabei klang so etwas wie Erleichterung mit; das Bild eines zutiefst rationalen Menschen und Individualisten, das er von sich selbst beschrieben hatte, verblasste. »Ich war eigentlich nie ein sonderlich gläubiger Mensch. Ich habe die Gebote meiner Religion nie ernst genommen. Sie nicht geliebt, gelebt. Aber was in diesen Tagen und Wochen den Irak und seine Schiiten heimsucht, hat meine Seele erschüttert und mich innerlich zerrissen.« Nadeem zeigte auf die goldene Kuppel des Imam-Hussein-Schreins: »Diese heilige Stätte gilt es zu verteidigen. Koste es, was es wolle, und sei es der Preis des eigenen Lebens. Wahhabitische Bluthorden haben aus Saudi-Arabien heraus kommend dieses Heiligtum 1801 schon einmal vernichtet.« Tatsächlich hatten wahhabitische Krieger am 24. April 1801 Kerbela erobert. Der britische Offizier Lieutenant Francis Warden beschrieb die Eroberung damals: »Sie brandschatzten sie (die Karbala) vollständig und plünderten die Grabstätte von Hussein ... über den Tag ermordeten sie mit besonderer Grausamkeit über 5.000 der Einwohner ...«

Der Historiker des ersten saudischen Staates, Osman Ibn Bischr Najdi schrieb, dass Abdallah Ibn Saud, der spätere König des ersten saudischen Staates, 1801 ein Massaker in Kerbela anrichten ließ und jubelte darüber: »Wir nahmen Karbala ein, schlachteten dessen Einwohner oder nahmen die Menschen als Sklaven, denn Lob sei Allah, dem Herrn der Welten, und wir entschuldigten uns nicht dafür und sagen: ›Dieselbe Behandlung für alle Ungläubigen.‹« Darauf bezog sich Nadeem: »Sie haben dabei mehr als 4.000 schiitische Gläubige, Männer, Frauen, Kinder, in ihrem Religionswahn abgeschlachtet. Wahhabitische Bluthorden wollen dieses Heiligtum heute schon wieder vernichten, sie wollen schon wieder schiitische Gläubige, Männer, Frauen, Kinder abschlachten. In Tikrit, in Mossul, in Samarra haben sie das schon getan, und schon wieder wird dieses Morden aus

Saudi-Arabien heraus gelenkt. Wir müssen das bekämpfen mit allen Mitteln, bis in den Tod, bis ins Martyrium hinein. Was derzeit hier im Irak geschieht«, meinte er nachdenklich, »kann einen Weltenbrand entfachen. Einen aus Tod und Terror.« Er nahm einen Schluck Tee und schwieg. Dann schlich sich so etwas wie Verblüffung in sein Gesicht: »Wäre ich Christ«, lachte er verlegen auf, »dann würde ich wohl sagen müssen, dass ich hier in Kerbela so etwas wie mein Saulus-Paulus-Erlebnis gehabt habe. Aber manchmal«, fuhr er fort und klang dabei sehr müde und fast traurig, »manchmal gibt es Zeiten, da muss man Glaubensterror eben mit Glaubensterror bekriegen.«

Ähnliches hatte im Juni 2014 einer, der in solchen Terrorangelegenheiten mehr als nur ein Meister ist, öffentlich kundgetan. Aus Nadschaf, wohin er sich über Jahre zurückgezogen hatte, um sich nur noch theologischen Studien zu widmen, meldete er sich im Juni 2014 angesichts der Gefahr, der sich die Schiiten des Irak gegenübersehen, zurück: Muktada al-Sadr, der radikale schiitische Geistliche und Führer der Mahdi-Armee, einer irregulären Miliz, positionierte seine Truppen neu. »Brigaden des Friedens« nennt er sie jetzt. Muktada al-Sadr, der nach dem Sturz Saddam Husseins 2003 selbst zum Meister des Terrors gegen die verhassten amerikanischen Besatzer, die Ungläubigen, geworden war, befehligt nun etwa 80.000 hochgerüstete schiitische Krieger, Jugendliche zumal, vorzugsweise aus den Slums von Basra und Bagdad rekrutiert. Fanatische Kämpfer, die durch die Revolutionären Garden der Islamischen Republik Iran hochgerüstet und bestens trainiert sind. Muktada al-Sadr war immer ein Werkzeug der geistlichen Machthaber in Teheran. Der Knüppel, mit dem die frommen Herrscher des Iran die USA im Irak mit aller Macht und kriegerisch bekämpften. Tod und Terror waren für Teheran ein wohlfeiles Mittel, mit dem sich der Iran einen direkten Einfluss im Irak sichern und so den Irak zu seinem Vasallenstaat degradieren konnte. Das war die Befürchtung der Sunniten des Irak, und die Entwicklung nach dem Abzug der USA 2011 sollte ihnen recht geben. Es war offensichtlich, dass Teheran ganz massiv zunehmend Einfluss auf die politischen Entscheidungen der irakischen Regierung nahm.

In Teheran muss der Glaubenssturm der sunnitischen ISIS-Truppen mit zunehmender Nervosität beobachtet worden sein. Für die frommen Herren des Iran würde der mögliche Fall Bagdads und die Bedrohung der heiligsten Stätten der Schia nur eines bedeuten können: einen Krieg zu führen, von dem die Machthaber in Teheran wissen, dass er nicht zu gewinnen ist. Die Paten des ISIS, die wahhabitische Prinzenriege in Saudi-Arabien und ihre islamischen Aristokraten in den arabischen Emiraten, wären gezwungen, den archaischen Geistern, die sie riefen und die sie jetzt nicht mehr kontrollieren können, auf allen Ebenen beizustehen. Beide Mächte, das wahhabitische Königreich Saudi-Arabien und der schiitische Gottesstaat Iran stehen sich am Golf, den die einen den arabischen, die anderen den persischen nennen, im unverbrüchlichen Hass gegenüber und ringen um die Vorherrschaft. Eine nuklear hochgerüstete schiitische Islamische Republik Iran ist für die korrupten Herrscher des Königsreiches ein wahrer Alptraum. Nichts fürchten sie mehr. Bedroht doch ein übermächtiger Iran ihre eigene Machtstellung. Deshalb haben die saudischen Herrscher sunnitische Dschihadisten unterstützt, um die bei Bedarf gegen Teheran in Stellung zu bringen. Der geifernde wahhabitische Glaubenshass der saudischen Prinzen hingegen kann die schiitische Welt tatsächlich in tödliche Raserei treiben, angestachelt und ausgerüstet von Teheran. Dort ist man dafür bestens gerüstet. Beschließen die frommen Herrscher des Iran heute die Bombe zu bauen, dann ist die, so die Erkenntnis der Internationalen Atomenergiebehörde (IAEA) in Wien, in spätestens sechs Monaten einsatzbereit.

»Das ist es, was ich meine, wenn ich vom Weltenbrand rede«, hatte Nadeem gesagt. »Was ist die Antwort, wie können solche Probleme gelöst werden, wie kann ein solcher Hass bekämpft werden?«, hatte ich Nadeem gefragt.

Nadeem Mehdi aus Leeds, den es doch nur für ein paar Tage bloß aus Leeds nach Kerbela verschlagen hatte, weil er dort, ein einziges Mal in seinem Leben nur, seinen eigenen, den schiitischen Wurzeln nachgehen wollte, saß an diesem Freitag in einer schäbigen Teestube zu Kerbela, schlürfte seinen süßen Tee und wusste nur eine Antwort. »Krieg«, hatte Nadeem gesagt. »Krieg bis zum Sieg, Krieg bis zur Vernichtung.«

Von Al-Qaida zu ISIS

Wohl genährt wirkt der Mann, der am 4. Juli 2014, dem ersten Freitag im heiligen Fastenmonat Ramadan, eher mühsam, den Oberkörper leicht nach vorn gebeugt, die Treppe zur Kanzel der altehrwürdigen Al-Nouri-Moschee in Mossul emporschlurft. Sein schwarzes Gewand und der schwarze Turban sollen auf eine direkte Abstammung vom Propheten Mohammed hinweisen. Der sorgsam frisierte Bart verbirgt ein tellergroßes Mondgesicht. Es sind Kleinigkeiten wie das demonstrative Säubern der Zähne mit einem kleinen Hölzchen vor seiner Predigt, mit denen er seinen Getreuen demonstriert, dass er bis ins letzte nur scheinbar unwesentliche Detail dem Vorbild der »Altvordern« (arabisch: Salaf), den engsten Gefährten des Propheten, nacheifert. Was dann folgt, ist eine sorgfältig ausgetüftelte Inszenierung, in deren Verlauf der dschihadistische Terrorfürst Abu Bakr al-Baghdadi sich selbst als Amir-ul-Mu'minin als Kalif Ibrahim, so sein neuer Name, inthronisiert: »Oh Muslime allerorts, frohe Botschaft für euch und erwartet Gutes«, verkündet er im erhabenen Hocharabisch. »Erhebt eure Köpfe, ab heute mit der Gnade Allahs habt ihr einen Staat und eine Khilafah [Kalifat], welche euch zu eurer Würde, Macht, Rechte und Herrschaft zurückbringen wird. Es ist ein Staat, wo die Araber und Nicht-Araber, der Weiße und der Schwarze, der Ostländer und Westländer alle Brüder sind. Es ist eine Khilafah, welche die Kaukasier,

Inder, Chinesen, Levantiner, Iraker, Jeminiten, Ägypter, Nordafrikaner, Amerikaner, Franzosen, Deutsche und Australier sammelt. Allah brachte ihre Herzen zusammen und durch seine Gnade wurden sie Brüder, sie liebten sich für Allah, stehen in einem Schützengraben, verteidigen und beschützen sich gegenseitig und opfern sich füreinander. Ihr Blut wurde gemischt und ist eins geworden unter einer Flagge und einem Ziel. In einem Pavillon genießen sie diesen Segen, den Segen von loyaler Brüderschaft.«[1]

Was dem einen oder anderen westlichen Beobachter zu diesem Zeitpunkt noch als bloß eine von vielen nahöstlichen Operetteninszenierungen mit nur regionaler Bedeutung vorkommen mochte, wächst sich in den folgenden Monaten zur größten terroristischen Bedrohung aus, der sich der Nahe und Mittlere Osten jemals gegenübersah. Eine Bedrohung, die sich darüber hinaus direkt und zielgerichtet gegen die Staaten und Menschen des Westens richtet, indem »Ungläubigen« der Tod, Terror und Vernichtung angedroht wird. Abu Bakr al-Baghdadi macht an diesem Tag in der größten Moschee von Mossul eines unmissverständlich klar: Er sieht sich nicht als jemand, dessen Ambitionen lediglich regional beschränkt sind. Seine Stoßrichtung ist vielmehr eine globale. Getrieben von Hass und dem Wunsch nach Rache, will al-Baghdadi der Gemeinschaft der Muslime den Platz wieder zurückerobern, der der Umma, der Gemeinschaft der Muslime, und nur ihr gebührt. Der ihnen genommen wurde. Von den Staaten des Westens, den »Ungläubigen«, den »Kreuzzüglern«, angeleitet und geführt von den Juden. Die Welt ist auf den Kopf gestellt und er, Abu Bakr al-Baghdadi, ist gesandt worden, sie wieder auf die Füße zu stellen, die Dinge wieder in ihre gottgegebene Ordnung zurechtzurücken. »Bald, so Gott will, wird ein

Tag kommen, an dem der Muslim, allerorts als Herr, mit Ehre, Verehrung, mit seinem Kopf erhoben und seine Würde bewahrend schreiten wird. Jeder, der es wagt ihn anzugreifen, wird bestraft und jede Hand, welche versucht ihm zu schaden, wird abgeschnitten. So lasst die Welt wissen, dass wir heute in einem neuen Zeitalter leben. Wer auch immer achtlos war, muss nun auf der Hut sein. Wer auch immer schlief, muss nun aufwachen. Wer auch immer geschockt und erstaunt ist, muss begreifen. Die Muslime haben heute ein lautes donnerndes Statement und haben schwere Füße. Sie haben ein Statement, welches die Welt die Bedeutung von Terrorismus hören und verstehen lässt und Füße, welche die Götzen des Nationalismus zertrampeln, die Götzen der Demokratie zerstören und ihren abartigen Charakter aufdecken wird.«[2]

Abu Bakr al-Baghdadi muss es nicht kümmern, dass ihm aus den gelehrten Kreisen islamischer Geistlichkeit wütende Proteste entgegenschlagen werden, sieht er sich doch als Stellvertreter Gottes und Nachfolger des Gottesgesandten, des Propheten Mohammed, und beansprucht so an diesem Tag für sich die Führung ausnahmslos aller Muslime dieser Welt. Nichts anderes verkündet der ganz in Schwarz gekleidete Mann im Verlauf seiner 21 Minuten langen Rede. Er weiß sich und seine Terrororganisation in einer Position, die auf lange Zeit nicht zu erschüttern sein wird. Hat er doch an diesem Tag in Mossul schon vieles erreicht, wovon Al-Qaida immer nur träumen konnte. Er ist dabei, sein »dschihadistisches Staatsbildungsprojekt«, wie das ein deutscher Wissenschaftler nennt, unaufhaltsam voranzutreiben.[3] Volker Perthes, der Leiter der Stiftung Wissenschaft und Politik in Berlin, schreibt in der *Süddeutschen Zeitung*: »Tatsächlich haben wir es mit einem Herrschaftsverband zu tun, der derzeit je etwa ein Drittel Syriens und des Irak kontrolliert. Hier leben bis zu acht Millionen Menschen, und hier übt der IS quasistaatliche Funktionen aus. Er betreibt seine eigene Justiz, die sich an den extremistischsten islamischen Rechtsvorstellungen orientiert, er erhebt Steuern, rekrutiert Soldaten, fördert und exportiert Öl. Er hält auch die Versorgung von Märkten und die Stromversorgung aufrecht. Der ›Islamische Staat‹ ist dabei ein totalitäres, expansives und hegemoniales Projekt.« ISIS erkläre sich so zum Staat der Rechtgläubigen in dem es nur eine zulässige Auslegung der Glaubensgrundsätze gcbe. »Muslime, die anders denken oder zu anderen Konfessionen gehören, werden zu Ungläubigen erklärt; Andersgläubige werden allenfalls gegen Schutzgeldzahlung geduldet«, schreibt Perthes. »Der Verzicht des ›Islamischen Staates‹ auf den geografischen Zusatz ›im Irak und in der Levante‹ unterstreicht die Absicht, über diese Grenzen hinaus zu expandieren.«

Al-Baghdadi übt sich an diesem Tag in Demut und bittet die Gläubigen um Rat und Hilfe: »Wenn ihr meint, dass ich im Recht bin, dann helft mir«, sagt er. »Wenn ihr meint, dass ich gegen das islamische Recht verstoße, dann beratet mich.«[4] Balsam für die Seele der Gläubigen, die ihm in Mossul zujubeln. Abu Bakr al-Baghdadi weiß die muslimische Befindlichkeit zu bedienen, die weit wuchernde islamische Sehnsucht nach einem Führer zu befriedigen. Führer befiehl, wir folgen Dir, und Gott ist groß – damit erreicht er die Massen. »Einen gemeinsamen Führer zu bestimmen, ist Pflicht aller Muslime, die jedoch jahrhundertelang missachtet wurde,… anders als die Könige und Herrscher, verspreche ich euch nicht Luxus, Sicherheit und Entspannung«, erklärt er in gewähltem, klassischem Arabisch, bevor er das Freitagsgebet feierlich beendet.

Vergleichbar einem Phönix, der aus der Asche steigt, hat Abu Bakr al-Baghdadi nach dem Abzug der USA aus dem Irak 2011 ISIS nicht nur zur gefährlichsten dschihadistischen Terrororganisation der Welt aufgebaut. ISIS ist unerhört effektiv, ungeheuer reich, befehligt eine ständig größer werdende, mit modernsten Waffen ausgestattete Armee und weiß seinen Propagandaapparat brillant einzusetzen. ISIS ist auf dem Weg in eine eigene Staatlichkeit und kann sich dabei auf weite Teile der Bevölkerung in den von ISIS kontrollierten Gebieten stützen. Eine Erkenntnis, die sich nicht jedem erschließt. »Der IS ist ganz sicher kein Staat. Der IS ist eine Terrororganisation, ganz einfach. Der IS hat keine andere Vision, als alle abzuschlachten, die sich ihm in den Weg stellen«, analysiert US-Präsident Barack Obama den Motor des Krieges, mit dem er konfrontiert ist.[5] Der »Islamische Staat« sei weder Staat, geschweige denn islamisch – in beidem, so steht zu fürchten, irrt der US-Präsident.

Der »Islamische Staat im Irak und in Syrien«, wie sich ISIS zuvor nannte, lag 2011 am Boden. Ohne Geld, ohne Unterstützung der sunnitischen Bevölkerung, ohne Territorium, ohne Zukunft. Vier Jahre später hat ISIS alle Insignien eines Staates vorzuweisen: eine eigene Armee, den Koran als eigene Verfassung, eine neu eingeführte Währung, eine eigene Fahne. Seine Gebiete und seine Infrastruktur sind gesichert, seine Justiz ist eingesetzt. So fasst die italienische Terrorismusexpertin Loretta Napoleoni den derzeitigen Zustand des ISIS zusammen. Napoleoni warnt eindringlich vor einer nie dagewesenen dschihadistischen Gefahr und setzt dann ihren sehr respektablen internationalen Ruf aufs Spiel, indem sie verblüffende Empfehlungen zum Kampf gegen ISIS gibt. »Bomben sind keine Lösung«, sagt sie. »Wir sollten endlich realisieren, dass der Islamische

Staat derzeit erfolgreich einen Staat aufbaut. Daher müssen wir einen Dialog mit dem IS etablieren, um diesen Staat zu kontrollieren, und vielleicht müssen wir diesen vielleicht sogar in die internationale Gemeinschaft integrieren.«[6]

Ein Vorschlag, der die ganze Hilflosigkeit kennzeichnet, mit der der Westen der so scheinbar unversehens aufgetretenen Bedrohung gegenübersteht. Der Westen hätte nach dem so euphorisch gefeierten »arabischen Frühling« die Umwälzungen in den arabischen Ländern ab 2011 pragmatisch analysieren müssen, statt sie nur naiv zu bejubeln. Dass es in den arabischen Staaten ein großes Potential islamistischer Grundüberzeugungen gab und gibt, wurde ausgeblendet. Das amerikanische PEW Research Center gilt als renommiertes Institut für weltweite Umfragen. Im Mai 2010 fragten die Forscher erwachsene Muslime in Ägypten nach ihren religiösen und politischen Anschauungen. 95 Prozent der Befragten wünschten sich einen stärkeren Einfluss des Islams auf die Politik. 84 Prozent der ägyptischen Muslime forderten, Abtrünnige vom Islam mit dem Tod zu bestrafen, 82 Prozent befürworteten die Steinigung von Ehebrechern, 77 Prozent hielten es für richtig, Dieben die Hand abzuschlagen, 54 Prozent wünschten sich die Trennung der Geschlechter am Arbeitsplatz, genauso viele hielten Selbstmordattentate gegen Zivilisten für gerechtfertigt, circa die Hälfte sympathisierte mit der Hamas, ein Drittel mit der Hisbollah und immerhin noch ein Fünftel gaben an, eine positive Meinung zu Al-Qaida und Osama Bin Laden zu haben. Angesichts solcher Umfrageergebnisse fällt es schwer nachzuvollziehen, wie westliche Beobachter zu dem Schluss kommen konnten, der Aufruhr in der arabischen Welt sei ein Aufbruch in eine demokratische Zukunft.

Ein realpolitischer Umgang mit den innersyrischen Kriegen hätte den rasanten Aufstieg des ISIS verhindern können, die denkwürdige Selbstinszenierung des Abu Bakr al-Baghdadi wäre möglicherweise nicht zustande gekommen. Der Westen ließ dem syrischen Diktator weitgehend freie Hand, versagte den durchaus vorhandenen moderaten Kräften jegliche effektive Unterstützung, stärkte so ungewollt die dschihadistischen Gruppen und überließ ihnen das syrische Schlachtfeld. Es war von vornherein klar, dass Baschar al-Assad natürlich die Methoden, die sein Vater 1982 in Hama angewandt hatte, um den Aufstand der Muslimbruderschaft gegen seine Diktatur blutig niederzuschlagen, dreißig Jahre später ebenso erbarmungslos anwenden würde. Es war ein katastrophaler Fehler des Westens, die nicht dschihadistischen Gruppen, die in den ersten Monaten des syrischen Aufstands noch dominierten, nicht zu unterstützen. Auf allen Ebenen mit allen Mitteln. Natürlich waren diese Gruppen keine Demokraten im westlichen Sinn. Genauso natürlich hätten sie jedoch im Vergleich mit den ab dem Herbst 2011 stärker werdenden dschihadistischen Terrorgruppen das kleinere Übel dargestellt.

Der Auftritt des selbsternannten Kalifen ist die Krönung einer Terroristen-Karriere, die irgendwann um die Jahrtausendwende in Samarra nördlich von Bagdad begann und ihren ersten Höhepunkt erreichte, als Abu Bakr al-Baghdadi 2003 vom Mitglied des Scharia-Rates der Ansar al-Sunna zu deren Vorsitzenden aufstieg. Der heute 44 Jahre alte al-Baghdadi hat sich seit 2010 in nur vier Jahren zum gefährlichsten Terroristen der Welt aufgeschwungen, der sich ganz offen zur Vernichtung all derer bekennt, die seiner Lesart des Islams nicht folgen. Die Offenbarungen, die dem Propheten Mohammed im siebten Jahrhundert widerfahren sind, sollen Wort für Wort, Buchstabe für Buchstabe im 21. Jahrhundert umgesetzt und gelebt werden. Bis in jede Einzelheit des Alltagslebens hinein. All die barbarischen Strafen, all die Frauen unterdrückenden Bestimmungen, all die Minderheiten wie Ungläubige diskriminierenden Vorschriften will der neue Kalif mit blutiger Härte durchsetzen. Was er in seinem Herrschaftsgebiet Tag für Tag vorexerziert. Muslime, die sich auf den Koran berufend einer humanistisch geprägten Lesart des Korans verpflichtet fühlen, gelten ihm ausnahmslos als Abtrünnige, als Verräter am Islam. Sie sind des Todes. Er wird getrieben von einem blindwütigen Hass gegen schiitische Muslime und ruft »zur Auslöschung der kulturellen und religiösen Identität der Jesiden« des Irak und damit zum Genozid auf, ebenso wie zum Heiligen Krieg wider alle Ungläubigen und zur Ausmerzung aller Sunniten, die nicht seinem Verständnis des Islams folgen. Er steht damit in der direkten Nachfolge jenes Mannes, ohne dessen im Glaubenswahn gefangenen Treiben der schier unaufhaltsame Aufstieg des Abu Bakr al-Baghdadi und des ISIS nicht denkbar gewesen wäre.

Abu Bakr al-Baghdadi ist der Wiedergänger des »gefährlichsten Terroristen der Welt«. So haben Ermittler des jordanischen General Intelligence Directorate (GID) den jordanischen Dschihadisten Abu Musab al-Zarqawi genannt. Al-Baghdadis Werdegang vom willigen Helfer und späteren Vollstrecker des jordanischen Dschihadistenführers, der die US-Armee im Irak von 2003 bis 2006 das Fürchten lehrte, bis hin zum selbsternannten Kalifen des ISIS ist ohne Abu Musab al-Zarqawi nicht vorstellbar. Nicht al-Baghdadi, sondern Abu Musab al-Zarqawi hat den ISIS gegründet, diese Terrororganisation, die den Nahen Osten und die Welt erschüttert. Al-Zaqawi, ein früher orientierungsloser

Säufer aus einer schäbig grauen Industriestadt in Jordanien, war der Mann, der Al-Qaida im Irak geschmiedet und ISIS das Ziel vorgegeben hat. Die Geschichte des ISIS lässt sich so in weiten Teilen an der Geschichte des »Amirs aller Schlächter« erzählen. So wurde Abu Musab al-Zarqawi nicht nur von denen genannt, die ihn fürchteten, hassten und über Jahre hinweg jagten. Viel mehr noch von denen, die ihn liebten und als »geliebten Führer und Schlächter-Amir, welcher die Römer [Ungläubigen] abschlachtete und die Schiiten-Rawafid [abwertender Begriff für Schiiten und nicht Sunniten] bloßstellte«, verehrt.[7] In einer hymnischen Eloge feierte so eine der Ehefrauen Abu Musab al-Zarqawis 2006 ihren Ehemann. Der Mann, der heute von ISIS als leuchtendes Vorbild gefeiert und verehrt wird, katapultierte sich weltweit mit grausam inszenierten Videoaufnahmen ins Bewusstsein einer breiten westlichen Öffentlichkeit.

Ein Videoband. Ein Leben. Ein Mann. In Orange. Der eine sitzt zusammengekauert am Boden. Die Hände sind auf dem Rücken gefesselt. Er zittert. Denn er weiß, was kommt. Auch wie es geschehen wird. Hinter ihm stehen fünf ganz in Schwarz gekleidete Männer. Vier tragen Kalaschnikows, der Mann in ihrer Mitte liest von einem Blatt Papier seine Botschaft vor. Nachdem er seinen Sermon beendet hat, springt er unter lauten Lobpreisungen seines Gottes vor, drückt Eugene Armstrong mit der linken Hand zu Boden, während seine Rechte ein 25 Zentimeter langes Messer schwingt. Der schwarz Gewandete setzt das Messer an die Kehle von Eugene Armstrong. Zieht es über sie, beginnt zu säbeln und säbelt und säbelt und nach endlos langen 31 Sekunden ist es vorbei, und überall ist Blut, nur Blut. Der 52-jährige Ingenieur Eugene Armstrong aus Hillsdale, Michigan, USA, ist an diesem 20. September 2004 geschächtet worden. Getötet zum höheren Ruhme und im Namen Gottes. »Allahu Akbar«, ruft voll frommer Inbrunst Abu Musab al-Zarqawi, der Eugene Armstrong eigenhändig den Kopf genommen hat. Diesen danach triumphierend in die Luft reckt, um den abgeschnittenen Kopf dann auf dem Torso dessen zu platzieren, was einmal Eugene Armstrong gewesen war. Fast auf den Tag zelebriert zehn Jahre später ein britischer ISIS-Terrorist dasselbe Morden an den beiden US-amerikanischen Journalisten James Foley und Steven Sotloff sowie dem britischen Entwicklungshelfer David Cawthorne Haines. ISIS köpft darüber hinaus den Briten Alan Henning sowie den US-Amerikaner Peter Kassig.

»Das Köpfen der Amerikaner war unser erstes Signal, dass wir weitermachen werden«, verkündet 2004 Abu Musab al-Zarqawi via Internet. Wer also war dieser Abu Musab al-Zarqawi, den bis 2001 kein einziger US-amerikanischer oder europäischer Geheimdienst auf seinem Radarschirm hatte? Wer war dieser Mann, der über seinen Tod am 7. Juni 2006 hinaus bis heute so wirkmächtig ist und von ISIS in seiner Propaganda[8] als Quelle der Inspiration verehrt wird? Ein Mann mit klaren Feindbildern und einer sehr konkreten Strategie, durch die später ISIS im Irak stark und übermächtig wurde. Gefangen im blindwütigen Hass gegen die Schia, will al-Zarqawi im Irak einen Religionskrieg zwischen Schiiten und Sunniten entfachen. Mit mörderischen Anschlägen gegen ihre heiligen Schreine und Moscheen sollen die Schiiten zur blutigen Rache gegen die Sunniten des Landes getrieben werden, die so ihrerseits mit blutigem Terror gegen die Schiiten antworten werden. Zarqawi macht aus dieser Strategie kein Hehl, er kündigt sie offen an: »Ich denke, wenn man sie [die Schiiten] in ihren religiösen, politischen und militärischen Institutionen angreift, wird man sie dazu bringen können, den Sunniten ihren krankhaften Hass zu zeigen. Wenn es uns gelingt, sie in einen sektiererischen Krieg hineinzuziehen, wird es möglich werden, die bislang nur teilnahmslos zuschauenden Sunniten aufzurütteln, wenn sie die Gefahr und drohende Vernichtung durch diese ›Sabäer‹ [Schiiten] spüren. Trotz ihrer Schwäche und Zersplitterung sind die Sunniten das schärfste Schwert, die Entschlossensten und die Loyalsten, wenn sie auf die Schiiten treffen, die Leute des Verrats und der Feigheit sind.«[9] Al-Zarqawi stellt sich mit dieser Strategie in einen offenen Widerspruch zur Al-Qaida-Führung in Pakistan, die sein Vorgehen vehement verurteilt, was Zarqawi nicht interessiert. Die Saat geht auf, Zarqawi treibt den Irak in ein blutiges Chaos.

Eine erste Spurensuche nach Abu Musab al-Zarqawi führte mich 2003 in seine Geburtsstadt nach Zarqa – eine triste jordanische Industriestadt etwa 20 Kilometer nordöstlich der Hauptstadt Amman. »Ein Hurenbock, ein Säufer«, antwortet einer, der ihn kennt und sich nicht zu erkennen geben will. In Zarqa kennt jeder Ahmad Fadil Nazal al-Khalayleh. Unter diesem Namen wurde Abu Musab al Zarqawi am 30. Oktober 1966 geboren. Jeder in Zarqa hat eine Geschichte über ihn zu erzählen, aber alle sind sich einig: Nie, niemals würde Ahmad all dies tun, was man ihm vorwirft. Nie! Er ist aus dem Stamm der Beni Hassan, vom Clan der al-Khalayleh. Kein Palästinenser, wie immer behauptet wird. Ein Beni Hassan!, haben die Menschen in Zarqa betont: Die machen solche Dinge nicht!

Gut, er hat gesoffen, damals, hat sich in seiner Jugend in den Achtzigern in Kleinkriminalität verloren, war in den Jugend-Gangs von Zarqa eine schillernde Figur, ist bei der

Abschlussprüfung der Oberschule durchgefallen. Aber dann, so erzählten die Leute, hat er sich gefangen, hat zwei Jahre in der Stadtverwaltung gearbeitet, hat geheiratet, hat mit dem Saufen aufgehört und in der Al-Hussein-Ibn-Ali-Moschee das Beten angefangen, hat also dergestalt zum rechten Glauben zurückgefunden. Allah sei Dank. Ahmad ein Terrorist? Niemals.

Aber all das war die Rede der Menschen in Zarqa 2003, lange bevor Ahmad Fadil Nazal al-Khalayleh begann, seinen Opfern die Köpfe zu nehmen. In den ersten Wochen des Jahres 2005 ist es bei einem Besuch seiner Heimatstadt schwer, noch einen zu finden, der reden will. Jetzt haben sie Angst. Vor ihm, dessen Arm so weit reicht. Aus dem Irak heraus bis hierher nach Zarqa in Jordanien. Und so schaut sich einer der Nachbarn auch immer wieder um, ob ihn wer beobachtet, während er redet. »Vor ihm ist keiner sicher«, schaudert er. »Auch ihr nicht in Europa.« Und erzählt dann doch, wie das damals war, als Ahmad Fadil Nazal al-Khalayleh zum ersten Mal verhaftet wurde. Sexuelle Belästigung: So umschreibt das jordanische Strafgesetzbuch den Tatbestand der versuchten Vergewaltigung. »Früher hat er Whiskey getrunken, heute ist er ein Monster, das Blut säuft.«

Offiziere des jordanischen Geheimdiensts stoppen in der Nacht des 31. März 2004 an der syrisch-jordanischen Grenze einen LKW. Sie finden Sprengstoff in der Ladung. Bei folgenden Razzien in Amman und anderen Orten in Jordanien entdecken die Ermittler mehr als 20 Tonnen Nervengas und Hautkampfstoffe. Die Jordanier verhaften mehrere Verdächtige. Sie werden einer peinlichen Befragung, also Folter, unterzogen. Was sie preisgeben, versetzt die Verhörer des GID in helle Aufregung: Die US-amerikanische Botschaft, das Büro des Premierministers, das Wohnhaus des Direktors des GID sowie das Hauptquartier des jordanischen Geheimdienstes sollen in einer konzertierten Aktion mittels 20 Tonnen Sprengstoff in die Luft gejagt werden. Was die Ermittler paralysiert, ist die Auskunft, die sie während der Verhöre erhalten: Eine zweite Explosionsserie soll die hochgiftigen chemischen Kampfstoffe freisetzen. Ist das der von allen Sicherheitsdiensten so gefürchtete Chemiewaffenanschlag, den alle erwarten?

Bei ihrer Fahndung stoßen die Jordanier dann auf Muwaffaq Ali Ahmed Odwan und Azmi Abdel Fatah Hajj Youssef Jaiousi. Nach Telefonüberwachung und Observation schlagen die Ermittler zu. Odwan wird getötet, Jaiousi festgenommen. Beide sind ausgewiesene Sprengstoffspezialisten. Beide wurden von Abu Musab al-Zarqawi beauftragt, einen chemischen Megaanschlag durchzuführen. Bis zu 80.000 Menschen, so die Erkenntnisse der jordanischen Behörden, hätten bei diesem Terroranschlag getötet werden können. »Wäre der Anschlag geglückt, hätte dies 2004 den gesamten Nahen und Mittleren Osten zur Explosion gebracht«, sagen jordanische GID-Beamte.[10] Deutsche Spezialisten, die die Ermittlungsergebnisse der Jordanier später überprüfen, halten die Opferzahlen für übertrieben, bestätigen jedoch den geplanten Einsatz chemischer Kampfstoffe und gehen davon aus, dass »der Anschlag ganz sicher Tausende Menschen getötet hätte«.[11] Die Jordanier beharren noch heute auf ihrer Einschätzung der Opferzahlen von 2004. Abu Musab al-Zarqawi bekannte sich via Internet zu der geplanten Anschlagsserie in Jordanien, bestritt aber den Einsatz chemischer Kampfstoffe. Jedoch: »Wir beten zu Gott, uns dazu in die Lage zu versetzen – eine solche (chemische) Bombe zu bauen. Wir würden keine Sekunde zögern, sie in israelischen Städten wie Eilat oder Tel Aviv einzusetzen.«[12]

Zum Zeitpunkt des geplanten Terrorplots befindet sich Abu Bakr al-Baghdadi im Irak in amerikanischer Haft. 2003 war er einer der Mitbegründer und zugleich Vorsitzender des Scharia-Komitees der Ansar al-Sunna, einer dschihadistischen Gruppe im Irak, die zu diesem Zeitpunkt eng mit Abu Musab al-Zarqawi verbunden ist. Hinter Ansar al-Sunna verbirgt sich nichts anderes als Ansar al-Islam – jene Terrorgruppe, die sich 2001 in der Autonomen Region Kurdistan auf Geheiß von Osama Bin Laden gebildet hatte.[13] Das Gebiet in den Shinerve-Bergen im irakisch-iranischen Grenzgebiet wird 2001 zum Sammelpunkt für kurdische und europäische Dschihadisten. Ebenso für Al-Qaida-Mitglieder, die nach 9/11 aus Afghanistan und Pakistan durch den Iran zu Ansar al-Islam fliehen und sich dort auf die kommende US-Invasion vorbereiten. Al-Baghdadi und al-Zarqawi arbeiten ab 2003 im undurchdringlichen Geflecht dschihadistischer Gruppen des Irak eng miteinander. Abu Musab al-Zarqawi wird zum Spiritus Rector des aufstrebenden al-Baghdadi. Obwohl Zarqawi bis zu diesem Zeitpunkt keinen Treueeid auf Bin Laden geschworen hat, sieht er sich spätestens seit 2004 als Kronprinz des Terrorfürsten und versucht alles, um aus dessen Schatten zu treten. Ganz so, wie dies zehn Jahre später sein damaliger Helfer Abu Bakr al-Baghdadi gegenüber Aiman al-Zawahiri, dem Emir der Al-Qaida, mit Erfolg praktizieren wird.

Wie sehr sich al-Zarqawi 2004 aus dem Schatten Bin Ladens gelöst hat, belegen umfangreiche Akten und Dossiers westlicher wie nahöstlicher Geheimdienste ebenso wie Informationen und Dokumente deutscher Sicherheitsbehörden. In ihnen taucht auch der heutige Führer des ISIS auf, wenngleich er zu dem Zeitpunkt als unerhebliche Nebenfigur eingeschätzt wird.[14] Dass der neue Kalif 2004 durchaus schon eine tragende Rolle im dschihadistischen Dschungel spielt, erschließt sich zu diesem Zeitpunkt keinem der Dienste. Auch wenn sein Name durchaus geläufig ist. Im Gegensatz zu ihren amerikanischen Kollegen stufen jordanische Geheimdienste Abu Bakr al-Baghdadi 2005 »als einen kommenden Stern am Dschihadistenhimmel« ein.[15] Den Amerikanern galt er hingegen nur als »kleines Licht«, bedauert 2014 ein amerikanischer Gesprächspartner rückblickend.

Die Unterlagen dokumentieren, dass al-Zarqawis terroristische Karriere nur stattfinden konnte, weil Gottes frommer Killer über Jahre hinweg logistische Unterstützung, Geld und Waffen von staatlichen Organisationen verschiedener nahöstlicher Staaten erhalten hat. Unterstützung, die sein Schüler Abu Bakr al-Baghdadi zehn Jahre später ebenfalls in Anspruch nehmen wird. Ganz oben auf der Liste staatlicher Unterstützer findet sich ausgerechnet die Islamische Republik Iran und deren Hardliner aus dem Umfeld des weltweit terroristisch agierenden Arms der Revolutionären Garden: den Al-Quds-Brigaden. Das deutsche Bundeskriminalamt attestiert in einem umfangreichen Auswertungsbericht dem Iran, dass er Zarqawi »logistische Unterstützung von staatlicher Seite« zukommen lässt.[16] In den Fußnoten der BKA-Akte wird dargestellt, wie weit sich diese »logistische Basis« erstreckte.

Genannt werden neben einem britischen und zwei iranischen Pässen vier libanesische ID-Karten, zwei libanesische Pässe, eine palästinensische ID-Karte sowie ein jemenitischer Pass, mit denen Zarqawi drei Jahre lang sicher gereist

ist. Sein Aktionsradius erstreckt sich über den Irak, den Iran, Syrien, Jordanien, die Türkei, das Pankissi-Tal in Georgien bis in den Nordkaukasus. In diesen Ländern stützt er sich nicht nur auf ein Heer von Sympathisanten des Heiligen Krieges, sondern auf »Mitglieder ganz unterschiedlicher islamistischer Netzwerke, die ihm bei Bedarf zur Verfügung stehen«.[17] Zarqawi hat über Ländergrenzen hinweg ebenso seine eigenen Zellen aktiver Heiliger Krieger: in Nordafrika, Spanien, Frankreich, Italien. Und Deutschland: Mindestens 150 seiner Anhänger vermuten deutsche Sicherheitsbehörden vor allem in Bayern, Baden-Württemberg und in Berlin. Im Umfeld radikaler Moscheen wie der Al-Nur-Moschee im Berliner Stadtteil Neukölln oder im Umkreis des ehemaligen Multikulturhauses in Neu-Ulm hat sich sein Netzwerk etabliert. Radikale Dschihadisten, für die al-Zarqawis Ideologie, derzufolge »der Dschihad nur mit Terror durchzuführen und erfolgreich ist«, unbedingte Richtschnur ist.

Schaut man sich aus der Distanz von zehn Jahren die Unterlagen und Dossiers über die Aktivitäten des Abu Musab al-Zarqawi an, stellt man fest, dass sein Handeln, seine Organisation, sein Netzwerk diverser dschihadistischer Organisationen die Blaupause für die Weiterentwicklung hin zum heutigen ISIS bilden. Auf 125 Seiten beschreibt und analysiert der Auswertungsbericht des BKA vom 6. September 2004 die Karriere des Abu Musab al-Zarqawi und die Verästelungen seines globalen Beziehungsgeflechts. Erkenntnisberichte des deutschen Bundesnachrichtendienstes (BND), des amerikanischen FBI, der CIA sowie immer wiederkehrende Briefings französischer wie israelischer Stellen zeichnen den Werdegang von al-Zarqawi und das Wachsen seines internationalen »Netzwerks arabischer Mudschahedin« nach. »Nach hiesiger Einschätzung wird al-Zarqawi als Führer eines eigenständigen, autonom arbeitenden terroristischen Netzwerkes gesehen«, so die deutsche Analyse. Zarqawi gilt der internationalen Geheimdienstgemeinde als der »zurzeit tatsächlich gefährlichste Mann der Welt. Osama Bin Laden«, stellen 2004 jordanische wie deutsche Ermittler unisono fest, »steht heute für eine Idee, eine Ideologie. Der Mann taugt nur noch als Mythos und dafür, die USA bei ihren vergeblichen Fahndungsbemühungen nach ihm bloßzustellen. Zarqawi hingegen ist der Mann der Tat. Er hat sowohl sein eigenes funktionierendes Netzwerk als auch gleichzeitig Zugriff auf andere Netze. Zarqawi ist der neue Kronprinz von Bin Laden.«

Wie hat sich dieser so gefährliche Terrorist radikalisiert? Nachdem er 1989 in Afghanistan nur noch die Ausläufer des Heiligen Krieges gegen die Schurawi, die Russen, miterlebt hat, arbeitet er zunächst als Reporter für die islamistische Zeitung *Al-Bunyan Al Marsous*, dann für das Islamic Relief Committee. Über diese NGO sind Erkenntnissen westlicher wie nahöstlicher Dienste zufolge länger als eine Dekade Gelder für Dschihadisten geflossen. 1994 wird Zarqawi wegen der Planung terroristischer Anschläge in Jordanien zu lebenslanger Haft verurteilt. Im Gefängnis lernt er die radikalen Prediger Abu Qatada und al-Maqdisi kennen. Hier vollendet sich seine Wandlung vom radikalen Islamisten zum unbedingten Dschihadisten, für den nackter Terror die Ultima Ratio, die Voraussetzung für den Erfolg im Heiligen Krieg ist. Fünf Jahre später wird Zarqawi bei einer Generalamnestie freigelassen und geht zurück nach Afghanistan. Dort bietet er bei einem Treffen Osama Bin Laden und dessen Sicherheitschef Seif al-Adel seine Dienste an. Bin Laden »überträgt Zarqawi die Leitung eines fertig eingerichteten Lagers in Herat« in Afghanistan, so Mitarbeiter des BND. Obwohl er sich formal nie als Mitglied von Bin Ladens Al-Qaida sah und vermutlich auch nie den Treueschwur geleistet hat, war die Kooperation zwischen beiden sehr eng.

Aus Deutschland kam in dieser Zeit ebenso wie aus Frankreich, Großbritannien, Spanien und Nordafrika ein ständiger Strom Heiliger Krieger in Zarqawis Ausbildungslager. Die westlichen Sicherheitsbehörden verweilen in den Jahren vor 9/11 im tiefen Schlaf angesichts der sich aufbauenden islamistischen Gefahr. Ein hochrangiger deutscher Sicherheitsbeamter beharrt auf Nachfrage noch im Januar 2001: »Eine Gefährdung der deutschen Sicherheit können wir nicht erkennen.« Osama Bin Laden? »Irgendein saudischer Milliardär.« Die Deutschen fühlen sich darüber hinaus gut abgesichert. Der damalige Geheimdienstkoordinator der Bundesregierung hat mit algerischen Dschihadisten ebenso ein förmliches Stillstandabkommen geschlossen wie mit der schiitischen Terrororganisation der libanesischen Hisbollah. Beide können in und aus Deutschland heraus schalten und walten, wie sie wollen, solange sie in Deutschland nicht bomben.

Ein Schwerpunkt der Ausbildung im Terrorcamp des Abu Musab al-Zarqawi in Herat: Die islamistischen Endzeitkrieger experimentieren mit biologisch-chemischen Terrorangriffen – und scheitern bei der Entwicklung von einsatzfähigen chemischen Kampfstoffen. Ihnen fehlen die wissenschaftliche Expertise, die nötige Hardware und die entsprechenden Vorläuferprodukte. In Herat wie auf seinen Reisen durch Syrien, den Iran, den Irak, Jordanien und den Libanon rekrutiert Zarqawi in den nächsten Jahren die Führungsmannschaft sowie das Fußvolk für sein späteres

Netzwerk im Irak. Hier knüpft er seine globalen Kontakte zu anderen dschihadistischen Gruppen.

Im August 2001 reist vier Wochen vor 9/11 eine Delegation kurdischer Dschihadisten aus dem irakisch-iranischen Grenzgebiet nach Afghanistan. Eine Reise, die für al-Zarqawi bedeutsam sein wird, resultiert aus ihr doch die Gründung von Ansar al-Islam im irakisch-iranischen Grenzgebiet. In Gesprächen mit Osama Bin Laden, Aiman al-Zawahiri und Saif al-Adel wird eine enge Kooperation vereinbart. Die Al-Qaida-Führung rechnet zu diesem Zeitpunkt sehr wohl mit einer militärischen Reaktion auf die kommenden Anschläge des 11. September und bereitet in verschiedenen Staaten Ausweichorte vor. Einer der Plätze: das Grenzgebiet zwischen dem Irak und dem Iran, wo sich die kurdischen Dschihadisten einen sicheren Rückzugsort aufgebaut haben. Ausgestattet mit 200.000 Dollar aus der Schatulle von Osama Bin Laden, reist die kurdische Dschihadisten-Delegation mit Billigung der Herrscher in Teheran durch den Iran zurück.[18] Der Iran wird in den folgenden zwei Jahren für Abu Musab al-Zarqawi ein sicherer Rückzugsort sein, aus dem heraus er mit der aktiven Unterstützung durch iranische Geheimdienste sowie der Revolutionsgarden und der Al-Quds-Brigaden seine Terroraktivitäten planen, organisieren und durchführen kann. Geld, Logistik und Waffen – Zarqawi fehlt es an nichts. Die Machthaber des Iran hatten nie ein Problem damit, Koalitionen auch mit solchen Organisationen einzugehen, mit denen sie verfeindet waren. Der Feind, dem sich die schiitischen Mullahs im ewigen Hass verbunden sahen, waren die USA und Israel. Al-Qaida und der aufstrebende neue Stern am Dschihadisten-Himmel waren für den Iran ein guter Knüppel, um die USA zu schlagen.

Während des wochenlangen Bombardements der Taliban-Stellungen in Afghanistan wird Zarqawi verwundet und in iranischen Krankenhäusern gesund gepflegt. Nach dem Beginn des Bombenkrieges der USA gegen die Taliban im Winter 2001 richtet Zarqawi Anfang 2002 im Iran neue Lager und sichere Häuser ein, nämlich in Zahedan, Maschad, Isfahan und Teheran. Außerdem hält er sich mehr als drei Wochen lang in Bagdad auf, es kommt zu Kontakten und Gesprächen mit Saddams Geheimdiensten. Der jordanische GID kontaktiert immer wieder seinen geheimdienstlichen Widerpart im Irak, verlangt die Auslieferung von Zarqawi.[19] Die Iraker antworten nicht, weisen aber Zarqawi darauf hin, dass er und seine Gefolgsleute im Blickfeld der Jordanier seien. Zarqawi verlässt den Irak.[20]

Der unzweifelhafte Aufenthalt Zarqawis im Irak verschafft dem damaligen US-Außenminister Colin Powell bei seinem Auftritt vor dem UN-Sicherheitsrat am 5. Februar 2003 den bittersten Moment seines politischen Lebens. Führt er doch Zarqawis Aufenthalt im Irak als einen harten Beweis dafür an, dass Saddam Hussein aufs Engste mit Al-Qaida kooperiert. Die Rede Colin Powells wurde zur Ouvertüre für den Krieg der US-Regierung wider Saddam Hussein.

Ist das also der von vielen so schmerzlich gesuchte Link, der eine enge Zusammenarbeit zwischen Saddam Hussein und Al-Qaida belegt? Mitnichten. Die irakischen Dienste wären ihr Geld nicht wert gewesen, hätten sie sich nicht mit diesem neuen Spieler auf dem islamistischen Terrorfeld beschäftigt. Selbstverständlich kam es zu Begegnungen, zu Gesprächen zwischen irakischen Diensten und Al-Qaida. Genauso selbstverständlich hat es Überlegungen gegeben, inwiefern eine Kooperation gegen gemeinsame Feinde im beiderseitigen Interesse sei. Saddam Hussein hatte in den Dekaden seiner Herrschaft niemals auch nur die geringsten Skrupel, bizarre Koalitionen einzugehen, solange die seinen Interessen dienten. Zu einer engen Koalition oder Zusammenarbeit mit Al-Qaida gegen den Westen kam es jedoch nie. Was Saddam aber nicht davon abhielt, den Al-Qaida-Ableger Ansar al-Islam mit Geld, Waffen und Logistik zu unterstützen. So stolperte der Autor zusammen mit Kollegen, nachdem die USA am 18. März 2003 die Lager der Ansar al-Islam im Nordirak bombardiert hatten, recht verblüfft über drei noch funktionierende deutsche Flugabwehrraketen des Typs ROLAND. Die hatten ihren Weg aus den Lagerhallen der deutschen Waffenschmiede MBB zunächst nach Bagdad und von dort aus zu Ansar al-Islam gefunden. Ein in Rüstungsexporten tätiger deutscher Regierungspolitiker, der sich über lange Jahre seine Sporen in solcherart Geschäften verdient hatte, zeigte sich auf telefonische Nachfrage von vor Ort nicht sonderlich amüsiert. Wie es denn bitte schön möglich sei, dass deutsche Flugabwehrraketen zunächst nicht ganz legal nach Bagdad und dann zu Ansar al-Islam gekommen seien. »Sind Sie wahnsinnig, mich das ausgerechnet über eine Satellitenleitung zu fragen?« So sein entsetzter Kommentar.

Zarqawi reist 2002 durch die Staaten des Nahen Ostens, gründet Terrorcamps im Libanon nahe Tyrus und bei Sidon im palästinensischen Flüchtlingslager Ein al-Hillweh, ebenso in Syrien. Er kooperiert über Monate mit den islamistischen Killern der Ansar al-Islam und platziert seinen Stellvertreter in deren Schura, dem höchsten Gremium. In den unwirtlichen Bergen hinter Kurmal und Biyarra, im Grenzgebiet zum Iran, richtet Zarqawi ein kleines Chemielabor ein. Seine Gotteskrieger experimentieren mit hochgiftigen Chemikalien und greifen dabei, neben vielem anderen, auf aus Bagdad geliefertes Cyanid zurück. Mitglied der Schura von Ansar al-Islam ist das horchrangige Führungsmitglied Abu Wael, ein fanatischer Dschihadist. In einem früheren Leben war Abu Wael Major des Militärischen Geheimdiensts von Saddam Hussein und als solcher eigens abgestellt, Ansar al-Islam im Auge zu behalten und in ihrem Krieg gegen die von Saddam gehassten Kurden zu unterstützen. Es ist eine bizarre Allianz, die sich im Herrschaftsgebiet von Ansar al-Islam konstituiert: zwischen dem fanatischen Schiitenhasser Zarqawi, den Hardlinern der schiitischen islamischen Revolution, ehemaligen Baath-Geheimdienst-Mitarbeitern und den Internationalisten des Heiligen Krieges – und die in Teilen bis heute funktioniert. »Abu Bakr al-Baghdadi stützt sich heute auf alte Geheimdienststrukturen von Saddam Hussein«, sagt 2014 ein hochrangiger Offizier des jordanischen GID. »Das sind zum Teil dieselben Offiziere, mit denen Zarqawi ab 2002 zusammengearbeitet hat. Erst nach dem Krieg ist er groß geworden und hat später Zarqawis Verbindungen übernommen.«[21] Jordanische wie westliche Geheimdienste beobachten, wie nach dem Beginn des Krieges 2003 vor allem aus Europa Zarqawis Anhänger via Teheran in den Irak reisen, um dort im Heiligen Krieg gegen die »Kreuzzügler« zu kämpfen. Keine Einbahnstraße. Aus dem Irak heraus werden Kämpfer, Ausrüstung und Waffen nach Europa geschleust. Als deutsche Ermittler 2003 in München Lokman M. verhaften, entdecken sie, dass dieser ein richtiggehendes Reisebüro in den Irak und von dort wieder zurück etabliert hatte. »Das ist eine Rattenlinie, von der wir nur wissen, dass sie existiert«, klagt ein deutscher BND-Mitarbeiter. »Wir wissen aber nicht, wie und wo genau sie verläuft und wer sie noch alles organisiert. Irgendwann aber werden wir hier in Europa den Big Bang haben.«

Zehn Jahre später treibt westliche Sicherheitsbehörden dieselbe Angst um. Die Rattenlinie existiert weiter. Aus allen europäischen Staaten pilgern seit 2012 mehr und mehr Dschihadisten nach Syrien. Was als zunächst nur spärliches Rinnsal beginnt, wird 2013 und 2014 zu einem reißenden Strom. Abu Bakr al-Baghdadi stellt seinen Ziehvater und Mentor Abu Musab al-Zarqawi in den Schatten. »Licht zieht Motten an«, sagt ein deutscher Ermittler, »und das Licht von Abu Bakr al-Baghdadi erstrahlt mehr als nur hell, auch wenn die Motten daran verbrennen. Aber das wollen sie ja.« Der Mann fürchtet die, die nicht verbrennen. Die, die zurückkehren. »Al-Baghdadi will chemische Kampfstoffe einsetzen. Hier im Westen. Was Zarqawis Leute nie geschafft haben, können Baghdadis Leute sehr wohl umsetzen. In Syrien und im Irak haben sie chemische Kampfstoffe eingesetzt. Chlorgas und Phosgene.«

Aber auch ohne den Einsatz chemischer Kampfstoffe ist die Bilanz Abu Musab al-Zarqawis in Europa mörderisch. In den frühen Morgenstunden des 11. März 2004 detonieren im Minutenabstand in vier Pendlerzügen in Madrid zehn Sprengsätze. 191 Menschen sterben, mehr als 1.600 werden schwer verletzt. Elf Tage später gab der für den marokkanischen Sicherheitsapparat zuständige General Hamidou Laanigri seine Lageeinschätzung zur Urheberschaft ab: Seit langem schon habe »Al-Qaida ein Netzwerk in Europa aufgebaut«, zitiert ein deutscher Ermittler den marokkanischen Sicherheitschef. »Hierfür und für die Planung von Anschlägen sei Zarqawi verantwortlich. Er habe bewusst Marokkaner und andere Maghrebiner rekrutiert. Denn es gehe darum, von Europa aus den gesamten Maghreb zu destabilisieren und auf längere Sicht einen islamischen Gottesstaat in der Region aufzubauen.« Was die marokkanischen Behörden damals behaupteten, ist für den spanischen Untersuchungsrichter Baltasar Garzón Erkenntnis. In mühevoller Ermittlungsarbeit hat er die Verbindungen zwischen den Tätern und Abu Musab al-Zarqawi recherchiert. Seine These: Die Anschläge von Madrid waren eine Auftragsarbeit Zarqawis.

Während Abu Musab al-Zarqawi vom Irak aus Europa mit Terror und chemischen Kampfstoffen bedroht, in Spanien bomben lässt und im Irak das höllische Inferno eines blutigen Religionskrieges initiiert, verbringt Abu Bakr al-Baghdadi die Zeit zwischen Februar und Dezember 2004 in amerikanischer Haft. Die US-amerikanischen Vernehmer stufen ihn nicht als einen hochrangigen Dschihadisten ein. Ein Fehler, wie sich zeigen wird. »Baghdadi war zu diesem Zeitpunkt schon in den engeren Führungszirkel von Zarqawis Organisation aufgerückt«, konstatiert im Sommer 2014 ein Mitarbeiter des jordanischen GID. »Und der Mann war wichtig. Im Gegensatz zu Osama Bin Laden, Aiman al-Zawahiri und erst recht zu Zarqawi hat Baghdadi tatsächlich eine klassische Ausbildung als islamischer Gelehrter vorzuweisen.«[22]

Im Windschatten von Zarqawi steigt Abu Bakr al-Baghdadi im dschihadistischen Geflecht der Terrorgruppen des Irak unaufhörlich auf. Beide eint ein unbändig fanatischer Hass auf die Schiiten, beide träumen von der Errichtung des neuen Kalifats. Zunächst nur im Irak, in Syrien und in Jordanien. Der nahe Feind, die Herrscher der arabischen Staaten, müssen aus Zarqawis Sicht zuerst bekämpft und besiegt werden. Die Führer der arabischen Staaten sind für ihn Lakaien der USA und des Westens, Verräter am Islam.

Nach deren Sturz gelte es, alle Gebiete, die sich in der Vergangenheit jemals unter muslimischer Herrschaft befunden hatten, zurückzuerobern. Hier zeigen sich deutliche Differenzen zu Bin Ladens Strategie. Der will zunächst den fernen Feind, die USA und deren westliche Verbündete angreifen und schwächen, um dann erst die arabischen Diktatoren zu stürzen. Ab Januar 2004 kommt es zu Briefwechseln, Gesprächen und Verhandlungen zwischen al-Zarqawi und Al-Qaida. Im Oktober 2004 ändert al-Zarqawi den Namen seiner Gruppe »Monotheismus und Dschihad« (al-Tawid wal-Jihad) in »Basis des Dschihad im Zweistromland«(Tanzim Qaidat al-Jihad fi Bilad al Rafidayan) und schwört einen förmlichen Treueeid auf Osama Bin Laden. In den Jahren zuvor hatte er zwar immer wieder Geld und logistische Unterstützung von Al-Qaida angenommen, jedoch immer darauf geachtet, seine Unabhängigkeit zu wahren. Bin Laden nennt ihn den »Emir von Al-Qaida im Land der zwei Flüsse«.

Zarqawis Netzwerk verfügt über einen nicht versiegenden Geldstrom. Der Berliner *Tagesspiegel* veröffentlicht am 12. Dezember 2004 ein Interview mit einem kurdischen Gefolgsmann. In einem mehrstündigen Interview erklärt Fathdallah F. angebliche Pläne Zarqawis. Der Terrorfürst plane einen Anschlag in der Dimension von 9/11. Er gibt dem *Tagesspiegel* gegenüber Auskunft, wie Zarqawis Gruppe finanziert wird: »Finanzielle Unterstützung bekommen wir hauptsächlich aus Saudi-Arabien, logistische aus Syrien. Einige arabische Firmen helfen uns bei den Geldtransfers. Das ist fast das Wichtigste, weil alle Geldflüsse überwacht werden. Unsere zuverlässigsten Partner sind in Syrien. Die eifrigsten Selbstmordkandidaten kommen aus dem Jemen und Saudi-Arabien. Es wäre kein Problem, ein Jahr lang täglich zehn Männer dafür zu finden. Wir haben Kämpfer aus 16 Nationen.«

Tatsächlich trägt Syrien maßgeblich dazu bei, dass Zarqawis Netzwerk aktiv bleiben kann. Baschar al-Assad spielt ein doppeltes Spiel. Einerseits kooperieren seine Geheimdienste mit den US-amerikanischen und europäischen Diensten im Kampf gegen Al-Qaida. Die Zusammenarbeit mit BND und BKA ist aus Sicht der deutschen Behörden »mehr als nur sehr hilfreich«.[23] Anderseits öffnen die Syrer jedem Dschihadisten, der aus Europa und den nordafrikanischen Staaten in den Irak reisen will, um dort Amerikaner zu töten, ihre Grenzen. Syrische Geheimdienste trainieren in Syrien in eigens geschaffenen Ausbildungslagern Zarqawis Männer, rüsten sie mit modernsten Waffen aus. Die USA wissen darüber Bescheid. 2005 und 2006 setzen sie mindestens viermal ihre Eliteeinheiten der Delta-Forces in Syrien ein. Die zerstören einige der Trainingscamps von Zarqawis Netzwerk. »Die USA werden im Sumpf des Irak versinken«, verkündet schon 2003 der ehemalige Staatspräsident des Iran, Ali Haschemi Rafsandschani. Die Herrscher in Teheran sind ebenso wie der Diktator in Damaskus bestrebt, diese Entwicklung anzuheizen.

Zarqawis Terrororganisation erlangt im irakischen Bürgerkrieg als »Al-Qaida im Irak« (AQI) schnell einen furchterregenden Ruf. Bezeichnend ist dabei jedoch, dass die Organisation peinlich darauf bedacht ist, diesen Namen selbst nie zu verwenden. Hier zeigt sich ganz deutlich die Eigenständigkeit der Terrorgruppe gegenüber Al-Qaida, auch nach dem förmlichen Treueschwur. Die religiösen und ideologischen Differenzen zwischen Zarqawi und Al-Qaida bestehen nach wie vor. Wer nicht Zarqawis strenger Auslegung bedingungslos folgt, ist ein Ungläubiger und als solcher zu bekämpfen. Seinen Hass auf die Schiiten will er auch aus taktischen Gründen nicht zügeln. Er treibt das Prinzip des Taqfir auf die Spitze. Zarqawi, »der Prinz von Al-Qaida im Irak«, wie er nun von Osama Bin Laden genannt wird, bekämpft zwar die amerikanischen Truppen im Irak. Sein Hauptaugenmerk richtet sich jedoch nach wie vor darauf, die Schiiten in einen blutigen Religionskrieg gegen die Sunniten zu treiben. Zarqawi begreift sich als Franchise-Nehmer: als Emir einer Gruppe, die unter der Marke Al-Qaida, handelt aber ohne zentrale Führung und auf eigene Rechnung. Eine Serie von blutigen Anschlägen erschüttert den Irak. Die wichtigsten Ziele: schiitische Schreine und Moscheen sowie führende Kleriker. Auch Zivilisten nimmt Zarqawi ins Visier. Tausende sterben. Eine Strategie, die ab 2010 Abu Bakr al-Baghdadi eins zu eins übernehmen wird. Seine Strategie, eine Gegenreaktion schiitischer Milizen sowie der schiitisch dominierten Regierung al-Malikis zu provozieren, geht auf.

Die Führungsriege von Al-Qaida ist über das wahllose Töten ihres neuen »Prinzen« im Verlauf des Jahres 2005 zunehmend entsetzt, befürchtet einen Ansehensverlust in der islamischen Welt und ruft den entfesselten Schlächter im Irak mehrmals zur Ordnung. Doch Zarqawi tötet und schlachtet unbeirrt weiter – und erhält umgehend einen Brandbrief der Nummer zwei von Al-Qaida. Mit Datum vom 9. Juli 2005 weist Aiman al-Zawahiri den jungen Kronprinzen und »lieben Bruder« in die Schranken. »Unser vorgebliches Ziel ist das Kalifat im Sinne des Propheten (…) Wir sind in einem Krieg, der zur Hälfte auf dem Schlachtfeld der Medien stattfindet […]. In diesem Krieg geht es um die Herzen und Gedanken der muslimischen Gemeinschaft«, schreibt Zawahiri und befürchtet diese ob der obsessiven Gewalt Zarqawis zu verlieren. »Viele unserer muslimischen Anhänger im einfachen Volk wundern sich über Eure Angriffe auf die Schiiten«, klagt Aiman al-Zawahiri in seinem zwölfseitigen Schreiben. Die Muslime seien zunehmend verstört angesichts der steigenden Bombenanschläge auf schiitische Moscheen. Inakzeptabel seien solche Anschläge. Zum Sieg des Islams werde es erst kommen, wenn ein islamischer Staat in der Region gegründet worden sei, erklärte Zawahiri weiter. Langfristiger Plan der Al-Qaida sei es, zunächst die US-Truppen aus dem Irak zu vertreiben und eine islamische Regierung einzusetzen, um dann das Kalifat auszurufen. Danach solle der Krieg in die Nachbarländer getragen werden: den Libanon, Jordanien und Syrien. Zum Schluss werde es zum Krieg mit Israel kommen.[24]

Abu Musab al-Zarqawi lässt sich von Zawahiris Maßregelungen nicht beeindrucken. Im Sommer 2005 erklärt er den Schiiten des Irak förmlich den Krieg bis zur Vernichtung und verwandelt das Land in ein weltweit ausstrahlendes Modell für Terrorismus und Aufstand. Es ist in erster Linie Abu Musab al-Zarqawi geschuldet, dass Al-Qaida einen unerhörten Schwung gewonnen hat. Während die Führung der Kern-Al-Qaida in Pakistan damit beschäftigt ist, ihr Überleben zu organisieren und Osama Bin Laden sich in die dschihadistische Einsiedelei zu Abbottabad begibt, demonstriert Zarqawi aus dem Irak heraus die neue Kraft des globalen Dschihad. Die USA, die einzig verbliebene Supermacht der Welt, sind nicht in der Lage, den Irak zu befrieden und den mörderischen Aufstand im Land niederzuschlagen. Dieser Eindruck zumindest verfestigt sich unter den weltweiten Anhängern der Al-Qaida.

In Afghanistan bekämpfen die neu gruppierten und wiedererstarkten Taliban die westliche Koalition und treiben sie in die Defensive. Zarqawi exportiert aus dem Irak heraus erfahrene Terrorspezialisten, die die Taliban in der Herstellung von Sprengstofffallen unterrichten. Keine Waffe fürchten die westlichen Truppen im Irak und zunehmend auch in Afghanistan mehr. Al-Qaida verändert sich ab 2005, zunächst vom Westen unbemerkt, von einer dschihadistischen Gruppe, die zu ihren besten Zeiten nie mehr als 2.000 Mitglieder hatte, zu einem globalen, transnationalen und nun auch multi-ethnischen Netzwerk. Eine Entwicklung, ohne die schlussendlich der rasante Aufstieg des ISI und seines Führers nicht denkbar gewesen wäre. »Es ist [Al-Qaida] gelungen, weltweit die Vorstellungskraft einer wachsenden Gruppe von selbstradikalisierten, jungen Muslimen zu inspirieren. Vor allem aber ist der Einsatz von Selbstmordattentätern nach wie vor die effektivste Waffe al-Qaidas bei dem Versuch, dem ›Feind‹ auf Augenhöhe zu begegnen. Das Gefühl von Apokalypse ist immer noch das stärkste Element bei der Mobilisierung von Möchtegern-Terroristen«,[25] so der israelische Terrorismus-Experte Reuven Paz. Dass die Opfer des globalen Dschihad weltweit gesehen zu weit mehr als 90 Prozent Muslime sind, nehmen die Prediger und Ideologen des Dschihad hin. Auf etwa zehn Prozent, so die Schätzungen unterschiedlicher Studien, der 1,5 Milliarden Muslime wird das menschliche Potential des globalen Dschihad geschätzt. 2005 formt sich eine weltweite Allianz von mehr als 40 dschihadistischen Terrororganisationen zum Schutz der Muslime und zur Verteidigung des Islams. Ihr Ziel: wahrhaft islamische Staaten zu schaffen.

Im Februar 2005 veröffentlicht der deutsche Journalist Yassin Musharbash bei *Spiegel online* einen Artikel unter der Überschrift: »Al-Qaidas Agenda 2020« und bezieht sich auf das Buch des jordanischen Journalisten Fuad Hussein: »Al Zarqawi – die zweite Al-Qaida«. Dem allseits anerkannten Journalist haftet alles andere als verschwörungstheoretisches Denken an, er gilt nicht als einer, der phantastischen Wahnvorstellungen auf den Leim geht. Hussein stützt sich in seinem Buch auf lange Gespräche und Briefwechsel mit den Philosophen und Ideologen des globalen Dschihad. Was Hussein auf den Seiten 202 bis 213 seines Buches vorlegt, ist, schreibt Musharbash, ein »Szenario des Schreckens und des Wahns«, ein »Strategieplan des gefährlichsten Terrornetzwerkes der Welt«. Ein »Szenario (…) in sieben Phasen«, aus dem sich ergibt, dass Al-Qaida hofft, »ein islamisches Kalifat zu errichten, welches zu bekämpfen die westliche Welt dann zu schwach sein wird«.[26]

In der ersten Phase – »das Aufwachen« – von 2000 bis 2003 sollen die USA zu Kriegen in der islamischen Welt getrieben werden. Auf dass die Botschaft des globalen Dschihad weltweit donnernd zu vernehmen sei.

Die zweite Phase – »das Augenöffnen« – von 2004 bis 2006 solle der Umma, der Gemeinschaft der Gläubigen, die Augen angesichts der westlichen Verschwörung wider den Islam öffnen. Al-Qaida werde sich von einer Organisation zu einer globalen Bewegung entwickeln. Von seiner Operationsebene aus dem Irak heraus solle der Globale Dschihad eine Armee aufstellen und sich von dort aus in den arabischen Staaten ausbreiten.

In der dritten Phase – »das Aufstellen und Auf-zwei-Beine-stellen« – von 2007 bis 2010 solle es aus dem Irak heraus »eine Konzentration auf Syrien geben«. Die Kader des globalen Dschihad stünden bereit zu Anschlägen in der Türkei, in arabischen Staaten, gar in Israel.

In der vierten Phase von 2010 bis 2013 werde der Sturz der verhassten arabischen Diktaturen eingeläutet. Deren zunehmender Machtverlust, so die Vordenker der dschihadistischen Agenda 2020, würde dem globalen Dschihad einen neuen, nie gekannten Schwung geben.

In der fünften Phase, von 2013 bis 2016, sei das Ziel, ein Kalifat auszurufen. Der Westen sei dann schon massiv geschwächt, sein Einfluss in der islamischen Welt extrem zurückgegangen.

Die sechste Phase, nach 2016, solle die »totale Konfrontation« bringen. Die »islamische Armee« des globalen Dschihad werde die »Schlacht zwischen Glauben und Unglauben« anzetteln.

In der siebten und letzten Phase, die 2020 abgeschlossen sein werde, würde das Kalifat weiterhin bestehen und den »endgültigen Sieg« über die restliche Welt erringen. Die müsse angesichts der Kampfbereitschaft von »anderthalb Milliarden Muslimen« klein beigeben.[27]

Was 2005 wie die Phantasmagorie dschihadistischer Träumer in irgendwelchen Höhlen am Hindukusch daherkommt, liest sich heute in Teilen wie das Drehbuch für das, was inzwischen wirklich eingetreten ist. Auch wenn der vorgebliche Masterplan der Al-Qaida sich für Phase eins und zwei teilweise wie eine im Nachhinein geschriebene »Ideensammlung« lesen lässt. Die Phasen vier und fünf wurden zwar nicht vom globalen Dschihad initiiert und eingeläutet – sie wurden aber nach dem vorhersehbaren Scheitern des im Westen naiverweise so sehr bejubelten »arabischen Frühlings« erfolgreich in einen dschihadistischen Frühling umgewandelt. Dafür steht der fulminante Erfolg des Abu Bakr al-Baghdadi. Ein Erfolg, der durchaus in Phase sechs übergehen kann, denn der Westen steht dem

Bedrohungsszenario tatsächlich schwach, hilf- und orientierungslos gegenüber. Baghdadi ist der Gedankenwelt seines Mentors und leuchtendem Vorbild Abu Musab al-Zarqawi untrennbar verpflichtet. Er gebraucht ausnahmslos alle Taktiken und Strategien Zarqawis, so unermesslich blutig und brutal die auch sein mögen.

2006 emanzipiert sich Zarqawi demonstrativ und öffentlich von der Al-Qaida-Führung. »In guten wie in schlechten Tagen« wolle er seinem Führer Bin Laden zur Seite stehen und tritt ab dem 19. Januar 2006 nach dem Zusammenschluss mit fünf weiteren dschihadistischen Gruppen unter dem neuen Logo »Ratgebergremium der Mudschahedin« (Madschlis Schura al-Mudschahidin fi 'l-Iraq) auf. Eine deutliche Botschaft an die Al-Qaida-Führung, dass Zarqawi seine eigene Strategie weiterführen will. Den nur mühsam kaschierten Bruch mit Al-Qaida wird sieben Jahre später ebenso offen und unverblümt Abu Bakr al-Baghdadi provozieren. Al-Baghdadi sieht sich spätestens ab 2012 als der legitime und einzige Nachfolger von Osama Bin Laden. Offen stellt er sich dann erst 2013 gegen den farblosen und intern umstrittenen offiziellen Nachfolger Bin Ladens, den Ägypter Aiman al-Zawahiri.

Nachdem Abu Musab al-Zarqawi am 7. Juni 2006 von den USA acht Kilometer nördlich von Baquba getötet wurde, übernimmt ein Ägypter das Netzwerk. »Das Ratgebergremium der Mudschahedin der irakischen Al-Qaida hat sich darauf geeinigt, dass Scheich Abu Hamza al-Muhadschir der Nachfolger des Scheichs Abu Musab al-Zarqawi als Befehlshaber der Organisation Al-Qaida sein soll«, verkündet die Medienabteilung der Organisation. Doch die Nationalität des neuen Führers, auch unter dem Namen Abu Ayyub al-Masri bekannt, stellt ein Problem dar. Um dem Eindruck vorzubeugen, das Terrornetzwerk sei eine von Ausländern dominierte Organisation, übernimmt der Iraker Abu Abdallah al Rashid al-Baghdadi (nicht verwandt mit Abu Bakr) formal das Ruder. Am 13. Oktober 2006 benennt sich die Organisation erneut um: »Islamischer Staat im Irak« (ad-dawla al-islām ya f l-irāq). Der Name ist Programm – und wird im Westen als dschihadistische Hybris eher müde belächelt.

Im zehnköpfigen Kabinett des Islamischen Staates im Irak übernimmt Abu Hamza al-Muhadschir den Posten des Kriegsministers und bleibt der eigentlich starke Mann, der hinter den Kulissen die Richtung vorgibt. Der ISI versucht, sich den Anschein eines werdenden Staatswesens zu geben und unterteilt sein Einflussgebiet. Für die einzelnen Provinzen werden Emire ernannt und eine Schattenverwaltung und Justiz etabliert. In al-Anbar, Diyala, Salah ad-Din, Kirkuk, Ninawa und Teile von al-Wasit und Babil liegen die Zentren des ISI. In allen Provinzen, in denen ISI präsent ist, erhebt die Organisation »Steuern« von den Bewohnern, treibt also Schutzgelder ein. Hier beginnt das, was Abu Bakr al-Baghdadi später zur Perfektion treiben wird. Der ISI weitet ab 2006 sein Schutzgeldsystem darüber hinaus auch auf die Gebiete aus, in denen er nur spärlich vertreten ist. Die Angst, die die Terrororganisation verbreitet, füllt ihre Kassen. Das mafiöse System funktioniert: Wer nicht zahlt, stirbt.

Die Terroraktivitäten des ISI konzentrierten sich 2006 auf Bagdad, Kerbela, Tuz Khurmatu und Kufa mit circa 440 Toten. Gezielt setzt ISI ab 2006 chemische Kampfstoffe ein. Es wurden unzählige Autobomben gezündet, zum Teil durch Selbstmordattentäter. Bei einigen Autobomben wurden Chlorgaskanister oder Tankwagen gefüllt mit Chlorgas oder Phosgenen verwendet. Die *New York Times* berichtet im Herbst 2014, dass es im Irak Tausende versteckte Lager gibt, in denen chemische Waffen und chemische Kampfstoffe verborgen sind.[28] Waffen und Kampfstoffe aus dem Horrorarsenal des Saddam Hussein, die weder von den USA noch von UNO-Inspekteuren gefunden wurden. Sie lagerten in Gebieten, die heute von ISIS kontrolliert werden. Zwischen 2004 und 2011 wurden bei mindestens sechs Zwischenfällen amerikanische Soldaten oder von Amerikanern trainierte irakische Truppenmitglieder verletzt. Das Pentagon hatte die Funde und Verletzungen geheim gehalten, um die US-Bevölkerung und das Militär nicht zu verunsichern. Die *New York Times* beruft sich auf Aussagen von 17 US-Militärs und sieben irakischen Polizisten, die mit Kampfgasen in Kontakt gekommen seien. Die Zeitung kann ihren Bericht mit Dokumenten belegen, die auf Grundlage des »Freedom Information Act« vom Pentagon herausgegeben werden mussten.

So schildert das Blatt einen Fall vom August 2008 bei Tadschi. Soldaten sprengten gerade einige alte Artillerie-Geschosse in der Nähe eines trüben Sees, als sie plötzlich einen merkwürdigen Geruch bemerkten. Als sie in dem Bombenloch mehr Granaten und Hülsen fanden, stiegen Andrew T. Goldman und ein weiterer Spezialist in den Krater. Aus einer Hülse quoll eine scharf riechende Paste hervor. Die Männer testeten diese mit einem Papier, das auf Chemikalien reagiert. Als ihr Vorgesetzter Sergeant Eric J. Dulling das Ergebnis sah, befahl er sofort: »Kommt zur Hölle da raus!« Die Soldaten wurden mit Senfgas kontaminiert. Seine verheerende Wirkung: Es verbrennt Atemwege, Haut und Augen. Das Pentagon hatte die Funde bewusst der amerikanischen Öffentlichkeit, aber auch seinen Soldaten im Einsatz vorenthalten.

Das exzessive Schlachten des ISI macht auch vor sunnitischen Stämmen im Irak nicht halt. Wer sich nicht der erbarmungslosen Ausrichtung des ISI beugt, wird getötet. Zunehmend fallen Stammesführer, die auf Distanz zu ISI gehen, Attentaten zum Opfer. Die sunnitischen Stämme des Irak werden ab der zweiten Jahreshälfte 2006 durch die Vereinigten Statten finanziert, ausgebildet und bewaffnet und so gegen ISI in Stellung gebracht. Diese sogenannte Sahwa- oder Erweckungsbewegung wurde von den USA gekauft mit exorbitanten Millionenbeträgen und dem Versprechen, an der Macht in Bagdad und den Einnahmen aus der Erdölförderung angemessen beteiligt zu werden. Den sunnitischen Stämmen, die zuvor al-Zarqawi teilweise zumindest unterstützt hatten, ging dessen exzessive Gewalt zunehmend zu weit. Aus sunnitisch-arabischen Stämmen, die drei Jahre mit ISI und seinen Vorläuferorganisationen gegen die amerikanische Besatzung gekämpft haben, werden nun deren Verbündete. Die in örtlichen Räten organisierten Milizen werden gegen Aufständische und vor allem den ISI eingesetzt. Zu ihren Hoch-Zeiten haben die Milizen eine Mannstärke von über 100.000 Mitgliedern. Der Irak versinkt im Blut.

Im Jahr 2007 verübte ISI im ganzen Irak Anschläge, oft Selbstmordattentate durch Autobomben mit etwa 1.900 Todesopfern. Im Jahr 2008 beging ISI vor allem in Mossul Anschläge, aber auch in Baquba, Bagdad und Tal Afar mit insgesamt circa 520 Toten; ein Jahr darauf tötete ISI insgesamt etwa 630 Menschen. Nur langsam gehen die Opferzahlen zurück. Die USA brauchen zwei Jahre, um den ISI aus seinen sicheren Häfen in den Provinzen Diyala, Anbar und Mossul zurückzudrängen. Dabei ist hilfreich, dass sich der ISI 2008 in einer außergewöhnlichen Krise befindet.

Die Terrororganisation scheint ihren Zenit überschritten zu haben. Die Anschläge gehen massiv zurück, die Opferzahlen sinken. 2010 verkündet der Kommandeur der US-Truppen im Irak, Ray Odierno, dass 80 Prozent der Führer des ISI gefangen genommen oder getötet worden seien. Der ISI sei von der Führung der Al-Qaida in Pakistan isoliert. Allerdings warnt Odierno davor, ISI zu unterschätzen: »Al-Qaida im Irak hat seine Ziele nicht geändert. Sie wollen das vollkommene Scheitern der Regierung im Irak. Sie wollen das Kalifat im Irak errichten.«[29]

Während die USA sich auf ihren Abzug aus dem Irak vorbereiten, betritt Abu Bakr al-Baghdadi am 16. Mai 2010 die Bühne im Irak und wird zum Führer des ISI gewählt. Am 18. April 2010 waren die beiden Führer des ISI, Abu Hamza al-Muhadschir und Abu Omar al-Baghdadi, in einer gemeinsamen Aktion von US-Special-Forces und irakischen Sicherheitskräften gestellt und getötet worden.

Wenig ist über den neuen Führer des ISI bekannt. Noch weniger gilt als gesichert. Erwiesen ist, dass Abu Bakr al-Baghdadi von Februar bis Dezember 2004 in Camp Bucca, dem größten US-Gefangenenlager im Irak, inhaftiert war. Er soll nach unterschiedlichen Medienberichten von 2005 bis 2009 erneut in Camp Bucca inhaftiert gewesen sein, was das US-amerikanische Verteidigungsministerium jedoch vehement dementiert. »Wir haben keinerlei Unterlagen, die belegen, dass al-Baghdadi zwischen 2005 bis 2009 in amerikanischer Haft gewesen ist«, antwortet das Pentagon auf eine Anfrage des Autors kategorisch.

Al-Baghdadi macht sich sofort an die Arbeit, den ISI zu reorganisieren und neu zu strukturieren. Er geht ein nur auf den ersten Blick überraschendes Bündnis ein. Ausgerechnet mit der ehemaligen militärischen und geheimdienstlichen

Elite des Saddam Hussein. Die Ent-Baathifizierungs-Politik der USA und der irakischen Zentralregierung hat Tausende Offiziere des Diktators ins Abseits gedrängt. Tausende fanden sich in Camp Bucca wieder. In dem Lager, das für 5.000 Häftlinge ausgerichtet ist, sind phasenweise bis zu 25.000 Menschen inhaftiert. Tatsächlich verdient das Lager wohl seinen Namen als »Universität des Terrors«. Neben Offizieren Saddam Husseins sind Tausende ISI-Anhänger und Aufständische inhaftiert. Die USA achten nicht darauf, die beiden Truppen voneinander zu trennen. Beide Gruppen einen sich im Widerstand gegen die USA und viel mehr noch gegen die Schiiten des Landes. Aus Sicht der Baathisten ebenso wie aus Sicht der Dschihadisten haben die USA den Irak der Islamischen Republik Iran ausgeliefert. Tatsächlich bestimmt Teheran zunehmend aus dem Hintergrund heraus die Politik der Regierung von Nuri al-Maliki. Seit 2008 finden sich immer mehr hochkarätige Baathisten innerhalb der Reihen des ISI. Dies verstärkt sich, nachdem al-Baghdadi die Führung des Netzwerkes übernommen hat. Zwei Drittel der 25 Führungspositionen des ISI werden von ihm mit ehemaligen Militär- und Geheimdienstoffizieren Saddam Husseins besetzt. Samir al-Khlifawi alias Haji Bakr, der frühere Oberst in Saddam Husseins Armee, koordiniert als Leiter des Militärrates bis zu seinem Tod im Januar 2014 in Syrien alle militärischen Operationen.

Die sektiererische Politik des irakischen Ministerpräsidenten Nuri al-Maliki mündet nach dem Abzug der amerikanischen Truppen aus dem Irak zunehmend in eine brutale Verfolgung der Sunniten des Landes. Mit gezielten Anschlägen auf hochrangige Vertreter der Regierung Maliki, auf schiitische Moscheen und Heiligtümer, aber auch inmitten schiitischer Wohngebiete lässt al-Baghdadi seine Dschihadisten bomben, um Gegenreaktionen der Regierung zu provozieren und die brutale Unterdrückungspolitik al-Malikis den Sunniten gegenüber zu verstärken. Die über Monate friedlich verlaufenden Demonstrationen der sunnitischen Bevölkerung gegen die Unterdrückung weiß al-Baghdadi zu nutzen. Er lässt seine Dschihadisten aus den Reihen der friedlichen Demonstranten heraus das Feuer auf irakische Sicherheitskräfte eröffnen.

Im Juli 2012 verkündet al-Baghdadi unter dem Motto »Breaking the Walls« eine neue Strategie. Mittels einer gezielten Anschlagsserie gegen Gefängnisse, in denen Tausende Aufständische inhaftiert sind, will er die Häftlinge befreien. Im Verlauf von 24 Angriffen kommen Tausende Häftlinge frei. Die irakischen Sicherheitskräfte stehen der konzertierten Aktion vollkommen überrascht und hilflos gegenüber. Sie haben die Fähigkeiten des ISI unterschätzt. Bei einem koordinierten Anschlag auf die Haftanstalten in Tadschi und Abu Ghraib werden an einem Tag mehr als 600 Häftlinge befreit.

Parallel verschaffen der Ausbruch des »arabischen Frühlings« und der folgende Bürgerkrieg in Syrien al-Baghdadi einen unverhofften Aufschwung. Beide Entwicklungen verändern die Karte des Nahen Ostens vollkommen. Die syrische Intifada gegen Baschar al-Assad mutiert in rasender Geschwindigkeit zu einem Bürgerkrieg, in dem sich vollkommen neue Allianzen bilden. Die arabischen Golfstaaten, allen voran Katar und Kuwait sowie Saudi-Arabien, aber auch das Nato-Mitglied Türkei propagieren offen den Sturz des syrischen Diktators. Die Untätigkeit des Westens, allen voran der USA, führt dazu, dass spätestens ab 2012 in Syrien dschihadistische Gruppen immer mehr an Kraft gewinnen. Die USA wollen vor allem im Nahen Osten nicht mehr die Rolle des Weltpolizisten spielen. Im Februar 2012 ruft Al-Qaida-Chef Aiman al-Zawahiri in einer achtminütigen Videobotschaft mit dem Titel: »Vorwärts, Löwen von Syrien« die Muslime der Welt dazu auf, die syrischen Rebellen zu unterstützen. Schon Monate vorher, im August 2011, hatte al-Baghdadi ein Vorauskommando seiner im Guerillakrieg erfahrenen Kommandeure nach Syrien geschickt, um dort den Boden für eine Ausweitung des Kampfes des ISI vorzubereiten.

Neun syrische und irakische Kommandeure reisen unter der Führung von Abu Muhammed al-Jawlani nach Syrien. Jawlani soll als Stellvertreter von al-Baghdadi überall in Syrien dschihadistische Zellen gründen und Kämpfer rekrutieren. Was folgt, ist ein schier wundersamer Aufstieg des ISI, der ohne die aktive Unterstützung des Nato-Partners Türkei nicht denkbar gewesen wäre. Der britische Journalist Patrick Cockburn beschreibt in seinem Artikel »ISIS Consolidates« die Türkei, die Golfmonarchien und Saudi-Arabien als »die Ziehväter des ISIS«.[30]

Diktatur folgt auf Diktatur

»Baidschi brennt«, hatte Abdallah Tarik und mir an jenem Nachmittag des 22. August 2014 in Kirkuk erzählt. »Als sie damals in die Stadt kamen, schien das zunächst nicht so schlimm. Sie waren freundlich zu uns. Sie respektierten die Stammesführer. Aber jetzt«, sagte Abdallah, »jetzt verbreiten sie Angst und Terror. Sie bringen den Tod. Sie bomben alles nieder, sie zerstören unsere Häuser mit Mörsern und Granaten, sie gehen von Haus zu Haus und sie haben Namenslisten. Sie wissen sehr genau, wer für die Regierung in Bagdad gearbeitet hat, wer bei der Polizei war, wer Mitarbeiter bei den Sicherheitsbehörden war. Sie haben sie aus ihren Häusern gezerrt und sie entweder gleich auf der Straße erschossen oder weggebracht und später erst ermordet. Sie heben Massengräber aus.« Sie, das sind die Terroristen von ISIS.

Aber Abdallah sprach nie von ISIS, Abdallah sprach nur von Da'ish, und dabei klang immer dreierlei mit: Angst, Hass und Verachtung zugleich. Abdallah, 43 Jahre alt, war mit seiner Frau und den vier Kindern aus Baidschi nach Kirkuk geflohen, denn natürlich wollte Abdallah nicht in Baidschi sterben. In Baidschi befindet sich die größte Ölraffinerie des Irak. Wer Baidschi kontrolliert, kontrolliert weite Teile der Energieversorgung des Landes. Als wir uns an diesem Freitag um 13.30 in der Nähe eines Kontrollpunktes der kurdischen Peschmerga in einem Teehaus trafen, war

Abdallah mehr als nur glücklich und froh, dass ihnen die Flucht aus Baidschi gelungen und sie nicht in Baidschi getötet worden waren. Wie hätte Abdallah auch wissen können, dass er, exakt einen Tag, zwei Stunden und vierunddreißig Minuten, nachdem wir uns in jenem Teehaus in Kirkuk getroffen hatten, fünfzig Meter von diesem Teehaus entfernt, am Kontrollpunkt der kurdischen Peschmerga sterben würde.

ISIS hat sich seit dem 11. Juni 2014 in der irakischen Stadt Baidschi festgekrallt, allen anderslautenden Meldungen der Regierung in Bagdad zum Trotz. Auf telefonische Nachfragen im Innen- wie im Verteidigungsministerium in Bagdad erklären die Sprecher beider Ministerien an diesem Freitag im August immer nur eines: »Wir haben die Lage im Griff, die Armee hat Baidschi zurückerobert, die Raffinerie und die Industrieanlagen sind gesichert. Es gibt keine Kämpfe mehr um Baidschi.« Irgendwer in Bagdad muss zumindest an diesem Tag für journalistische Anfragen eine gemeinsame Sprachregelung ausgegeben haben. Denn die Sprecher beider Ministerien antworten auf die Frage, wie denn die Situation in Baidschi sei, wortgleich. Als ich Abdallah die Verlautbarungen wiedergab, lachte er bitter. »Rufen Sie in Baidschi an«, sagte er, »sprechen Sie mit einigen Leuten aus Baidschi. Sie können von hier aus nicht nach Baidschi schauen. Aber Sie können von hier nach Baidschi hinein hören. Sie werden von hier aus den Lärm des Krieges hören.« Er hatte recht.

ISIS hatte im Juni 2014 seinen islamistischen Blitzkrieg aus Syrien heraus im Irak begonnen. Als Allahs Krieger wurden sie in Baidschi von der Mehrheit der überwiegend sunnitischen Einwohner freudig begrüßt. Das erzählte uns Abdallah und berichtete, dass viele Einwohner die Ankunft der sunnitischen Gotteskrieger als Befreiung vom schiiti-schen Joch empfunden hätten. Andere Flüchtlinge aus Baidschi bestätigen seine Erzählungen, Schiiten, aber auch Sunniten, Menschen, die aus Baidschi fliehen mussten. Denn ISIS kennt selbst den Sunniten gegenüber keine Gnade, wenn sie sich weigern, das Religionsdiktat zu akzeptieren. Zwei Tage nachdem ISIS seinen Sturmlauf begonnen hat, haben die Gotteskrieger ihre archaischen Gesetze veröffentlicht.[1] »Ihr habt alle säkularen Systeme ausprobiert und ihr habt unter ihnen gelitten – Monarchie, Republik, Baathismus und Safawiden. [mit dem letzten Begriff ist die Regierung Maliki gemeint.] Jetzt ist das Zeitalter des islamischen Staates gekommen.«

– Frauen ist es im Allgemeinen verboten, die Häuser zu verlassen. Nur in zwingenden Fällen dürfen sie sich in der Öffentlichkeit bewegen. In Kleidern, »an denen Gott Gefallen findet«. Gemeint ist die Ganzkörperverhüllung.

Dieben muss nach dem Gesetz der Scharia eine Hand abgeschlagen werden. Im Wiederholungsfall die zweite. Veruntreut jemand Geld, gilt dieselbe Strafe. Vor allem wenn Gelder veruntreut werden, die der Allgemeinheit zustehen. Nur der Imam der Muslime, in diesem Fall der ISIS-Anführer Abu Bakr al-Baghdadi – darf über die Verwendung der Kriegsbeute bestimmen.

Wer sich nicht an die Gebetszeiten hält und die Gebete in den Moschen nicht zu den vorgeschriebenen Zeiten verrichtet, wird der Scharia gemäß bestraft.

Die sunnitischen Stammesführer werden gewarnt, »mit dem abtrünnigen Feind und den Verrätern« zu kollaborieren. Alle Polizisten, Soldaten und Angestellten anderer »ungläubiger Institutionen« müssen denen öffentlich abschwören und ihre Reue glaubhaft beweisen. Sie müssen vor eigens geschaffenen Komitees auftreten und um Vergebung bitten. Wer dies nicht tut, dem droht der Tod.

Alkohol, Rauchen und Drogen sind strikt verboten.

Das Tragen von Waffen ist strengstens verboten, ebenso Veranstaltungen, die von ISIS nicht genehmigt sind.

Überall, wo Tote verehrt werden, in Schreinen, vor Denkmälern und an Mausoleen, müssen diese komplett zerstört werden.

ISIS hatte diese Regeln natürlich auch sofort in Baidschi veröffentlicht und auf die strikte Einhaltung gepocht, was viele Menschen der Stadt, Schiiten wie Sunniten, in die Flucht getrieben hatte.

Baidschi hat eine herausragende strategische Bedeutung. In der direkten Umgebung von Baidschi liegen große Öl-felder. In der Industriestadt 220 Kilometer nördlich von Bagdad befindet sich neben chemischen Produktionsstätten ein Elektrizitätswerk, von dem aus die irakische Haupt-stadt mit Strom versorgt wird. Vor den Toren der Stadt steht die größte Ölraffinerie des Landes, in der weit mehr als ein Drittel der gesamten Ölfördermenge des Irak zu Ben-zin und Brennstoff für Kraftwerke verarbeitet wird. Mehr als 15.000 Arbeiter beschäftigte die Raffinerie im Juni 2014, unter ihnen etwa 100 ausländische Mitarbeiter und europäische Experten, darunter Siemens-Angestellte, die hier bis zum 15. Juni 2014 für den deutschen Konzern ar-beiteten. Die Siemens-Männer wurden gerade noch recht-zeitig von Hubschraubern des irakischen Militärs evakuiert und in einer von Siemens gecharterten Privatmaschine aus-geflogen.

Als die ISIS-Truppen am 11. Juni Baidschi im Hand-
streich einnahmen, wollten sie die Industrie- und Raffi-
nerieanlagen der Stadt erobern. Nachdem die Stadt in die
Hände von ISIS gefallen war, handelten sunnitische Stammesführer am selben Tag mit ISIS ein kurzes Stillhalteab-
kommen aus, damit ein Großteil der Arbeiter die Raffinerie
sicher verlassen konnte.[2] Zurück blieben nur wenige Arbeiter und Ingenieure, um den Notbetrieb der Anlage aufrechtzuerhalten. Ebenso etwa 250 Angehörige irakischer Special
Forces, die die Anlage sichern sollten. Das Kalkül von ISIS
war eindeutig: Fielen die Industrie-, Energie- und Raffine-
rieanlagen in Baidschi in ihre Hände, würden das von ISIS
im Irak entfesselte Chaos ins Unendliche potenziert und die
eigene Macht gestärkt. Die Stromversorgung wäre in weiten
Teilen des Landes nicht mehr gewährleistet, Kraftwerke
könnten nicht mehr betrieben werden, die Versorgung des
Landes mit Benzin würde zusammenbrechen. Deshalb war
es mehr als nur sehr verwunderlich, was mir die Menschen,
die nach dem ersten Ansturm von ISIS im Juni 2014 aus der
Stadt Baidschi und den umkämpften Industrieanlagen in
panischem Schrecken flohen, berichteten. Schiitische Zivilisten, aber auch Soldaten der irakischen Zentralregierung
und Angehörige der Sicherheitskräfte, die die Stadt und die
Raffinerie gegen den Ansturm des ISIS verteidigen sollten.
In Baidschi wiederholte sich in diesen Junitagen, was sich
zuvor in Mossul, in Tikrit, in Kirkuk und in anderen Orten
des Irak abgespielt hatte: die mehr als nur verblüffende,
sehr plötzliche und vollkommene Selbstauflösung der irakischen Sicherheitskräfte und der Armee. Als sich ISIS der
Stadt näherte, waren es wie in Mossul die Generäle, die Ob-
risten, die Majore, die als Erste alles stehen und liegen ließen,
sich Zivilkleider besorgten und flohen. »Als wir sahen, dass

die Offiziere flohen, haben wir uns natürlich gefragt, warum wir noch bleiben sollen«, hatte mir ein Soldat erzählt. »Ich bin Schiit, ich weiß, was sie mit den Schiiten in Mossul und in Tikrit gemacht haben. Ich weiß, was sie mit den schiitischen Soldaten getan haben.«

Der Zusammenbruch der irakischen Armee war bemerkenswert. Über lange Jahre hatten die USA Milliarden Dollar in den Aufbau der neuen irakischen Armee investiert, Tausende amerikanische Ausbilder hatten die Offiziere wie die Manschaftsdienstgrade bestens trainiert, damit die Armee die Sicherheit im Land garantieren könne. Die Milliardenprogramme hatten versagt. Die irakische Armee kollabierte. Es stellt sich natürlich die Frage, wie es den USA und dem Westen jetzt in wenigen Monaten gelingen soll, was den USA nach einem lange währenden Versuch über Jahre nicht gelungen ist. Die irakische Armee in den Stand zu versetzen, erfolgreich gegen ISIS anzutreten.

Tarik und ich waren im Juni 2014 von Süden kommend nach Norden Richtung Baidschi gefahren. Die Nachrichtenlage war verworren und sehr widersprüchlich. In den Ministerien in Bagdad, bei Polizei und Sicherheitsbehörden konnte uns niemand verlässlich Auskunft darüber geben, wo genau ISIS stand, welche Gebiete sie kontrollierten, welche Gebiete von den Armeeeinheiten der Regierung gehalten wurden.

Als wir uns Baidschi bis auf etwa zwanzig Kilometer genähert hatten, hielt Tarik am Straßenrand an. Unzählige klapprige PKWs stauten sich zwischen neuen SUVs, alten LKW und Pritschenwagen. Sie waren voll bepackt und überladen mit allem, was offensichtlich in aller Eile zusammengerafft werden konnte: Hausrat, Kleiderkoffer, Elektrogeräte, Decken, Teppiche, Geschirr. Hunderte Menschen, alte und junge, Männer, Frauen und Kinder, standen in Gruppen oder auch allein herum auf der Straße, irrten hin und her, gestikulierten wild mit beiden Armen. Zu hören war ein Weinen und Kreischen, ein Heulen und Jammern, ein Schimpfen und Fluchen. Tarik stieg aus und sprach mit einigen von ihnen. Am Horizont schraubten sich schwarze Rauchsäulen schräg in den Himmel, und Tarik bedeutete mir, zu ihm zu kommen. »Stopp. Aus. Ende. Bis hierhin und nicht weiter«, meinte er knapp. Es empfiehlt sich, in einer solchen Situation auf Menschen wie Tarik zu hören. Bedingungslos und ohne jede Widerrede. Wer, wenn nicht Tarik muss wissen, ab wann nichts mehr geht, hat er doch in zu vielen Kriegen gekämpft und überlebt. »Ich liebe das Leben, nicht den Tod«, hatte Tarik gleich zu Beginn dieser Reisen im Sommer 2014 gesagt und sich dabei in einem kleinen Wortspiel geübt, »Ich habe dem Tod zu oft ins Auge gesehen.« Peschmerga, wie sich die kurdischen Kämpfer der Autonomen Region Kurdistan nennen, bedeutet übersetzt: die dem Tod ins Auge Sehenden.

Ich bildete mir ein, den Gestank des schwarzen Rauches über der Stadt und den riesigen Industrieanlagen zu riechen, aber das war natürlich nur eine Einbildung. Bagdad hatte seine Luftwaffe in den Kampf um Baidschi geschickt. An diesem Tag flogen Hubschrauber und Flugzeuge der irakischen Luftwaffe immer wieder Angriffe gegen Stellungen von ISIS in und um Baidschi, und ich kam kurz ins Grübeln über den Sprecher des Verteidigungsministeriums, der uns so überzeugend erzählt hatte, dass ISIS aus Baidschi vertrieben sei. Einige der Flüchtlinge lachten nur bitter auf. »Warum bombardiert die schiitische Armee Baidschi, wenn ISIS nicht mehr dort ist?«, schrie einer mit wütend verzerrtem Gesicht. Es war bezeichnend für das Verhältnis zwischen diesen Menschen und ihrer Regierung, dass sie schiitische Armee sagten. Es waren Sunniten, die vor den sunnitischen Gotteskriegern aus Baidschi geflohen waren, und sie machten keinen Hehl aus ihrem Hass gegen die schiitische Regierung in Bagdad und deren »schiitische Armee«. Aber ebenso bezeichnend war das Verhältnis zwischen den Menschen am Straßenrand vor Baidschi. Denn recht viele der Flüchtlinge waren Schiiten aus Baidschi, und die Sunniten und Schiiten aus Baidschi gingen freundlich miteinander um. Es hatte für mich nicht den Anschein, dass dies einzig und allein der Tatsache geschuldet war, dass sie dasselbe Schicksal als Flüchtlinge teilten.

Mehrere der Flüchtlinge erzählten uns, dass ISIS in den ersten Tagen bemüht gewesen sei, sich die Sympathie der Bewohner zu erhalten. Natürlich nur der sunnitischen. Schiiten wurden von ISIS ausnahmslos sofort getötet, erzählten sie uns. »Sie haben Lebensmittel und Benzin verteilt, einige von ihnen hatten sogar Süßes für die Kinder«, erzählt uns ein alter Mann, »aber dann haben sie schnell ihr wahres Gesicht gezeigt und angefangen, in unsere Häuser einzudringen, haben nach Geld und Schmuck gesucht. Sie haben das Steuern genannt.«

Unter den Flüchtlingen befanden sich recht viele Soldaten. Sie waren aus Baidschi und aus anderen Orten geflohen. Alle auf dieser Straße wussten dies, und auch das sagte sehr viel über diese Menschen, denn zumindest an diesem Tag war keine Aggression zu spüren, kein Hass, noch nicht einmal der leiseste Hauch von Gewalt, mit dem die Sunniten unter den Flüchtlingen den Soldaten begegneten. Dass die Soldaten selbstverständlich Schiiten waren, das wusste natürlich jeder. »Warum?«, sagte eine Frau müde, »Sie kämpfen ja nicht mehr. Sie fliehen. Genau wie wir.«

Die Soldaten berichteten von anhaltenden Kämpfen um die Raffinerie. Alle erzählten dasselbe: dass sich die Armee in einem Zustand der Selbstauflösung befände, dass viele mittlere und höhere Offiziere geflohen seien, nur noch wenige Spezialtruppen der Armee vor Ort verbissenen Widerstand leisteten. Es waren Soldaten, die nicht mehr in Uniform und ohne ihre Waffen flohen. Aber Soldaten wollen natürlich auch überleben, und nach all den umlaufenden Gerüchten, Tatsachen und Fakten über das mörderische Treiben von ISIS, empfahl es sich eiligst, die Uniform der Armee der irakischen Zentralregierung abzulegen. Tausende schiitische Soldaten waren in den letzten Tagen, nachdem ISIS weite Teile des Landes erobert hatte, im Blutrausch massakriert worden. Die fliehenden Soldaten waren blutjunge Burschen, in deren Gesichtern hilfloses Grauen und panischer Schreck eingebrannt war.

Etwas abseits vom Pulk wild durcheinanderredender Menschen stand am Straßenrand ein junger Mann in zerschlissener Kleidung und mit Gummisandalen an den Füßen. Der 25 Jahre alte Mohammed Maliki war, so erzählte er uns, einer der 250 Special Forces der irakischen Armee, die die Raffinerie sichern sollten. Die Stammesältesten der Stadt hätten ISIS zunächst davon abgehalten, die Raffinerie zu stürmen und als Vermittler zwischen den Soldaten und ISIS die Evakuaierung der Arbeiter der Anlage organisiert. In Verhandlungen sei den Soldaten der Special Forces ein sicherer Abzug aus der Raffinerie angeboten worden. ISIS würde sie unbehelligt ziehen lassen, wenn sie ihre Waffen übergeben würden. Etwa hundert seiner Kameraden seien auf dieses Angebot eingegangen. »Ich musste um jeden Preis dableiben«, meinte er verzweifelt. »Warum?« Er lachte nur bitter auf. »Mit dem Namen? Maliki? Sie kontrollieren natürlich jeden Ausweis, und sie können natürlich lesen. Sie hätten mich sofort erschossen. An Ort und Stelle.« Maliki, so hieß bis 2014 der irakische Ministerpräsident. Nuri al-Maliki war unter den Sunniten des Landes der am meisten gehasste Mensch. Der schiitische Ministerpräsident des Irak hatte die Sunniten seines Landes über Jahre systematisch diskriminiert und mehr als nur drangsaliert. Tausende Sunniten verschwanden spurlos in den Folterkerkern des Irak. Nuri al-Maliki, so stellte sich das vielen Sunniten dar, war dabei, der neue, wenngleich schiitische Saddam Hussein des Irak zu werden. Wie Saddam Hussein inszenierte Maliki einen zunehmenden Personenkult, stilisierte sich zum Führer hoch und begann alle Macht in seinen Händen zu kumulieren. Er war zugleich Premierminister, Innenminister, Oberkommandierender der Armee, Chef des Nationalen Sicherheitsrates, Verteidigungsminister und Chef der Geheimdienste. Er unterhielt eine Kommandozentrale für mehrere Elitetruppen, die nur ihm allein und persönlich unterstellt war. Kritischen Medien wurden die Lizenzen entzogen. So baut man eine Diktatur auf.

»Was ist mit den hundert Soldaten geschehen, die kapituliert und sich auf die Garantie eines freien Abzugs verlassen haben?« Er stand da, starrte zu Boden und scharrte mit den Füßen im Sand. Schließlich zuckte er nur mit den Schultern. »Sie werden sie getötet haben«, meinte er nach einer Weile. Ein paar Männer waren herangetreten. »Da'ish hat sie alle erschossen«, sagte einer, und die Umstehenden nickten langsam mit den Köpfen.

»Sie kamen um vier Uhr morgens«, erzählte Mohammed Maliki weiter. »Wir wussten, dass sie kommen würden. Sie haben zuerst Selbstmordattentäter eingesetzt und so unsere Verteidigungslinien aufgebrochen. Dann kamen sie von drei Seiten auf ihren Geländewagen herangerast. Sie setzten schwere Maschinengewehre und Mörsergranaten ein. Sie wussten, wo unsere Schwachstellen lagen. Die Sunniten in Baidschi haben es ihnen gesagt, und dort setzten sie an.« In Wellen seien sie angerannt, immer wieder. »Sie haben keine Angst. Sie freuen sich wirklich darauf zu sterben«, meinte Mohammed fassungslos. »Sie sind verrückt.«

Bei diesem ersten Versuch, die Raffinerie von Baidschi zu erobern, scheiterte ISIS. Zwar konnten sie in die Anlage eindringen und etwa zwei Drittel erobern und die schwarze Flagge von ISIS auf die Wachtürme aufpflanzen, doch dann gelang es der irakischen Luftwaffe und den verbliebenen Special Forces, sie wieder zurückzutreiben. »Aber am nächsten Tag haben sie es wieder versucht, wir konnten sie zurücktreiben. So ging das Tag für Tag«, erzählte uns Mohammed. »Sie haben Hunderte verloren, überall lagen Leichen.« ISIS hatte Tausende Kämpfer um Baidschi massiert. Mohammed Maliki hatte sich dann sein Glück selbst gesucht. »Ich wollte leben, nicht sterben.« Die Soldaten, die das Gelände der Raffinerie verteidigen mussten, hatten immer wieder mit zunehmender Verzweiflung aus Bagdad Verstärkung, Waffen, Munition angefordert, aber lange Tage bekamen sie außer Versprechungen nichts. Keine Verstärkung, keine Waffen, keine Munition. Stattdessen verkündeten Sprecher der Regierung in Bagdad, dass Baidschi zurückerobert und die Raffinerie zu einhundert Prozent wieder in den Händen der Regierungsarmee sei. Erfolgsmeldungen, die die Verteidiger der Raffinerie natürlich auch hörten. Als dann endlich nach langem Warten der immer wieder von Bagdad versprochene Nachschub kam, da war Mohammed Maliki weg. Er hatte sich heimlich zivile Kleidung organisiert und war nachts aus der Raffinerie geschlichen. »Warum erzählst du das alles? Du musst doch Angst haben, als Deserteur bestraft zu werden«, fragte ich ihn. Er zuckte nur die Schulter. Natürlich würde er nicht nach Bagdad gehen. Er würde versuchen, sich irgendwie nach Norden, nach Erbil durchzuschlagen. Über 163 Kilometer. Allein und zu Fuß durch die Wüste. Vielleicht würde er es ja schaffen. »Inschallah«, meinte er und ging.

Wir saßen an diesem Freitag, dem 22. August 2014, mit Abdallah vor einer Teestube im Stadtzentrum von Kirkuk unweit eines Kontrollpunktes kurdischer Peschmerga, wo wir uns zum Gespräch verabredet hatten. Abdallah war am Tag zuvor mit seiner Familie nach Kirkuk geflohen. Sie hatten für die 160 Kilometer fünf Tage gebraucht, denn überall hatte ISIS seine Straßensperren errichtet und jeden, der passieren wollte, penibel kontrolliert: ob er Kurde oder Araber war, Jeside oder Christ, Schiit oder Sunnit. Eine religiöse Selektion, die über Leben und Tod entschied. Vor dieser Frage hatte Abdallah Angst, eine Höllenangst. Abdallah ist zwar Sunnit, wusste aber, dass sich sein Name auf ihren Listen befand, denn der sunnitische Abdallah diente der schiitischen Regierung des Nuri al-Maliki als Polizist. Er war damit mehr als nur ein Renegat. War ein Verräter, nicht nur an seinem Stamm, sondern weitaus schlimmer: Für ISIS waren Menschen wie Abdallah Verräter an Allah, und dafür konnte es nur eine Strafe geben: den Tod. »Sie hätten mich am Leben gelassen, wenn ich bereut hätte«, erzählte Abdallah, »aber dann hätte ich mich ihnen anschließen müssen, ich hätte mit ihnen kämpfen, töten und morden müssen.« ISIS hätte von ihm verlangt, seine Reue tatkräftig unter Beweis zu stellen. »Ich hätte Schiiten töten müssen, meine Nachbarn. Und das kann ich nicht«, sagte er.

Abdallah hatte alle Säuberungswellen der schiitischen Regierung in Bagdad immer irgendwie überstanden. Mit systematischen Säuberungen hatte die schiitische Regierung Nuri al-Maliki nach dem Abzug der USA aus dem Irak 2011, bis in die untersten Ränge von Verwaltung, Polizei, Armee und Sicherheitsbehörden hinein, fast alle Sunniten entfernt. Wahrscheinlich war es nur ein Zufall, vielleicht hatten die schiitischen Säuberungskomitees den Sunniten Abdallah ganz einfach nur übersehen, denn so bedeutend war seine Stellung im Polizeiapparat von Baidschi nun wahrlich nicht. Abdallah wusste es nicht zu erklären, aber er war natürlich froh, dass er die Säuberungen überstanden hatte, garantierte dies ihm und seiner Familie ein geregeltes Einkommen. Abdallah wollte wie so viele während unserer irakischen Reise nicht, dass sein Name genannt wird. Denn Abdallah hatte jeden Grund, sich zu fürchten. Um sein Leben, das seiner Frau, seiner Kinder. Wäre er in die Hände von ISIS gefallen – sie hätten ihn getötet. ISIS praktiziert Sippenhaft.

Der Irak ist zwölf Jahre nach dem Sturz der blutigen Diktatur des Saddam Hussein wieder zu einer »Republik der Angst« geworden, in der ISIS die Geschicke der Menschen bestimmt und die Zukunft des Landes vor sich hertreibt. Gezielt, mittels eines kühl kalkulierten Systems aus Terror, Panik und Angst. Die glühenden Glaubensfanatiker kopieren gewissermaßen die Mittel des durch und durch säkularen Diktators Saddam Hussein. Einen unbedingten Führerkult, eine religiös verbrämte Ideologie, eine vollkommene Gleichschaltung aller Menschen, Terror und Angst. Die totale Vernichtung aller definierten Feinde. ISIS perfektionieren dies, indem sie die Mittel der von ihnen so gehassten

Moderne perfekt anwenden. Mit einem Unterschied zu Saddam Hussein: Sie verschleiern ihr Vorgehen nicht. Im Gegenteil: ISIS will, dass alle Welt Bescheid weiß. Die Abbildung der Gräuel erfüllt ihren Zweck, sie verbreitet Angst, Panik, Lähmung und wird so zum Herrschaftsinstrument. Die Gotteskrieger nutzen ausnahmslos alle Möglichkeiten des Internetzeitalters perfekt aus. Der selbsternannte Kalif Abu Bakr al-Baghdadi verbreitet seine Vision zielgerichtet nach innen, in das von ISIS in Syrien und dem Irak schon heute beherrschte Territorium. Sehr bewusst auch nach außen, in die Welten der verhassten »Ungläubigen«, die es durch Terror zu bekämpfen gilt.

Die Ziele des al-Baghdadi sind keineswegs nur regional begrenzt, sie sind vielmehr global ausgerichtet. »Beeilt euch, Moslems, in euren Staat zu kommen. Es ist euer Staat. Syrien ist nicht für die Syrer und der Irak nicht für die Iraker. Dieses Land gehört den Moslems, allen Moslems. Das ist mein Rat für euch. Wenn ihr ihm folgt, werdet ihr Rom erobern und Herren der Welt werden durch den Willen Allahs.« Das verkündete al-Baghdadi in einer 19-minütigen Audio-Botschaft zu Beginn des Ramadan 2014. Während des Ramadan ist es Muslimen geboten, die Kämpfe einzustellen, die Waffen niederzulegen. Al-Baghdadi kehrt dieses Gebot gezielt um. »Zu den Waffen! Zu den Waffen, Soldaten des Islamischen Staates! Kämpft! Kämpft!«[3]

Hassan Hassan, Analytiker am Delma Institut in Abu Dhabi, schreibt, dass Abu Bakr al-Baghdadi die radikalste Herausforderung darstelle, seitdem Osama Bin Laden die politische Bühne betreten hat. »Die zuvor nur geflüsterte Befürwortung des Kalifen in Afghanistan wird nun ersetzt durch klare Worte und Taten, die durch Social Media verstärkt werden. Der Dschihadismus hat sich deutlich weiterentwickelt. Er begrenzt sich nicht mehr auf die ›Elite‹, die in ferne Länder reist, um den Dschihad zu bestreiten. Der heutige Dschihad ist wesentlich ausgeklügelter und individualisierter und kann überall begangen werden.« Der globale Dschihad ist durch das Auftauchen des Abu Bakr al-Baghdadi und den rasanten Erfolg von ISIS derzeit dabei, zu einer weltweit agierenden Massenbewegung zu werden.

»Republik der Angst«, so betitelte der im Irak geborene britische Professor Kanan Makiya sein zum Standardwerk gewordenes 1989 erschienenes Buch über den Irak des Saddam Hussein. Er beschreibt darin den mehr als drei Jahrzehnte lang währenden »Alptraum des Terrors«, in den Saddam Hussein die Menschen des Irak getrieben hatte. Ein Alptraum des Terrors, der die Menschen nie losgelassen hat, auch nicht während acht Jahren amerikanischer Besatzung nach dem Sturz des Diktators 2003.

Der Irak war durch die Diktatur des Saddam Hussein zu einem Staat mit einer zerstörten Gesellschaft geworden, in der alle zivilgesellschaftlichen Strukturen zertrümmert waren, in der bis in die kleinste Familie hinein die Angst vor der Diktatur das zwischenmenschliche Leben bestimmte. Niemand konnte wissen, ob der Nachbar, der Freund, der Vater, die Mutter, der Onkel einen an das System verriet. Die USA waren 2003 in den Krieg gezogen und hatten noch nicht einmal ansatzweise eine Strategie für die Zeit nach dem Ende der Kriegshandlungen entwickelt. Aus den Trümmern des nationalsozialistischen Deutschland und des kaiserlichen Japan hatte sich nach dem Ende des Zweiten Weltkrieges in beiden Ländern eine stabile Demokratie entwickelt. Derselbe Prozess würde sich im Irak wiederholen lassen – so die Vorstellung, die in Washington ernsthaft und sehr offen immer wieder geäußert wurde. Dass man dabei alle historischen, kulturellen, ethnischen, tribalen und religiösen Fliehkräfte ignorierte, die diese schöne Vorstellung von vornherein als illusorisch entlarvten, kam niemandem in den Sinn.

Die Hoffnung, dass aus den Trümmern der Diktatur eine blühende Demokratie entstehen würde, hatte sich im folgenden Bürgerkrieg aller gegen alle als eine naive Vorstellung erwiesen. Saddam hatte sein Land mit mörderischer Despotie zusammengehalten. Nach seinem Sturz prallten die tribalen, ethnischen und, viel schlimmer noch, die religiösen Gegensätze blutig aufeinander, bekämpften sich und hatten einen allen gemeinsamen Feind. Im Treibsand des Irak zahlten die westlichen Besatzungsmächte einen hohen Preis. Sie fanden sich im Kreuzfeuer aller Bürgerkriegsparteien wieder und wussten keine Strategie dagegen zu finden. Für Al-Qaida war der Krieg des George W. Bush ein Geschenk Allahs. Der Irak entwickelte sich blitzartig zum Hot Spot für die Dschihadisten dieser Welt. Aus allen arabischen Ländern, aus den Staaten Nordafrikas, aus Pakistan, Indonesien, den Philippinen und aus Europa trieb es die Dschihadisten in den Irak und veränderte dadurch das Gesicht der Al-Qaida, hin zu einer stärkeren multiethnischen Ausrichtung. Erst durch den Krieg und seine Folgen konnte Al-Qaida seine globale Wirkung richtig entfalten.

Die Wege in den Irak waren für die Gotteskrieger schrankenlos. Ihnen wurden Grenzen weit geöffnet, die ihnen ansonsten verschlossen blieben. Aus Südasien reisten unbehelligt sunnitische Al-Qaida-Mitglieder durch die schiitische Islamische Republik Iran in den Irak, um dort gegen die westlichen Besatzungsmächte zu kämpfen. Zwei natürliche Feinde stellten ihren gegenseitigen Hass aufeinander hintenan und fanden sich zeitweise als bizarre Verbündete Seite an Seite im Kampf gegen den gemeinsamen Feind. Im Treibsand des Irak sollten die USA versinken. Das Kalkül Teherans war wohldurchdacht. Würden die USA lang und blutig genug für ihr Engagement im Irak bezahlen müssen, dann würden sie über kurz oder lang das Land verlassen. Die amerikanischen Bürger würden nicht jeden Preis für den Krieg im Irak bezahlen wollen. Nach dem Abzug der USA, davon gingen die frommen Herren in Teheran aus, würde die Islamische Republik den mehrheitlich schiitisch bewohnten Irak dominieren. Der alte Traum der Machthaber der Islamischen Republik, durch die Verbindung mit den irakischen Schiiten zur alles dominierenden Macht am Golf aufzusteigen, würde Wirklichkeit werden.

Der mit der Islamischen Republik Iran auf das engste verbündete syrische Präsident Baschar al-Assad praktizierte eine zweigleisige Strategie. Einerseits kooperierten seine Geheimdienste im Kampf gegen Al-Qaida durchaus mit westlichen Geheimdiensten. Es war eine gängige Praxis der USA, Frankreichs oder Großbritanniens, Al-Qaida-Terroristen in Syrien durch syrische Vernehmer verhören zu lassen.[4] Wohl wissend, dass in Syriens Kerkern Häftlinge mit brutalsten Foltermethoden vernommen werden. Nicht als Ausnahme, sondern als Regel. Die unter Folter erlangten Erkenntnisse wurden von westlichen Diensten dankend angenommen. Auch Deutschland profitierte von den Verhörmethoden der Syrer. Der prominenteste Fall: der deutsche Staatsbürger syrischer Herkunft Mohammad Haydar Zammar. Zammar lebte in Hamburg und agierte von dort als Rekrutierer für Al-Qaida. Er hatte Mitglieder der Hamburger Zelle zusammengebracht, die – unter den Augen bundesdeutscher Sicherheitsbehörden und Nachrichtendienste – die Massenmorde des 11. September 2001 vorbereiten konnten.

Zammar stand unter ständiger Beobachtung des deutschen Bundeskriminalamtes. Als Zammar im November 2001 eine Reise nach Marokko vorbereitete, übermittelte das BKA am 26. November 2001 dem amerikanischen FBI dessen Aufenthaltsort, persönliche Daten, abgehörte Telefongespräche sowie die exakten Flugdaten. Parallel informierte das BKA die marokkanischen Kollegen.[5] Zammar wurde in Marokko verhaftet, den Amerikanern übergeben und von der CIA nach Syrien geflogen, um dort über Jahre mit »landestypischen Methoden«[6] verhört zu werden. Zweimal eilte eine Delegation des BKA gen Syrien und schöpfte bereitwillig die Folterergebnisse ab. »Natürlich wusste jedermann, wie die Syrer verhören. Wir wussten doch, wie der Mann vorher aussah. Niemand konnte überrascht sein zu sehen, wie er nachher aussah. Das Bundeskanzleramt war laufend bis ins Detail informiert«, so die Aussage eines deutschen Beamten. Aus dem drei Zentner schweren Hünen war ein abgemagerter Mann geworden.

Die Kooperation mit westlichen Staaten im Kampf gegen Al-Qaida hinderte Baschar al-Assad jedoch keinesfalls, sein Land Al-Qaida als Aufmarschgebiet und Einfallpforte in den Irak zur Verfügung zu stellen. Im Gegenteil. Tausende Dschihadisten reisten nach Syrien, um von dort in den Irak zu ziehen, »um Amerikaner zu töten«[7]. Syrien wurde zum Ausbildungs- und Ruheraum, zum Ausrüstungslager und zur Durchgangsstation der Dschihadisten. Unter aktiver Hilfe just der syrischen Geheimdienste, die zeitgleich mit ihren westlichen Kollegen in der Bekämpfung von Al-Qaida kooperierten. »Die Syrer wussten das nicht nur, sie haben das alles aktiv gefördert. Sie waren bis ins kleine Detail über den Zustrom der Dschihadisten in den Irak im Bild.«[8] Gleichzeitig verfolgte Baschar al-Assad nach innen mit gnadenloser Brutalität jeden seiner frommen Gegner in Syrien. Syrische Dschihadisten, die gegen Baschar al-Assad agierten, wurden eingekerkert oder verschwanden spurlos im Nichts. Gegen den syrischen Zweig der Muslimbruderschaft ging Assad erbarmungslos vor. Muslimbrüder wurden verhaftet und eingekerkert. Ein verwirrendes Dreifachspiel, das der syrische Diktator während der irakischen Besetzung sehr geschickt spielte und das sich bis heute fortsetzt. Zum einen: den Westen im Kampf gegen Al-Qaida zu helfen, sich als notwendigen Partner anzudienen. Zum zweiten: Al-Qaida gleichzeitig gegen den Westen zu helfen. Zum dritten: seinen frommen Gegner auszumerzen. Wenngleich sich die Vorzeichen geändert haben. Assad empfiehlt sich seit 2011 dem Westen als ein Akteur im Kampf gegen den globalen Dschihad, bekämpft er doch in Syrien die Dschihadisten, die ihn direkt bekämpfen. Gleichzeitig unterstützt er diejenigen Dschihadisten wie ISIS, die in Konkurrenz zu anderen Dschihadisten-Gruppen stehen. Die syrische Armee vermied lange die direkte Konfrontation mit ISIS. Das Kalkül: Im Kampf untereinander werden die konkurrierenden Dschihadisten-Gruppen sich gegenseitig schwächen, die Macht des Baschar al-Assad bleibt dadurch weiter erhalten. Die Gefahr des globalen Dschihad bleibt aber dennoch bestehen, weshalb der Westen auf die Hilfe Assads angewiesen ist. Sein Kalkük geht auf. Im Westen mehren sich die Stimmen, die laut darüber nachdenken, Baschar al-Assad in den Kampf gegen den globalen Dschihad einzubinden.

ISIS betrat als Akteur aus dem Irak heraus erstmals 2011 die Bühne des syrischen Bürgerkrieges, zunächst nur, um die Lage zu sondieren und eigene Strukturen aufzubauen. Um die mit ISIS konkurrierenden Widerstands- und Terrororganisationen, die seinen Sturz herbeikämpfen wollten, zu schwächen, war Baschar al-Assad bereit, jeden Pakt einzugehen – und sei es einer mit dem Teufel. Assad gab seinen Truppen den Befehl, ISIS gewähren zu lassen, ISIS-Stellungen nicht anzugreifen, sie gar auszurüsten und bei Bedarf, wenn ISIS gegen rivalisierende Gruppen militärisch vorging, die Stellungen der ISIS-Konkurrenten zu bombardieren. Ein fein ausgeklügeltes Machtspiel im mit rasender Brutalität geführten Krieg wider das eigene Volk. Baschar al-Assad weiß, dass es um sein Leben geht – um seinen Kopf.

Die Peschmerga wirkten, während sie an diesem Freitagmittag im August 2014 an ihrem Kontrollpunkt in Kirkuk die Insassen der Wagen kontrollierten, nicht unbedingt wie furchterregende und unerschrockene Kämpfer. Eher schon wie in die Jahre gekommene Familienväter, mit recht viel Hüftgold ausgestattet, in deren Händen die Kalaschnikows deplatziert wirkten. Wie wenig der Mythos des Peschmerga als geradezu unbesiegbarer Kämpfer, der dem Tod unerschrocken ins Auge blickt, der Realität entspricht, hatte sich seit dem 1. August 2014 gezeigt. In nur drei Tagen zersplitterte dieser Mythos. In den ersten drei Augusttagen überrannte, auf breiter Front heranbrausend, die Pick-up-Kavallerie von ISIS die Stellungen der Peschmerga: von Zumar im Norden bis unmittelbar vor Kirkuk im Süden. Sie töteten die kurdischen Kämpfer, eroberten ein kurdisches Dorf nach dem anderen und standen unmittelbar vor der Stadtgrenze von Erbil, der Hauptstadt der Autonomen Region Kurdistan. Ganze Peschmerga-Einheiten suchten ihr Heil in der Flucht. Im Nordwesten hatte ISIS den Mossul-Staudamm erobert. Was zunächst lediglich aussah wie nur eine von vielen Eroberungen durch ISIS, versetzte Fachleute in helle Panik. Die 1986 fertiggestellte größte Talsperre des Irak hat eine Länge von 3.600 Metern, eine Breite von 700 Metern und ist mit einer Höhe von 135 Metern eine der höchsten der Welt. Ihr Stauinhalt beträgt 11 Billionen Liter Wasser oder 11 Milliarden Kubikmeter.

Im Auftrag des US-Inspektors für irakische Bauwerke stellte 2006 ein Ingenieurskorps der US-Army einen rasanten Verfall an dem Bauwerk fest. Die Ingenieure waren entsetzt. Sie bemerkten, dass »mit Blick auf die inneren Auswaschungen an den Fundamenten der Mossul-Damm der gefährlichste Staudamm in der Welt ist. Wenn nur ein kleines Problem an dem Staudamm auftritt, ist ein Bruch wahrscheinlich.« Bei einem Bruch der Talsperre unter maximaler Füllmenge sei damit zu rechnen, dass unter anderem die Millionenstadt Mossul von einer zwanzig Meter hohen Flutwelle begraben würde und bis zu einer halben Million Menschen getötet werden könnten. Die 350 Kilometer flussabwärts gelegene Hauptstadt Bagdad würde bis zu fünf Meter tief unter Wasser stehen. Bis zu 500.000 Menschen könnten bei einem Zusammenbruch des Dammes ertrinken. Die Wahrscheinlichkeit, dass der Damm zusammenbreche, sei »inakzeptabel hoch«.[9] Nachdem ISIS den Mossul-Damm erobert hatte, begannen die Krieger, den gesamten Damm zu verminen.

In seinem Dschihad hatte ISIS alle zu Feinden Allahs erklärt, die nicht mit der religiösen Ausrichtung von ISIS übereinstimmten. Im Fadenkreuz von ISIS befanden sich neben den Schiiten ganz besonders die Jesiden des Irak. Das Ziel von ISIS ist nicht nur deren Auslöschung der kulturellen und religiösen Identität. ISIS hat immer wieder ganz offen erklärt, dass Jesiden Teufelsanbeter seien, die getötet werden müssten, sollten sie nicht zum Islam übertreten. Die

Jesiden seien eine heidnische Sekte aus vorislamischer Zeit und nicht etwa eine abtrünnige, ehemalig muslimische Sekte. Jesiden könne daher nicht der Status einer geschützten Minderheit im Islam zugestanden werden. So argumentiert ISIS selbst in seinem Internetmagazin »Dabiq« (übersetzt: »Der gescheiterte Kreuzzug«) im August 2014. Die Jesiden könnten sich folglich auch nicht wie Juden und Christen durch Schutzzahlungen vom Missionierungs- und Unterwerfungsgebot des Propheten Mohammed befreien. Sie seien Götzendiener und folglich als solche nach der Scharia, dem islamischen Recht, zu behandeln. Frauen und Kinder müssten versklavt werden. Die Männer getötet.[10]

In der vierten Ausgabe seines Internetmagazin »Dabiq« vom Oktober 2014 beschreibt ISIS, wie seit der Machergreifung im Irak mit Jesiden verfahren wurde. »Nach ihrer Gefangennahme wurden jesidische Frauen und Kinder nach der Scharia unter den Kämpfern des Islamischen Staates aufgeteilt, die an der Sindschar-Operation teilgenommen haben, nachdem ein Fünftel von ihnen der Regierung des Islamischen Staates als Steuer übergeben wurde.« Im Verlauf der »Sindschar-Operation« hatte ISIS die jesidischen Siedlungsgebiete angegriffen, Tausende Jesiden getötet, Zehntausende im Sindschar-Gebirge eingekesselt, Tausende jesidische Frauen und junge Mädchen versklavt. Für ISIS sind jesidische Menschen keine Menschen, im besten Fall nur eine Ware, die wert ist, als Steuer gehandelt zu werden. Die »Dabiq«-Autoren rühmen sich, dass dies die »erste großangelegte Versklavung von heidnischen Familien seit der Aufgabe der Scharia« sei. Die einzigen ansonsten bekannten Fälle seien die Versklavung von christlichen Frauen und Kindern durch Gotteskrieger in Nigeria und den Philippinen. Das seien aber »weit kleinere Fälle«.

Die Menschenrechtsorganisation Human Rights Watch hat von einer jesidischen Organisation bislang eine Liste von 2.305 entführten Menschen bekommen. Darunter befinden sich 412 Kinder. Human Rights Watch geht jedoch davon aus, dass die Zahl weit höher sein kann. Auf dem Blog des Syrien-Fachmanns Joshua Landis schreibt Matthew Barber von der Universität Chicago, sein Team von Rechercheuren sei anfänglich von etwa 4.000 gekidnappten Jesiden ausgegangen.[11] Mittlerweile gehen Barber und seine Kollegen von mindestens 7.000 Fällen aus.

Die etwa 900.000 Jesiden sind eine kurdisch sprechende religiöse Minderheit im Irak, im Norden Syriens und in der Türkei. Das Jesidentum ist eine rein monotheistische Religion. Sie beruft sich auf keine heilige Schrift und missioniert nicht. Jeside wird man durch Geburt, wenn beide Elternteile jesidischer Herkunft sind. Eine Heirat von Jesiden mit Menschen einer anderen Religion führt unweigerlich zum Ausschluss aus der Religionsgemeinschaft.

Von Beginn an machte ISIS auf seinem Siegeszug durch den Nordirak gezielt Jagd auf die Jesiden. Etwa 55.000 konnten sich zunächst ins Sindschar-Gebirge retten und saßen dort über Wochen in unerträglicher Hitze in der Falle.[12] ISIS hatte alle Zugangswege in das Gebirge hermetisch abgeschlossen. Die 30.000 Männer, Frauen und Kinder drohten zu verhungern und zu verdursten.

Mit einem verzweifelten Auftritt vor dem irakischen Parlament versuchte die einzige jesidische Abgeordnete Vian Dakhil im August 2014 vergeblich, die Regierung dazu zu bewegen, den vom Genozid bedrohten Jesiden militärisch zu Hilfe zu eilen. Zitternd stand sie hinten im Parlament zwischen Jesiden, deren Gesichter in Angst und Panik erstarrt waren. »Brüder«, brach es aus ihr heraus, »wir werden geschlachtet unter dem Banner ›Es gibt keinen Gott außer Allah.‹. Bis jetzt sind 500 Männer geschlachtet worden.« Mit leicht genervter Stimme unterbrach sie der Parlamentssprecher, ihm war es wichtig, in der Geschäftsordnung weiterzufahren: »Frau Abgeordnete: Halten Sie sich bitte an die Regeln.«

Vian Dakhil fuhr fort: »Unsere Frauen werden als Sklaven gehalten und auf dem Sklavenmarkt verkauft. Brüder, bitte, da ist nun eine Völkermordkampagne gegen die Jesiden, ich halte mich an die Regel, aber mein Volk wird geschlachtet, genauso wie alle Iraker geschlachtet werden. Die Schiiten, die Sunniten, die Christen, die Turkmenen, die Schabak, sie alle wurden geschlachtet, und heute werden die Jesiden geschlachtet. Brüder, jenseits aller politischer Dispute, wir wollen menschliche Solidarität. Ich spreche hier im Namen der Menschlichkeit: Rettet uns! Rettet uns! Seit 48 Stunden werden 30.000 Familien im Sindschar-Gebirge belagert, ohne Wasser, ohne Essen. Sie sind am Sterben. 70 Babys sind bisher gestorben. Unsere Frauen werden als Sklavinnen gehalten und auf den Sklavenmärkten verkauft. Herr Parlamentspräsident, wir verlangen, dass das irakische Parlament unverzüglich interveniert, um das Massaker zu stoppen. Es hat bisher 72 Völkermordkampagnen gegen die Jesiden gegeben, und jetzt wiederholt sich das im 21. Jahrhundert. Wir werden geschlachtet, wir werden ausgelöscht. Eine ganze Religion wird ausgelöscht vom Angesicht der Erde. Brüder, ich flehe euch im Namen der Humanität an, uns zu retten. Herr Parlamentspräsident, ich will …«, und die Abgeordnete Vian Dakhil kann nicht mehr. Sie bricht hemmungslos weinend zusammen.[13]

Der Aufschrei von Vian Dakhil vor dem irakischen Parlament beschrieb eine mörderische Realität. Die Jesiden wurden systematisch verfolgt. Sie verdursteten, sie verhungerten, sie wurden geköpft, gesteinigt, gekreuzigt und totgeschlagen. Den ganzen Sommer und im Verlauf des Herbstes berichteten die Medien ausführlich, weltweit, Tag für Tag. Eine Berichterstattung, die irgendwie an deutschen Richtern und Beamten vorbeigegangen sein muss. Nur so ist zu erklären, was dem 27 Jahre alten Jesiden Saado Khalafshamo im September 2014 in Deutschland widerfuhr. Khalafshamo hatte in Deutschland Asyl beantragt. Die Begründung: Sein Leben im Irak sei in Gefahr. Er begründete sein Asylgesuch mit dem Hinweis auf die Verfolgung der Jesiden durch ISIS. Er sei Jeside, und die Jesiden würden im Irak systematisch von ISIS verfolgt. Ihnen drohe die Vernichtung durch ISIS. In Lüneburg sahen das die Richter des zuständigen Verwaltungsgerichts jedoch ganz anders. Sie wiesen das Schutzbegehren des Flüchtlings ab, forderten ihn gar zur unverzüglichen Ausreise in den Irak auf. Das Bundesamt für Migration und Flüchtlinge (Bamf) schloss sich der Sichtweise der Lüneburger Verwaltungsrichter an. Es hielt in einer Stellungnahme vom 10. September 2014 das Asylbegehren des Jesiden für »unzulässig« und wies das Argument zurück, bei den Jesiden handele es sich um eine verfolgte Gruppe. Das Amt bezweifelt wörtlich, dass sich die »klärungsbedürftig bezeichnete Tatsachenfrage überhaupt in verallgemeinerungsfähiger Form beantworten lässt«. Der Vernichtungskrieg des ISIS gegen die Jesiden hatte durchaus genozidären Charakter und ISIS hatte aus seiner Absicht nie ein Hehl gemacht. Umso erstaunlicher, dass die kurdischen Peschmerga, die zum Schutz der Jesiden abkommandiert waren, beim Anrücken der ISIS-Krieger ihr Heil in kopfloser Flucht suchten, statt die Jesiden zu verteidigen, oder die zumindest zu bewaffnen. Erstaunlich deshalb, sind die Jesiden doch ethnisch gesehen Kurden. Kurdistan war das nächste Ziel des ISIS.

Mit einer Blitzoffensive hatte sich ISIS Anfang August binnen eines Tages bis auf zwanzig Kilometer auf die kurdische Stadt Erbil vorgekämpft. Erbil wird in die Hände von ISIS fallen! Das war in den ersten Augusttagen 2014 eine durchaus realistische Möglichkeit, weshalb sich im saarländischen Saarlouis die Saarlandbrigade der Bundeswehr bereitmachte, in Erbil einzufliegen, um deutsche Staatsbürger zu evakuieren, die im irakischen Kurdistan leben oder sich dort als Geschäftsleute aufhielten. Die entsprechenden Einsatzpläne waren nach dem Sturmlauf von ISIS durch den Irak im Berliner Verteidigungsministerium eilends erstellt worden.[14] In Berlin beließ man es jedoch nicht nur bei Planspielen. Das im württembergischen Calw stationierte Kommando Spezialkräfte (KSK) der deutschen Bundeswehr hatte vorsorglich schon Wochen vorher ein Vorauskommando in den Irak entsandt.[15] Auf die Verteidigung der Stadt durch die ehemals so ruhmreichen Peschmerga-Truppen konnte und wollte man sich nicht verlassen. Dabei lagen die Gründe für ihren Zusammenbruch auf der Hand.

Die Peschmerga hatten in den langen Jahrzehnten ihres Guerillakampfes gegen die Truppen des Saddam Hussein erfolgreich gekämpft und so die irakischen Kurden vor der endgültigen Vertreibung aus ihren angestammten Siedlungsgebieten bewahrt. Nach dem Ende des zweiten Golfkrieges 1991 gab es für die Peschmergas schlicht und ergreifend keinen Grund mehr zu kämpfen. Unter dem Schutz der UN-Flugverbotszone über dem Norden des Irak, die von der amerikanischen und britischen Luftwaffe garantiert wurde, konnten die Kurden ihre Region in relativer Sicherheit aufbauen und entwickeln. Zwischen 1992 und 2014 schwand ganz einfach ihre Kampferfahrung und in Folge dessen ihre Kampfkraft. Der Mythos des Peschmerga jedoch lebte weiter. »Wir haben uns zu sehr auf die Vergangenheit verlassen und einen Mythos als Realität angesehen«, erklärte mir im August 2014 der für Kirkuk zuständige Peschmerga-Kommandeur Mohammed Hadschi Mahmoud. »Das war einer der Gründe, warum unsere Verteidigungslinien Anfang August zusammengebrochen sind.« Die Kurden hatten eine 1.050 Kilometer lange Frontlinie gegen ISIS zu verteidigen und waren der wendigen Überraschungstaktik der ISIS-Kommandeure hilflos ausgeliefert.

Abu Bakr al-Baghdadi lässt seinen Kampfkommandeuren bei der Planung ihrer Angriffe weitestgehend freie Hand. Sie können relativ frei entscheiden, wann und wo sie angreifen. ISIS hat einen offenkundig nie versiegenden Vorrat an Toyota-Hilux-Geländewagen, mit denen sie blitzartig und schnell vorstoßen und so das Überraschungsmoment ausnutzen können. Dem waren die Peschmerga Anfang August 2014 nicht gewachsen. Hinzu kommt, dass die Kampfmoral der ISIS-Männer extrem hoch ist. Beseelt vom Glauben an ihre Mission, im Namen Allahs zu kämpfen und als Märtyrer zu sterben, fürchten sie den Tod nicht. Sie suchen ihn. Sie wollen ihn um jeden Preis. »Das ist ein militärischer Faktor, den Sie nicht hoch genug einschätzen können«, stellte Mohammed Hadschi Mahmoud in Kirkuk nüchtern fest.

Die Peschmerga waren den ISIS-Sturmtruppen zudem militärisch in jeder Hinsicht unterlegen. Bei der kampflosen Einnahme von Mossul war ISIS ein gigantisches Waffenarsenal in den Schoß gefallen. Die USA hatten die irakische Armee mit modernstem Militärmaterial im Wert von

25 Milliarden US-Dollar hochgerüstet. Weitere Milliarden wurden ausgegeben, um die Waffenarsenale der unterschiedlichsten irakischen Sicherheitsbehörden prall zu füllen. All das fiel ISIS in jener Nacht in Mossul in die Hände. Gegen die mit modernsten US-amerikanischen Waffen aller Art perfekt aufgerüsteten ISIS-Terroristen standen die mit nur leichten, zudem noch uralten Waffen ausgestatteten kurdischen Peschmerga von vornherein auf verlorenem Posten. Als die Kurden im Juni und Juli 2014 die USA und ebenso europäische Staaten baten, ihnen moderne Waffen zu liefern, damit sie im Kampf gegen ISIS bestehen könnten, wurde dies abschlägig beschieden.

»Wir haben in Berlin mehr als nur einmal vorgefühlt. Wir haben darauf hingewiesen, dass unsere Peschmerga-Einheiten gegen ISIS militärisch in jeder Hinsicht unterlegen sind. Meine Gesprächspartner in Berlin wussten sehr genau, wie hoffnungslos veraltet unsere Waffenarsenale sind. Sie wussten auch sehr genau, dass ISIS, nachdem sie Mossul eingenommen hatten, mit dem modernsten Militärmaterial ausgerüstet war«, hatte mir zwei Tage vor meinem Besuch in Kirkuk ein enger Berater des Präsidenten der autonomen Republik Kurdistan, Masud Barzani, erzählt. »Was war die Antwort?«, fragte ich ihn. »Ein sehr kühles Nein«, meinte der Berater des kurdischen Präsidenten. »Mit welcher Begründung? Der deutsche BND ist im Irak und in Kurdistan immerhin mehr als nur sehr gut personell aufgestellt und weiß die Situation hier gut zu analysieren. Man kann also davon ausgehen, dass Berlin sehr gut Bescheid weiß, dass die Peschmerga ISIS militärisch hoffnungslos unterlegen sind.« Der Mann lachte auf die Frage nicht sonderlich belustigt auf. »Unsere deutschen Freunde haben mich um Verständnis gebeten. Deutschland dürfe und würde keine Waffen in Kriegs- oder Spannungsgebiete liefern. Die Gefahr sei zu groß, dass die Waffen in falsche Hände gerieten. Zudem sei es Deutschland nur erlaubt, Waffen an Staaten zu liefern. Nicht an nichtstaatliche Gruppen – und Kurdistan sei nun einmal kein Staat. Korrigieren Sie mich«, meinte er sarkastisch, »aber ist Saudi-Arabien etwa kein Spannungsgebiet? Oder Kuwait? Oder die Vereinigten Arabischen Emirate? Oder gar Algerien? Dort tobt ein Krieg, und genau dorthin werden deutsche Waffen geliefert.«

Erst nachdem ISIS kurdische Stellungen vor Erbil mit schwerer amerikanischer Artillerie beschossen hatte, reagierten die USA und begannen mit gezielten Luftangriffen, die Stellungen von ISIS zu attackieren. Aus den Bergen im Norden des Irak und aus der Türkei stürmten Einheiten der Arbeiterpartei Kurdistans (PKK) nach Süden, um den Peschmerga der Autonomen Region Kurdistan beizustehen. Das Verhältnis zwischen der türkischen PKK und den Peschmerga ist mehr als nur gespalten. Die kurdische Regierung von Masud Barzani sieht die terroristische PKK als ein Hindernis auf dem Weg in die kurdische Unabhängigkeit. Eine allzu große Nähe zwischen der Regierung der Autonomen Region Kurdistan und der PKK würde Ankara nie dulden. Ohne die Duldung durch die Türkei können die Kurden des Irak hingegen ihren Traum von der kurdischen Eigenstaatlichkeit nicht realisieren. Die PKK hat während dreier Jahrzehnte in der Türkei einen erbarmungslosen Guerillakrieg gegen die türkische Armee geführt. Über 40.000 Menschen starben im mörderischen Terrorkampf. Sie wollte Ankara zwingen, den türkischen Kurden weitgehende Autonomierechte zu gewähren. Die PKK machte in ihrem Kampf keine Unterschiede zwischen Soldaten und Zivilisten. Sie bombte in türkischen Touristenorten wie in den Geschäftsvierteln türkischer Städte. Ihren Kampf um eine weitgehende kurdische Autonomie führte sie auch auf den Straßen europäischer Städte. Gnadenlos gingen die Kämpfer der PKK mit allen Mitteln, auch ausgesucht terroristischen, gegen ihre Feinde vor, und die waren nicht nur die türkische Armee und türkische Sicherheitsbehörden. Auch kurdische Gegner wurden rücksichtslos eliminiert. Die USA und die europäischen Staaten führen die PKK auf ihren Terrorlisten. Zudem wird die PKK seit 2008 auf der Drogenhandelsliste des Foreign Narcotics Kingpin Designation Act aufgelistet.

Die Regierung der Autonomen Region Kurdistan unter Masud Barzani achtete in den letzten Jahren immer peinlich genau darauf, sichtbar und weitestgehend Distanz zur PKK zu wahren. In seinem Bestreben, die Autonomie Kurdistans bis hin zur eigenen Staatlichkeit auszubauen, brauchte Masud Barzani, das wusste er, die Duldung Ankaras. Die Regierung Recep Erdoğan hatte im Dezember 2012 gegen das Murren der türkischen Generalität einen zunächst geheim geführten Friedensprozess initiiert. Regierungsvertreter verhandelten mit dem im türkischen Gefängnis einsitzenden Führer der PKK, um den jahrzehntelangen Terrorkrieg zu beenden. Ein Verhandlungsprozess, der jedoch sehr fragil ist. Auf beiden Seiten, bei der türkischen Generalität, der Regierung in Ankara wie bei der PKK, ist das Misstrauen sehr groß. Nach dem schmählichen Desaster der Peschmerga in der ersten Augustwoche 2014 war die Regierung von Masud Barzani nun ausgerechnet auf die militärische Hilfe der PKK dringend angewiesen. In Ankara war die Angst groß, dass so die PKK als Retter in der Not auch international salonfähig gemacht würde.

Als ISIS am 6. August 2014 die kurdische Stadt Makhmur überrannte, war es den Peschmerga erst in letzter Minute gelungen, die 15.000 in einem Lager am Stadtrand hausenden Flüchtlinge zu evakuieren. Als Guerillakämpfer eilt den Männern und Frauen der PKK ein Ruf wie Donnerhall voraus. Zu Recht, wie Militärexperten feststellen. Es waren im Wesentlichen die Guerillakämpfer der PKK, die am 9. August Makhmur zurückeroberten. Es muss für Barzani einer Demütigung gleichgekommen sein, als er eine Woche nach der Befreiung von Makhmur durch die PKK das Lager der PKK-Kämpfer am Rand von Makhmur besuchte, um in aller Öffentlichkeit den PKK-Kämpfern für ihren »heldenhaften Kampf« zu danken. Die Bilder von Kurden, die in den Tagen vor seiner Visite die PKK und ihren seit 15 Jahren in der Türkei inhaftierten Anführer Abdullah Öcalan frenetisch bejubelten, werden Masud Barzani nicht gefallen haben. Ebenso wie das, was kurdische Taxifahrer, Ladenbesitzer, Ärzte, Lehrer oder einfache Bauern in den Augusttagen 2014 bereitwillig Journalisten in die Notizblöcke diktierten »Ohne die PKK«, das sagten sie alle übereinstimmend, »wäre Makhmur noch immer in der Hand von Dai'sh.« Auch Kommandeure der Peschmerga-Truppen gestanden, wenngleich nur unter Zusicherung von Anonymität, dass es die PKK-Kämpfer gewesen seien, die »eine Katastrophe verhindert haben. Natürlich sind sie Terroristen«, sagte mir in Kirkuk ein Kommandeur der Peschmerga im August 2014, »aber ohne diese Terroristen wäre ISIS wahrscheinlich ohne große Gegenwehr direkt bis nach Erbil durchgestoßen. Manchmal braucht es eben Terroristen, um Terroristen zu bekämpfen.«

Wir hatten uns vor jenem Teehaus in Kirkuk von Abdallah verabschiedet. Er war 43 Jahre alt, hatte eine Frau und vier

Kinder. Aber nun war er ein Flüchtling. Ein arabischer Sunnit, der bei den Kurden Zuflucht hatte suchen müssen. Er hatte nichts gegen Kurden, das hatte er gesagt, und es bestand kein Grund, an seiner Aussage zu zweifeln. Aber es war ihm doch unangenehm, dass er bei den Kurden um Hilfe bitten musste. Die war ihm schon zugesagt worden. Er wusste, wo er und seine Familie Unterschlupf finden würden. Aber was ihn umtrieb, was ihn verzweifeln ließ, war die Tatsache, dass er keine Vorstellung, noch nicht mal eine Ahnung hatte, was aus ihm und seiner Familie werden würde, wie er seine Frau und seine Kinder künftig würde ernähren können. »Dieser Krieg wird lange dauern, er wird blutig sein, und meine Kinder werden keine Zukunft haben«, hatte er gesagt. Dann war er davongeschlurft. Langsam wie ein alter Mann, den Rücken gebeugt.

Am Abend dieses Tages geht in dem Strom der Meldungen aus dem Irak folgende unter:

Bagdad (Reuters) – Im Irak sind bei einem Angriff auf eine sunnitische Moschee nach Angaben aus Sicherheitskreisen mindestens 30 Menschen getötet worden.

Mitglieder einer schiitischen Miliz hätten am Freitag in dem Gebetshaus das Feuer eröffnet, hieß es. Augenzeugen berichteten von noch mehr Todesopfern. Der Anschlag ereignete sich in der Provinz Dijala im Osten des Landes, wo vom Iran ausgebildete Schiitenmilizen mächtig sind.

Kämpfer der sunnitischen Extremistenorganisation Islamischer Staat haben weite Teile des Nordiraks unter ihre Kontrolle gebracht und dort einen Gottesstaat ausgerufen. Im Irak schwelt seit langem der Konflikt zwischen Sunniten und Schiiten.

Am nächsten Tag werden kurz vor 16 Uhr in schiitischen Vierteln von Bagdad innerhalb weniger Minuten vier Anschläge hintereinander verübt. In Kirkuk explodiert die erste Autobombe um Punkt 16 Uhr. Um 16.03 die zweite. Um 16.04 jagt sich an einem Kontrollpunkt kurdischer Peschmerga unweit eines Teehauses ein Selbstmordattentäter in die Luft. Unter den 23 Toten in Kirkuk ist ein 43 Jahre alter sunnitischer Polizist, der aus Angst um sein Leben und das seiner Familie aus Baidschi nach Kirkuk geflohen ist. Sein Name war Abdallah, er hatte eine Frau und vier Kinder. Er war aus Angst vor dem Tod aus Baidschi geflohen. War nach Kirkuk geflohen, nur um dort zu sterben. An diesem Tag sterben in Bagdad 47 Menschen, mehr als 250 werden verletzt. ISIS hat seine Antwort gegeben. Dass 23 Minuten später in Erbil, der Hauptstadt der Autonomen Region Kurdistan, eine Bombe explodiert, diese Meldung wird nicht mehr wahrgenommen. Es hat lediglich vier leicht Verletzte gegeben. Der Selbstmordattentäter, der sich an diesem Tag in Kirkuk in die Luft gejagt hat, soll unbestätigten Meldungen zufolge ein deutscher Dschihadist gewesen sein.

Kirkuk ist eine zerrissene Stadt, und in ihr spiegelt sich die ganze innere Zerrissenheit des Irak wider. Für die Kurden war Kirkuk immer so etwas wie ihr kurdisches Jerusalem gewesen, von überbordender, fast mystischer Bedeutung. Die Kurden hatten in den 1980er Jahren während des ersten Golfkrieges zwischen dem Irak und dem Iran unter der mörderischen Arabisierungspolitik des Saddam Husseiin mehr als nur zu leiden. Sie wurden aus ihren angestammten Siedlungsgebieten vertrieben, ermordet, vergast. Im Zuge seiner Anfal-Operation ließ Saddam Hussein etwa 200.000 Kurden töten. Am 16. März 1988 befahl Hussein einen Giftgasangriff auf die kurdische Provinzstadt Halabdscha. 5.000 Männer, Frauen und Kinder wurden vergast. Tausende leiden noch heute unter den Folgen. Für die Kurden sind die Anfal-Operation und der Giftgasangriff auf ihr Volk zum kollektiven Trauma geworden. Saddam Hussein ließ zudem Hunderttausende Araber in die kurdischen Siedlungsgebiete zwangsumsiedeln. In Kirkuk leben heute arabische Sunniten neben arabischen Schiiten, Kurden neben Turkmenen, aber die Kurden haben ihre Ansprüche auf Kirkuk nie aufgegeben, ein Anspruch, den die Sunniten, Schiiten und Turkmenen der Stadt vehement verneinen. Das gegenseitige Misstrauen, das bis zur offen gezeigten Feindschaft reicht, erzeugt ein ethnisch und religiös hochexplosives Gemisch, das von den Heißspornen der jeweiligen Gruppen jederzeit zur Explosion gebracht werden kann und von ISIS für eigene Zwecke instrumentalisiert wird.

Land ohne Hoffnung

Am ersten Weihnachtstag 2013 explodiert am frühen Morgen vor einer Kirche in Bagdad eine Bombe. Stunden später detoniert auf einem belebten Markt der irakischen Hauptstadt eine zweite Bombe. Insgesamt sterben an diesem Weihnachtstag 38 Menschen, mehr als 70 werden schwer verletzt. Das weihnachtliche Massaker wird, wenn überhaupt, nur am Rande vermeldet. Auf zwölf Zeilen berichtet die *Frankfurter Allgemeine Zeitung* darüber. Die Schlagzeile lautet: »Noch ein Anschlag.«[1] Der Irak ist zu diesem Zeitpunkt längst kein Thema mehr für westliche Medien. Kollegen, die vor Ort und in der Region stationiert sind, beklagen sich bitterlich über das Desinteresse ihrer Heimatredaktionen an einer ausführlichen, gar hintergründigen Berichterstattung über die Entwicklungen in dem Land zwischen Euphrat und Tigris. Die USA haben das Land 2011 überstürzt und geradezu fluchtartig verlassen. Die westliche Öffentlichkeit atmet erleichtert auf. Die Menschen in Amerika wie in Europa sind schon seit Jahren kriegsmüde.

Nichts hat die USA in Europa mehr in Misskredit gebracht als der Krieg im Irak. Quer durch alle Bevölkerungsschichten bricht sich angesichts des Irakkrieges in Europa Antiamerikanismus freie Bahn, bis hin zum blanken Hass. Den Abzug aller amerikanischen Truppen verkaufte US-Präsident Barack Obama als Ergebnis einer ganz neuen,

ganz anderen, klugen und vorausschauenden US-Außen-
politik. Er empfiehlt sich der geneigten westlichen, aber
vielmehr noch nahöstlichen Öffentlichkeit als Garant einer
weisen, sanften Außenpolitik auf Augenhöhe und in res-
pektvoller Partnerschaft. Immerhin habe er den »dummen
Krieg« seines Vorgängers im Amt beendet und das Land zudem in einem anständigen Zustand den Irakern übergeben.[2] Das mediale Interesse an den Geschehnissen im Irak
fiel schnell in sich zusammen. »Ich habe meine Geschichten
wie saure Milch angeboten«, klagt im Herbst 2014 eine
Kollegin rückblickend. »Die Reaktion war immer dieselbe:
Irak? Da passiert doch nichts mehr.«

Dass sich zu diesem Zeitpunkt schon längst etwas vollkommen Neues aufgebaut hatte, etwas, das den ganzen Nahen und Mittleren Osten nicht nur verändern, sondern
sogar auseinandersprengen könnte, ist zur Jahreswende
2013/14 nahöstlichen wie westlichen Geheimdiensten durchaus klar. Dass sich daraus ein Flächenbrand entwickeln
würde, der über Syrien und den Irak hinaus die gesamte
Region des Nahen und Mittleren Ostens in Brand setzen
kann und unmittelbare Auswirkungen für die Sicherheit
nicht nur des Westens, sondern auch des Rests der Welt hat?
Auch diese Gefahr wird zu diesem Zeitpunkt von westlichen Diensten gesehen, wenngleich die Entwicklung in ihrem ganzen Ausmaß noch nicht erfasst wird. »Wir haben
die Gefahr erkannt, aber die Wucht und die Dimension des
Ganzen und viel schlimmer, dass hier etwas vollkommen
Neues geschieht, etwas, das uns auf lange Jahre in Atem
halten wird, das haben wir unterschätzt«, sagt im Sommer
2014 ein westlicher Nachrichtendienstler. Ein strategisches
Desaster dieser Dimension mag sich niemand so recht vorstellen, auch wenn einzelne Entwicklungsstränge durchaus

gesehen werden. ISIS wird als einer der wesentlichen Akteure auf dem syrisch-irakischen Kriegsschauplatz wahrgenommen. Die Dienste fokussieren ihr Augenmerk mehr auf die ISIS-Aktivitäten in Syrien, weniger darauf, dass ISIS von Syrien aus sich im Irak ein eigenes Territorium erobern will. Nur wenige Geheimdienstanalytiker erkennen, dass mit dem Erstarken von ISIS der globale Dschihad eine ganz neue, eine sehr eigene Dynamik mit weltweiten Auswirkungen erzeugt.

Am 5. Februar 2014 tritt Brett McGurk vor den Auswärtigen Ausschuss des US-Repräsentantenhauses. Der für den Iran und Irak zuständige stellvertretende Staatssekretär des US-Außenministeriums fasst vor den Abgeordneten die Situation in Syrien und dem Irak zusammen. Er stützt sich bei seinem Vortrag auf höchst unterschiedliche Geheimdiensterkenntnisse, amerikanische wie nahöstliche. Vor dem Ausschuss referiert McGurk über die Gefahr, die ISIS als ein Ableger von Al-Qaida im Irak darstellt. Was McGurk zu sagen hat, wird sich im Verlauf der folgenden Monate als wahrhaft prophetisch erweisen. McGurk präsentiert dem Ausschuss die Blaupause für das militärische Vorgehen von ISIS 2014. Zu diesem Zeitpunkt definiert sich ISIS noch als ein Zweig von Al-Qaida und Abu Bakr al-Baghdadi erkennt die Autorität von Aiman al-Zawahiri als unumstrittener Emir von Al-Qaida durchaus an.

McGurk äußert sich unmissverständlich. In den Jahren 2011 und 2012 habe es jeweils etwa 4.400 Tote durch »anhaltende und gezielte Gewalt« im Irak gegeben. Die meisten Anschläge in beiden Jahren seien durch »von Al-Qaida geführte extremistische Gruppen« verübt worden. Die in beiden Jahren anhaltende und gezielte Gewalt habe jedoch »nicht die Sicherheit des Staates bedroht oder ein Wiederaufleben des Bürgerkrieges« bedeutet. Einen Zusammenbruch des irakischen Staates habe man Ende 2012 nicht befürchten müssen. Als einen »Aufruhr, der auf kleiner Flamme kocht«, so kennzeichnet McGurk die Situation der beiden Jahre im Irak. Eine ernsthafte Gefahr, dass der irakische Staat angesichts der anhaltenden Gewalt kollabieren würde, habe zum Jahreswechsel 2012/2013 noch nicht bestanden.

Zugleich sei jedoch in beiden Jahren der Bürgerkrieg in Syrien eskaliert. McGurk lässt in seinem Vortrag keinen Zweifel, dass angefacht durch rivalisierende Regionalmächte und die Weigerung des Assad-Regimes, im politischen Dialog eine Lösung zu suchen, Syrien 2011 und vielmehr noch 2012 für dschihadistische Terrorgruppen zum magnetischen Anziehungspunkt geworden war. Den Abgeordneten ist klar, über welche rivalisierenden Mächte McGurk spricht, auch wenn er sie nicht beim Namen nennt. Die Islamische Republik Iran unterstützt mit allen politischen, aber vor allem militärischen Mitteln das Assad-Regime. Die Islamische Republik will sich als potentiell nukleare Militärmacht im Nahen und Mittleren Osten fest etablieren und als vorherrschende Regionalmacht am Golf endgültig anerkannt sein. Nur so, das wissen die frommen Herrscher des Iran, können sie auf lange Zeit ihre eigene Macht im Iran garantieren. Die schiitische Achse von Teheran über Bagdad, Damaskus bis hin nach Beirut wäre durch den Sturz von Baschar al-Assad unterbrochen. Teheran versorgt das Assad-Regime mit einem ununterbrochen fließenden Nachschub an Waffen, lässt darüber hinaus seine terroristischen Kettenhunde, die libanesische Hisbollah, von der Leine und sendet zudem ganze Bataillone der iranischen Revolutionsgarden nach Syrien.

Saudi-Arabien, die Vereinigten Emirate und Katar hingegen unterstützen vorzugsweise alle islamistischen und dschihadistischen Gruppen, die mit unterschiedlicher Zielsetzung ihren Terrorkrieg zum Sturz des Baschar al-Assad führen. Gegen die Armee des Baschar al-Assad, gegen seine Milizen, aber vielmehr noch gegen die syrische Zivilbevölkerung. In christlichen und alevitischen Siedlungsgebieten sind unvorstellbare Massaker an der Bevölkerung an der Tagesordnung. Während im Westen darüber diskutiert wird, wie der syrische Bürgerkrieg, der sich 2012 zunehmend in einen klassischen Religionskrieg verwandelt, beendet werden kann, versorgen Saudi-Arabien, Katar und die Vereinigten Arabischen Emirate die in Syrien kämpfenden dschihadistischen Gruppen mit Waffen. Geld spielt keine Rolle. Aus den Moscheen der arabischen Halbinsel heraus trommeln die Imame für den Dschihad in Syrien und werben unablässig neue Rekruten an. Zwei Jahre lang ignoriert der Westen diese Entwicklung weitestgehend. Dass mit den Golfstaaten die wichtigsten Verbündeten des Westens ausnahmslos jede dschihadistische Terrorgruppe in Syrien hochrüsten, wissen die westlichen Dienste, die westliche Politik ignoriert dieses Faktum geflissentlich. Dem völkermordenden Treiben des Baschar al-Assad steht die westliche Politik hilflos gegenüber, ebenso dem terroristischen Morden der dschihadistischen Terrorgruppen in Syrien. Baschar al-Assad und seine Verbündeten, die Islamische Republik Iran und Russland führen den Westen wie einen hilflos umhertapsenden Tanzbären, dem die Augen verbunden sind, vor. Aus Berlin, Washington, London und Paris tönt der Ruf nach politischen Lösungen, nach Dialog und Friedenskonferenz. Die werden abgehalten, und alle Beteiligten wissen schon vor ihrer Anreise, dass nach ihrer Abreise selbstverständlich keine Lösung gefunden worden sein wird. Der Westen weigert sich, vergleichsweise moderate Widerstandsgruppen mit Waffen auszurüsten – aus Angst, die Waffen könnten in die falschen Hände geraten. Ein wenig überzeugendes Argument. Nach dem Sturz des libyschen Diktators Muammar al-Gadafi waren dessen prall gefüllte Waffenarsenale über Wochen für jedermann frei zugänglich – dschihadistische Gruppen wussten sich zu bedienen und die Waffen in Syrien einzusetzen. Die Waffen wurden mit Geldern aus den Golfstaaten finanziert. Das faktische Waffenembargo des Westens gegen die moderaten Widerstandsgruppen führte zudem dazu, dass immer mehr Kämpfer dieser Widerstandsgruppen zu den dschihadistischen Terrorgruppen überliefen. Die sogenannte moderate syrische Opposition war in sich selbst zersplittert, fand keine gemeinsame Plattform, ihre Kämpfer richteten sich darauf aus, wer ihnen Waffen, Geld und Erfolg versprechen konnte. Die wenigsten kämpften für Freiheit, Demokratie und Menschenrechte.

Das alles ist den Abgeordneten des US-Repräsentantenhauses an diesem 5. Februar 2014 zumindest in Umrissen wohl bekannt. Was sie dann jedoch von Brett McGurk vernehmen, ist in dieser Deutlichkeit öffentlich noch nie gesagt worden. Während für den Al-Qaida-Ableger, die Al-Nusra-Front, das primäre Ziel darin bestanden habe, das Assad-Regime zu stürzen und dabei mit anderen Widerstandsgruppen zusammenzuarbeiten, habe ISIS von Anfang an nur ein Ziel gehabt: das Erkämpfen des Islamischen Kalifats von Bagdad über Syrien bis in den Libanon hinein. Abu Bakr al-Baghdadis Vision beschränke sich nicht allein auf den Sturz des syrischen Diktators. Dies sei für den Mann, der sich zu diesem Zeitpunkt schon längst als den wahren und einzigen Nachfolger des Osama Bin Laden sieht, nur eine eher marginale Zwischenstation auf dem Weg zur Realisierung seines eigentlichen Ziels: durch den Dschihad und nur auf diesem Weg allein das Kalifat wieder zu errichten und es auf Dauer zu konsolidieren.

McGurk weiß natürlich um die Brisanz seiner Ausführungen. Für ISIS ist es wichtig, sein Ziel, die Errichtung des Islamischen Kalifates, durch Kampf, also Krieg, zu erreichen.

Die Krieger al-Baghdadis sind 2013 schon längst im Libanon präsent. In Tripolis hat sich ISIS im Untergrund eine breite Basis geschaffen, öffentlich bekunden sunnitische Libanesen ihre Sympathie für ISIS. Im palästinensischen Flüchtlingslager Ein al-Hillweh, dem größten Freiluftgefängnis der Welt, agitieren ISIS-Zellen ganz offen.[3] Unter der nur scheinbar ruhigen Oberfläche kocht der Hass nur mühsam unterdrückt vor sich hin. Die religiösen und konfessionellen Verwerfungen zwischen Christen und Muslimen, zwischen Schiiten und Sunniten, Drusen und palästinensischen Flüchtlingen machen den Zedernstaat zu einem brodelnden Hexenkessel, der jederzeit explodieren kann. Die schiitische Hisbollah kämpft an der Seite von Baschar al-Assad in Syrien und ist allein schon deshalb für ISIS ein vorrangiges Ziel. Im Libanon hausen unter unerträglichen Bedingungen 1,2 Millionen syrische Flüchtlinge – bei einer Einwohnerzahl von 4,4 Millionen Menschen. Die Terrorstrategen des ISIS wissen sehr wohl, dass ein einziger Funke den Libanon in die schlimmsten Zeiten des libanesischen Bürgerkrieges, der das Land zwischen 1975 und 1982 zerriss, zurückwerfen kann. Die Terrorbrigaden der unterschiedlichen Parteien haben sich längst positioniert, ihre Waffenarsenale sind prall gefüllt.

Aber auch im Königreich Jordanien herrscht eine nur trügerische Ruhe. Nach dem Ausbruch des »Arabischen Frühling« hat es König Abdallah durch eine kluge Politik mittels Zuckerbrot und Peitsche verstanden, die jordanischen Muslimbrüder einzubinden und die unterschiedlichen salafistischen Strömungen des Königreiches zu kontrollieren. Mit erbarmungsloser Härte verfolgen seine Sicherheitsbehörden den dschihadistischen Zweig der Salafisten, während sie sich mit Vertretern des pietistischen und politischen Salafismus im Dialog befinden. Aber natürlich ist König Abdallah allzu sehr bewusst, dass seine Politik einem Balanceakt über dem Abgrund gleichkommt. Zwei Drittel der Jordanier sind ehemalige palästinensische Flüchtlinge, die sich unter dem Einfluss dschihadistischer Prediger zunehmend radikalisieren und in Abu Bakr al-Baghdadi eine Lichtfigur sehen. Jordanien beherbergt etwa 800.000 syrische Flüchtlinge – bei einer Einwohnerzahl von 6,4 Millionen Menschen. Hinzu kommt, dass in jordanischen Ausbildungslagern unter der Ägide der amerikanischen CIA Kämpfer sogenannter »moderater Widerstandsgruppen« ausgebildet werden. Ein von der CIA heimlich durchgeführtes Programm, das im Nahen und Mittleren Osten selbstverständlich bis in Einzelheiten hinein bekannt ist. ISIS hat seit Beginn seines syrischen Engagements die »moderaten Widerstandsgruppen« erbarmungslos bekämpft, oft genug in enger Kooperation mit den Truppen und Milizen des syrischen Diktators.

Vor diesem Hintergrund, das ahnen die Abgeordneten des Auswärtigen Ausschuss in Washington, bedeuten die Ausführungen von Brett McGurk vor allem eines: In Syrien und dem Irak baut sich in rasanter Geschwindigkeit eine Krise auf, die sich mit herkömmlichen politischen Mitteln nur schwer eindämmen lässt.

ISIS, so erläutert McGurk den Ausschussmitgliedern, sei finanziell bestens ausgestattet, ebenso mit Waffen und Rekruten, die fortlaufend trainiert würden. Seit Januar 2013 registrierten die US-Dienste, dass ISIS weite Teile seines Waffenarsenals aus Syrien in den Irak hinein transportierte: schweres militärisches Gerät, Luftabwehrraketen, Mörser, Granaten. Seitdem sei die Gewalt im Irak sprunghaft angestiegen. Verübte ISIS in den Jahren 2011 und 2012 jeden Monat etwa fünf bis zehn Selbstmordattentate, so sprengten sich im Jahr 2013 Monat für Monat 30 bis 40 in die Luft. Im November 2013 erschütterte eine Serie von 50 Selbstmordattentaten den Irak, im Jahr zuvor waren es im gleichen Monat gerade einmal fünf. Auf den Märkten des Landes, bei Beerdigungen, in den Geschäftsvierteln der Städte sprengten sich Dschihadisten in die Luft. Die Anschläge waren in erster Linie ganz bewusst gegen zivile schiitische Ziele gerichtet, um die Spannungen zwischen Schiiten und Sunniten anzuheizen und so den Konfessionshass weiter zu schüren. ISIS bombte zudem in der Autonomen Region Kurdistan, um die ethnischen Konflikte innerhalb des Irak zu verschärfen, und scheute sich nicht, Selbstmordbomber gegen rivalisierende sunnitische Gruppen einzusetzen. Sunniten, die im Verdacht standen, mit der Zentralregierung in Bagdad einen Ausgleich, eine politische Lösung zu finden, wurden gnadenlos eliminiert. Etwa 9.000 Menschen wurden 2013 dabei getötet. Mehr als doppelt so viel wie in den beiden Jahren zuvor.

Die amerikanischen Dienste registrierten sehr genau, dass die meisten Selbstmordattentäter »ausländische Kämpfer« waren, die durch die exzessive Propaganda von ISIS angelockt, zunächst nach Syrien reisten, um von dort aus im Irak als Attentäter eingesetzt zu werden. Das Interesse der westlichen Öffentlichkeit an den Vorgängen im Irak war nicht mehr vorhanden. Die USA waren abgezogen. »Wie wir beobachten konnten, waren Selbstmordattentäter der Wendepunkt. Sie haben vernichtende Auswirkungen auf die Stabilität des Irak. Sie verfügen über ein ausgeklügeltes globales Netzwerk, das in der Lage ist, Attentäter zu rekrutieren, zu trainieren und Menschen dazu zu verleiten, Selbstmord und Massenmord zu begehen«, referiert Brett McGurk vor dem Ausschuss. »In der perversen Logik von ISIS sind Selbstmordattentäter ein extrem kostbares Einsatzmittel. Es war mehr als nur sehr aussagekräftig, als ISIS zu Beginn 2013 begann, dieses ›Einsatzmittel‹ aus Syrien in den Irak zu schleusen.«

ISIS setzt diese menschlichen »Einsatzmittel« militärisch sehr effektiv ein. Zunächst nähern sich die menschlichen Bomben ihrem Ziel, beispielsweise gut gesicherten Regierungsgebäuden, und jagen sich selbst in die Luft. Das blutige Chaos nutzen dann gut trainierte und bestens ausgerüstete ISIS-Kämpfer, dringen in das Gebäude ein und versuchen es so lange wie möglich zu halten. So geschehen am 14. März 2013, als sich fünf Selbstmordattentäter vor dem Justizministerium in Bagdad in die Luft sprengten. Sofort drangen weitere ISIS-Krieger in das Ministerium ein, nahmen Geiseln und konnten sich über mehrere Stunden halten, bevor sie sich selbst und ihre Geiseln töteten.

»Was wir derzeit beobachten, ist Teil einer gut kalkulierten, koordinierten Kampagne von ISIS unter der Führung von Abu Bakr al-Baghdadi. Diese Kampagne hat das klar definierte Ziel, den Zusammenbruch des irakischen Staates zu verursachen, und im Westen des Irak und im Osten Syriens eine Region zu erobern und die unter die Regierungskontrolle von ISIS zu bringen.« Aber Brett McGurk ist nicht der einzige Experte, der am 5. Februar 2014 vor dem warnt, was sich da aufbaut. Aus berufenem Munde ertönt nur Tage später die gleiche Kunde, als Michael Flynn, Direktor des Militärgeheimdienstes DIA, vor dem Geheimdienstkomitee von Senat und Abgeordnetenhaus auftrat. Er prophezeite, dass »ISIS wahrscheinlich innerhalb der ersten sechs Monate des Jahres 2014 versuchen wird, Territorien in Syrien und Irak einzunehmen, um seine Stärke zu beweisen«.[4] Genau davor warnen Anfang des Jahres sowohl der Nationale Geheimdienstkoordinator James Clapper als auch CIA-Direktor John Brennan. Die US-Dienste stützen sich in ihren Analysen nicht nur auf eigene Erkenntnisse, vielmehr noch auf die befreundeter Dienste aus dem Nahen und Mittleren Osten, die erfahrungsgemäß viel unmittelbarer am Geschehen dran sind.

Der jordanische Geheimdienst ist traditionell in Syrien und im Irak bestens vernetzt und sehr gut aufgestellt. Das Zauberwort ist Human Intelligence oder »Humint«, also das Gewinnen von Erkenntnissen durch menschliche Quellen vor Ort, der Einsatz eigener Agenten vor Ort. Die Jordanier warnen spätestens seit Herbst 2013 ihre amerikanischen Kollegen immer drängender, dass das, was sich aus Syrien heraus in den Irak hinein entwickeln würde, eine »massive globale Gefahr darstellt, eine ganz neue Dimension des ›Globalen Dschihad‹, die alles in den Schatten stellt, was wir bisher kennen. Weitaus gefährlicher als Al-Qaida.«[5]

Die kurdischen Geheimdienste teilen das ganze Jahr 2013 über ihre diesbezüglichen Erkenntnisse mit den amerikanischen Diensten, ebenso wie andere nahöstliche Dienste. Ab dem Jahreswechsel 2013/2014 werden die Mitteilungen und Warnungen der Kurden immer drängender. Masud Barzani, der Präsident der Autonomen Region Kurdistan im Nordirak, warnt Washington im Verlauf der ersten sechs Monate des Jahres 2014 mehrmals vor der rapide wachsenden militärischen Macht von ISIS. Gotteskrieger seien innerhalb der nächsten sechs Monate in der Lage, weite Teile Syriens und vor allem des Irak zu erobern und viel schlimmer noch auch auf Dauer zu halten. Mehrmals weist Barzani das Weiße Haus darauf hin, dass die kurdischen Peschmerga-Truppen nur schlecht ausgerüstet und ihre Waffenarsenale schon seit Jahren veraltet sind. Er bittet um die unverzügliche Lieferung von modernen schweren Waffen, um dem kommenden Sturmlauf von ISIS standhalten zu können. Das Weiße Haus lehnt alle kurdischen Bitten kurz und knapp ab.[6]

Aus Südasien erreichen die amerikanischen Dienste im Verlauf des Jahres 2013 Meldungen, dass sich pakistanische Terrorgruppen wie Lashkar e-Jhangvie, Lashkar e-Taiba sowie immer mehr Fraktionen der pakistanischen Taliban zunehmend ISIS annähern und schon seit Anfang 2013 eigene Terrorkader nach Syrien schicken. Kampferprobte Terroristen, Trainer und Instrukteure des Heiligen Krieges. Lashkar e-Jhangvie führt seit Jahren einen vernichtenden Terrorkrieg mit Autobomben und Selbstmordattentaten gegen die Schiiten Pakistans.[7] Der fanatische Hass von ISIS auf alle Schiiten verbindet die beiden Gruppen. Die pakistanischen Taliban sind durch den Drohnenkrieg der USA in Pakistan und eine zunehmend kompromisslosere und härtere Haltung des pakistanischen Militärs ihnen gegenüber geschwächt. Doch seit Jahren haben sie immer wieder öffentlich verkündet, dass ihr Dschihad zugleich auch eine globale Dimension hat. Lashkar e-Taiba galt der überwiegenden Mehrzahl der westlichen Dienste lange Jahre als eine extrem gefährliche, äußerst professionell agierende

Terrorgruppe, die jedoch lediglich regional ausgerichtet sei. Ein Geschöpf der pakistanischen Armee und des pakistanischen Geheimdienstes ISI, das, von beiden Institutionen gelenkt, bei Bedarf im ewig dauernden Krieg um Kaschmir mit dem Erzfeind Indien terroristisch eingesetzt würde. Dass Lashkar e-Taiba spätestens seit 2001 eine enge Verbindung mit Al-Qaida eingegangen war – dieser Tatsache wurde über Jahre keine besondere Bedeutung beigemessen. Ebenso wenig wurde bedacht, dass Lashkar e-Taiba spätestens seit Mitte der neunziger Jahre des letzten Jahrhunderts in Europa aktiv war. In den Balkankriegen kämpfte Lashkar e-Taiba auf der Seite der bosnischen Muslime gegen die Serben und baute vom Balkan aus über Deutschland bis hin nach Großbritannien eine eigene Netzwerkstruktur auf. Spätestens seit dem Massaker in Mumbai, bei dem im November 2008 zehn Lashkar-e-Taiba-Terroristen vor den Augen der Weltöffentlichkeit drei Tage lang die Stadt belagerten und 174 Menschen ermordeten, war westlichen Diensten allerdings klargeworden, das Lashkar e-Taiba durchaus eine globale Zielrichtung gegen den Westen hat. Die Terroristen machten gezielt Jagd auf Bürger westlicher Staaten.

Spätestens seit Sommer 2013 registrieren westliche Dienste deutliche Veränderungen im Gestrüpp der diversen Dschihadistengruppen. Sehr unterschiedliche Dschihadi-Gruppen nähern sich immer mehr dem ISIS des Abu Bakr al-Baghdadi an und entfernen sich von Al-Qaida unter der Führung von Aiman al-Zawahiri. Zawahiris Problem: Der Ägypter sitzt weitab vom eigentlichen Geschehen. Er versteckt sich in Pakistan und muss von dort aus zunehmend hilflos zusehen, wie ihm in Syrien und im Irak in der Person von Abu Bakr al-Baghdadi ein ernstzunehmender und immer gefährlicher werdender Konkurrent erwächst.

Zawahiri hat, nachdem er die Nachfolge von Osama Bin Laden als Führer der Al-Qaida antrat, nie dessen unumstrittene Autorität ausüben können. Ihm fehlt sein Charisma, darüber hinaus gab es innerhalb Al-Qaidas schon seit ihren Gründungstagen starke Aversionen vor allem von saudi-arabischen wie jemenitischen Al-Qaida-Fraktionen gegen die »Ägypter«, wie Zawahiri und seine ägyptischen Brüder skeptisch und leicht abwertend genannt wurden.

Ein Charisma, das Abu Bakr al-Baghdadi ganz unzweifelhaft auszeichnet, nicht zuletzt weil er sehr geschickt und sehr bewusst mit dem Schleier des Verborgenen spielt. Nur wenig ist über seine Person bekannt, ebenso über seinen Werdegang. Al-Baghdadi stammt aus einer Familie ausgesprochen frommer Prediger. Geboren in der sunnitisch dominierten Stadt Samarra nördlich von Bagdad, soll er dort seine Kindheit verbracht haben. Die britische Tageszeitung *The Telegraph* beschreibt ihn als einen in seiner Jugend eher schüchternen und gewaltscheuen Schüler einer Madrassa. In der Fußballmannschaft dieser islamischen Religionsschule sei er als begeisterter Fußballer aufgefallen, schreibt der *Telegraph* und zitiert einen Mannschaftskameraden aus diesen frühen Tagen. »Er war unser bester Spieler«, sagt der, »der Messi unseres Teams.«[8] Angeblich hat der neue Kalif zehn Jahre lang wie ein Einsiedler in einem winzigen Raum einer baufälligen Moschee in Tobchi gehaust, einem verkommenen Slum am westlichen Rand von Bagdad. Bis 2004 soll al-Baghdadi dort seine religiösen Studien betrieben haben. Ob er tatsächlich, wie behauptet wird, einen Doktorgrad im Islamischen Recht erlangt hat, lässt sich nicht zweifelsfrei belegen. Der *Telegraph* zitiert Bekannte aus jenen Jahren, die al-Baghdadi als extrem frommen Salafisten charakterisieren, der auch die kleinste Abweichung von den Gesetzen der Scharia unbarmherzig anprangerte. Als er eines Tages sah, dass anlässlich einer Hochzeit Männer und Frauen in ein und demselben Raum gemeinsam feierten und tanzten, soll al-Baghdadi wutschnaubend den Raum gestürmt und das gotteslästerliche Treiben umgehend beendet haben. Als Abu Musab al-Zarqawi im Irak auf seinem Weg zum gefährlichsten Mann der Welt seinen mörderischen Kreuzzug wider die amerikanische Besatzung begann, stand al-Bagdhadi abseits. Entgegen allen Berichten gibt es keinen Beweis, dass al-Baghdadi sich an dem jahrelangen blutigen Terrorkrieg von al-Zarqawi beteiligte. Amerikanische Geheimdienste verorten ihn in diesen Jahren in Qaim, einer Stadt der sunnitischen Provinz Anbar. Dort soll er unter dem Pseudonym Abu Duaa gelebt und an der öffentlichen Hinrichtung von Sunniten, die gegen die Scharia verstoßen hatten, beteiligt gewesen sein.

Vom schüchternen Schüler zum gefährlichsten Dschihadisten der Welt – al-Baghdadi stilisiert sich zum einen als religiöse Instanz, zum anderen als lebender Märtyrer. Einer, der dem Tod im Namen Allahs ins Auge geschaut und überlebt hat. Die Welt will er in »ein reinigendes Höllenfeuer« stürzen. Al-Baghdadi braucht Feuer und Schwert, er weiß um die Wirkung der öffentlichen Inszenierung bis dahin nie gesehener, unvorstellbarer Grausamkeit. Er weiß, dass er einerseits Angst, Schrecken und Panik verbreitet, weiß aber auch, welche Sogwirkung das Morden seiner Glaubenskrieger in der radikalisierten Community entwickelt. In allen sozialen Netzwerken, auf Facebook, via Twitter, Google+, YouTube ist er präsent, er weiß die Klaviatur der schönen neuen Internet-Welt brillant zu spielen. Wenn seine Anhänger töten, ist das quasi in Echtzeit am heimischen Bildschirm oder auf dem Smartphone mitzuerleben.

Abu Bakr al-Baghdadi ist erfolgreich mit dieser Strategie. Nach der fulminanten Eroberung von Mossul im Juni 2014 und dem darauffolgenden Siegeszug des ISIS strömten aus aller Welt allein im Juli 2014 mehr als 6.000 Dschihadisten in die Türkei und von dort aus ungehindert von den türkischen Sicherheits- und Grenzbehörden in das neu geschaffene Kalifat des Abu Bakr al-Bagdhadı. »Die Rattenlinie zu ISIS kann ohne direkte Kooperation mit türkischen Diensten, ohne das Wissen und Dulden der türkischen Regierung niemals so gut funktionieren«, sagt ein westlicher Geheimdienstmitarbeiter im Gespräch.

Er inszeniert sich selbst sehr geschickt als eine mehr als nur geheimnisvoll aus dem Hintergrund agierende Figur, sorgfältig darauf bedacht, nicht zu viele konkrete Einzelheiten seiner Biographie öffentlich werden zu lassen. Der selbsternannte Kalif führt seine Herkunft direkt auf den Propheten Mohammed zurück, eine Grundvoraussetzung, um das Amt des Kalifen ausüben zu können. Aus ausnahmslos allen Ecken und Winkeln der islamischen Welt strömen ihm unablässig neue Rekruten zu. Von den philippinischen Inseln, aus allen Staaten des islamischen Halbmondes bis hin zu den Gestaden Mauretaniens. Aus allen Ländern des Westens, in denen Muslime leben. In rasanter Geschwindigkeit radikalisieren sich zudem westliche Konvertiten und orientieren sich nicht mehr an Al-Qaida, sondern vielmehr am Kalifat des neuen Kalifen Abu Bakr al-Baghdadi.

Al-Qaida war immer multinational. Niemals jedoch multi-ethnisch. In den Reihen von Al-Qaida fanden sich Saudi-Araber, Jemeniten, Libyer, Syrer, Iraker – Dschihadisten arabischer Herkunft. ISIS hingegen ist multi-ethnisch und richtet von Beginn an seine Propaganda darauf hin aus. In seinen Reihen kämpfen Araber und Türken neben Philippinern, Nordafrikaner aus Algerien, Mauretanien, Tunesien und Marokko, Afrikaner aus der Sahelzone, dem Senegal, aus Somalia, aus Nigeria, Skandinavier genauso wie Briten und Belgier, Franzosen und Deutsche. Sogar aus der Karibik, aus Trinidad, schließen sich vier ISIS-Anhänger Abu Bakr al-Baghdadi an. Im multi-ethnischen Ansatz demonstriert sich der globale Anspruch des ISIS. In den meisten dieser Länder gibt es dschihadistische Netzwerke. Aus all diesen Ländern werden spätestens seit 2012 heraus Verbindungen zu ISIS geknüpft – und deren Verflechtungen werden im Verlauf des Jahres 2013 immer enger.

Den amerikanischen Diensten war also sehr wohl klar, dass sich da im Irak etwas zunächst nur unmerklich aufbaute. Es ist schwer vorstellbar, dass sich ihre Erkenntnisse nicht in den entsprechenden Lageeinschätzungen für ihre Regierung wiederfanden. Doch ihre Analysen werden in den Regierungskanzleien offensichtlich nicht gelesen, zumindest ihre Warnungen ignoriert oder nicht ernst genommen. So muss es James Clapper, den Nationalen Geheimdienstdirektor der USA, mächtig durchgeschüttelt haben, als US-Präsident Barack Obama am 29. September 2014 im Interview mit dem TV-Sender CBS mit dem Finger auf ihn zeigte und ihm in der Sendung »60 Minutes« vor einem Millionenpublikum eine schallende Ohrfeige verpasste. Die amerikanischen Geheimdienste hätten die potentielle Gefahr von ISIS in Syrien unterschätzt und die Fähigkeit der irakischen Armee im Kampf gegen ISIS überschätzt, watscht Präsident Obama seine Dienste öffentlich ab. Ein Versagen der Geheimdienste liege vor. »Der Kopf unserer Geheimdienste, Jim Clapper, hat das eingestanden, denke ich, dass sie unterschätzt haben, was dort in Syrien stattfand.« Eine Aussage, die einen früheren leitenden Pentagon-Mitarbeiter, der mit der ISIS-Akte sehr wohl vertraut war, mehr als nur verblüfft: »Entweder liest der Präsident die Geheimdienstberichte nicht, die er bekommt, oder er erzählt Mist«, erklärte er dem sicherheitspolitischen Experten des *Daily Beast.*[9]

Im Interview mit dem *New Yorker* hatte Obama, nachdem ISIS im Februar 2014 Falludscha und weite Teile von Ramadi im Irak eingenommen hatte und so eindrucksvoll seine militärische Stärke demonstrierte, ISIS noch als »Juniorteam« des islamistischen Terrors eingeschätzt. US-amerikanische Elitetruppen hatten sich zwischen 2006 und 2008 in beiden Städten im Kampf gegen die Vorgängerorganisation von ISIS, den »Islamischen Staat im Irak« (ISI) mehr als nur sehr schwergetan. Nur langsam und unter erheblichem Blutzoll konnten sie damals den ISI, wie ISIS sich selbst bis 2013 nannte, zurückdrängen. Im CBS-Interview präsentierte Barack Obama nun eine sehr eigenwillige Darstellung der Entwicklungen, die zum fulminanten Aufstieg von ISIS geführt hatten und schob den Schwarzen Peter seinen Geheimdiensten zu. Die jedoch hatten ihn immer wieder vor dem Erstarken des ISIS gewarnt, Obama hatte diese Warnungen in den Wind geschlagen und ignoriert. In den letzten Jahren hätte ISIS sich das Chaos im syrischen Bürgerkrieg stärker zunutze gemacht als erwartet. ISIS hätte sich nach Syrien zurückgezogen und dann von dort aus seine Offensive gestartet. Aus dem Irak vertriebene Al-Qaida-Kämpfer hätten sich in Syrien gesammelt und dort die Dschihadisten-Gruppe IS gründen können. So habe Syrien ein »Ground Zero« für Dschihadisten aus aller Welt werden können. Die Extremisten seien im Umgang mit sozialen Medien »sehr gerissen« und würden Kämpfer aus Europa, den USA, Australien und muslimischen Ländern anlocken, »die an ihren dschihadistischen Quatsch glauben«, sagte Obama weiter. Obamas verniedlichende Formulierung vom »dschihadistischen Quatsch« erinnert fatal an seinen Vorvorgänger, Bill Clinton. Der hatte in den neunziger Jahren Al-Qaida-Terroristen herablassend als Kerle in den Höhlen Afghanistans mit »lächerlichen Kleidern« bezeichnet.

Um eigene Einschätzungsfehler zu kaschieren, ignorierte Barack Obama dreist, dass seine eigene Dienste immer wieder auch in öffentlichen Sitzungen drastisch just vor der Gefahr warnten, die sie laut Barack Obama so sehr unterschätzt hätten. Barack Obamas Versuch, im CBS-Interview die Schuld für das, was sich seit Beginn des Jahres 2014 in Syrien und dem Irak entwickelt hatte, auf seine Geheimdienste abzuwälzen und so die Verantwortung sehr weit von sich selbst fernzuhalten, kommentierte Clemens Wergin in der *Welt* sehr bissig und zutreffend: »CIA und IS: Obama betreibt Geschichtsklitterung«.[10]

In einem anderen Punkt jedoch war Barack Obamas Analyse zweifelsohne zutreffend, wenngleich seine Politik aufgrund der fehlgeleiteten Entwicklungen im Irak nach dem Abzug der amerikanischen Truppen durchaus mit in die Verantwortung zu nehmen ist. Als Hauptschuldigen für die irakische Katastrophe identifizierte Obama den damaligen irakischen Ministerpräsidenten. Die USA hätten Nuri al-Maliki das Land in einem ordentlichen Zustand übergeben. Was Obama nicht erwähnt, ist die Tatsache, dass Malikis brutale Säuberungen auf allen staatlichen Ebenen, in der Verwaltung, den Ministerien, der Armee, Polizei und den Sicherheitsbehörden nicht erst nach dem Abzug der US-Truppen Ende 2011 begannen. Sie begannen vielmehr zu einem Zeitpunkt, als die USA im Irak noch sehr präsent waren und die destruktive Politik Malikis hätten beeinflussen konnten.

Die irakischen Parlamentswahlen 2010 waren in mehrerlei Hinsicht denkwürdig. Wurde die Parlamentswahl 2005 von den Sunniten des Landes fast vollständig boykottiert, gingen 2010 weit mehr als 60 Prozent der Sunniten zu den Urnen. Ausgerechnet die sunnitische Minderheit, die unter Saddam die schiitische Mehrheit unterdrückt hatte und sich nach dessen Sturz ihrer Macht beraubt und durch die Schiiten an den Rand gedrückt sah, suchte sich bei der Wahl 2010 Partner unter den säkular orientierten Schiiten, denen der zunehmend massive Einfluss des Iran im Irak ganz entschieden zu weit ging. Das säkular ausgerichtete, zudem westlich orientierte Bündnis des schiitischen Politikers Iyad Allawi gewann. Zum ersten Mal in der Geschichte des Landes wurden bei einer tatsächlich frei und demokratisch verlaufenen Wahl die starren Konfessionsgrenzen überschritten, was westliche Beobachter ins Grübeln darüber brachte, ob die schreckliche Geschichte des Irak nicht vielleicht doch ein gutes Ende finden würde.

In Teheran schrillten angesichts des Wahlergebnisses und ob dieses sunnitisch-schiitischen Bündnisses alle Alarmglocken. Die Machthaber der Islamischen Republik mussten fürchten, dass sie unter einem Ministerpräsidenten Allawi im Irak massiv an Einfluss verlieren würden. Die US-Regierung stemmte sich kaum noch gegen die Manipulationen Teherans, die nur einem Ziel dienten: den Kandidaten Teherans, Nuri al-Maliki, an die Macht zu bringen. Mit massivem Druck und dem Einsatz von noch mehr Geld auf sich sperrende Politiker ging Teherans Strategie auf. Maliki wurde – wiewohl Wahlverlierer – zum Ministerpräsidenten des Irak gewählt. In Bagdad trat ein US-Diplomat unter Protest von seinem Posten zurück. Die Obama-Regierung überlasse ohne Not und ohne Widerstand zu leisten der Islamischen Republik Iran den Irak. Kaum im Amt, setzte Nuri al-Maliki seine scharfe, dezidiert antisunnitische Politik um. Teherans massive Einflussnahme zeigte sich in den bis 2011 noch sehr vorsichtig durchgeführten Säuberungen, die nach dem Abzug aller amerikanischen Truppen offen und brutal durchexerziert wurden.

Schiitische Todesschwadronen, die von Mitgliedern der iranischen Revolutionären Garden ausgebildet und ausgerüstet wurden, machten erbarmungslos Jagd auf Sunniten. Tag und Nacht drangen Mitglieder der Badr-Miliz in sunnitische Wohngebiete ein, verhafteten wahllos sunnitische Männer, Frauen, gar Kinder. Unzählige Menschen verschwanden spurlos. Die irakische Regierung sah dem mörderischen Treiben tatenlos zu – was nicht verwundern kann, stand die Badr-Miliz doch unter der Obhut des irakischen Innenministeriums, die Mehrheit der Milizionäre auf den Soldlisten des Ministeriums. Sie waren als ordentliche Mitglieder von Polizei- und Sicherheitsbehörden fest angestellt. Ihr Treiben hatte mörderischen Folgen für die Bevölkerung des Irak. Von Januar bis Dezember 2013 starben bei Attentaten und Anschlägen von ISIS mehr als 8.500 Menschen. Im Vergleich hierzu wurden bei Terrorattacken 2011 und 2012 jeweils etwa 4.200 Iraker getötet. Tatsächlich dürfte es 2013 jedoch weit mehr Opfer gegeben haben, da bei weitem nicht alle Anschläge erfasst und Opfer gezählt wurden.

In den schiitischen und den sunnitischen Regionen des Landes verschlimmerte sich nach dem Abzug der US-amerikanischen Truppen die humanitäre Lage der Menschen rapide. Die Ursache hierfür: Der Irak ist elf Jahre nach der Invasion der von den USA geführten »Koalition der Willigen« ein »Failed State«, der die elementarsten Grundbedürfnisse seiner Bürger nicht erfüllen kann. Auf keiner Ebene sind die grundlegenden staatlichen Dienstleistungen auch nur noch ansatzweise verfügbar. Bei einem Land wie dem Irak, der der viertgrößte Erdölexporteur der Welt ist, ein bemerkenswerter Zustand. So betitelte denn auch der Südwestrundfunk im November 2013 eine Reportage, die die irakische Gesellschaft beleuchtete und der Frage nachging, wie fähig oder unfähig der irakische Staat ist, seiner Bevölkerung gegenüber die wesentlichen Dienstleistungen zu erbringen, resignierend »Land ohne Hoffnung«. Die Diagnose der Reporter: Eine ausufernde Korruption im Land sowie die Unfähigkeit von Regierung und Verwaltung bieten Gruppen wie dem ISIS einen idealen Nährboden. Die rasante Zuspitzung der Lage im Irak, die Explosion der politisch wie religiös motivierten Gewalt, ausgeübt von dem sunnitischen ISIS, den unterschiedlichsten schiitischen Milizen, aber auch durch die schiitisch dominierte Zentralregierung resultierte im Wesentlichen aus dem unkontrollierbar tobenden Religionskrieg im Nachbarland Syrien – und der wurde grenzüberschreitend geführt. Von Anfang an durch Teheran mit befeuert, denn Teheran lieferte dem syrischen Diktator nicht nur militärisches Gerät, sondern entsandte vielmehr noch bestens ausgebildete Einheiten seiner Revolutionären Garden sowie Truppenkontingente der libanesischen Hisbollah, die an der Seite der syrischen Armee wie an der der Milizen des Hauses Assad kämpften. Nuri al-Maliki sah darin die Chance, mit seinen sunnitischen Widersachern abzurechnen und darüber hinaus die noch aus der Zeit der Herrschaft Saddam Husseins stammenden offene Rechnungen mit den Sunniten zu begleichen. Es war nicht mehr und nicht weniger als eine systematisch durchgeführte Unterdrückungspolitik, die al-Maliki gegen die Sunniten des Irak ausübte. Kaum verwunderlich, dass die Herrscher Saudi-Arabiens zunehmend nervöser reagierten, was Nuri al-Maliki stoisch ignorierte. Der irakische Ministerpräsident setzte seinen »divide et impera«-Kurs nicht nur konsequent fort, sondern weitete ihn unter dem massiven Einfluss Teherans immer mehr aus.

Bei gezielten Großrazzien verschwanden in sunnitischen Provinzen Tausende Frauen und Männer. Sunnitische Bürgermeister, Abgeordnete und Mitarbeiter von Provinzregierungen wurden verhaftet, in Gefängnisse eingeliefert, in denen Folter aller Art an der Tagesordnung war. In den Gefängnissen des Irak ist die Folter institutionalisiert. Von mittelalterlichen Foltermethoden bis hin zur ausgeklügelten weißen Folter – keine Methode wird ausgelassen, die Gefangenen zu brechen. Systematische Exekutionen sunnitischer Häftlinge waren nach 2011 normal. Ebenso die Todesstrafe, die im Verlauf willkürlicher Gerichtsverfahren allein im Jahr 2013 an 132 Verurteilten vollzogen wurde. Nuri al-Maliki manipulierte die von ihm kontrollierte Politik und ließ gegen ihm ungelegene Kabinettsmitglieder Haftbefehle ausstellen. Der Schiit al-Maliki instrumentalisierte die Justiz gegen sunnitische Araber, denen sich mehr und mehr der Eindruck aufdrängte, eine Besatzung gegen eine andere eingetauscht zu haben.

»Für viele sunnitische Araber hat das Gefühl, einer fremden Besatzung ausgesetzt zu sein, nicht aufgehört«, konstatierte die »International Crisis Group«. Die NGO, die Regierungen, den Vereinten Nationen, der EU und der Weltbank Analysen und Lösungsvorschläge zu internationalen Konflikten anbietet, schreibt, dass aus der Sicht der irakischen Sunniten »die US-Besatzung nur durch eine schiitische ersetzt wurde«. Als die schiitischen Sicherheitskräfte im Dezember 2013 die Büros des irakischen Finanzministers Rafia al-Issawi stürmten und weit mehr als 100 Sicherheitsleute und Mitarbeiter des Ministers inhaftierten, brach sich die aufgestaute Wut der Sunniten freie Bahn. Zur Überraschung aller Beobachter allerdings friedlich und gewaltlos. Die Protestbewegung erfasste von Falludscha, der Heimatstadt des Ministers ausgehend, alle sunnitischen Gebiete. Im Wochenrhythmus demonstrierten Hunderttausende gegen die Politik al-Malikis. Sie errichteten Protestcamps, initiierten Straßenblockaden, organisierten Gremien, um ihren friedlichen Protest zielgerichtet durchzuführen. Die Demonstranten verlangten die sofortige Freilassung der politischen Häftlinge, ein Ende der »Ent-Baathifizierung« und die Annullierung der Antiterrorgesetze. Das System Maliki sollte ersetzt werden durch eine Regierung, die die ethnischen und konfessionellen Gräben überwinden solle. Die Reaktion Malikis ließ in ihrer Härte keinen Zweifel daran, dass der irakische Ministerpräsident nicht nachgeben wollte. Seine Sicherheitskräfte eröffneten das Feuer auf die Demonstranten. Mehr als zehn Demonstranten wurden erschossen, mehr als 100 verletzt, dennoch blieben die weiteren Proteste weitgehend friedlich – bis zum 23. April 2013. In Hawidscha, unweit von Kirkuk, hatten die Demonstranten ein Protestcamp errichtet. Was an diesem Tag genau geschah, ist nach wie vor nicht geklärt. Während die irakische Regierung behauptet, dass aus den Reihen der Demonstranten heraus das Feuer auf die Sicherheitskräfte eröffnet worden sei, woraufhin die das Feuer erwidert hätten, beharrten die sunnitischen Demonstranten, die Sicherheitskräfte hätten das Feuer zuerst eröffnet. Unstrittig ist jedoch, dass sich in den Reihen der Demonstranten durchaus ISIS-Krieger aufgehalten hatten.[11] Mindestens 60 Demonstranten wurden an diesem Tag getötet, die Zahl der Verwundeten ging in die Hunderte.

ISIS reagierte sofort. Für den ISIS war das Massaker ein Geschenk. Jeder friedliche Protest der sunnitischen Demonstranten war nun endgültig diskreditiert. ISIS rief zu den Waffen und die bislang überwiegend friedlich protestierenden sunnitischen Stämme folgten. Sie bildeten eigene Milizen und kämpften zunächst nur an der Seite des ISIS. Die Armee der Männer vom Naqshbandi-Orden, unter der Führung des früheren Generals Saddam Hussein, Izzat al-Duri, starteten erneut ihre bewaffneten Angriffe auf Armee und Sicherheitskräfte. Ebenso die Islamische Armee. Izzat al-Duri war unter Saddam Hussein stellvertretender Vorsitzender des Revolutionären Kommandorates und somit eines der wichtigsten und engsten Führungsmitglieder des ehemaligen Baath-Regimes. In diesem Frühjahr kristallisierte sich die unheilige Allianz aus früheren Baathisten, Nationalisten, Salafisten und Dschihadisten heraus, die ISIS letztendlich im Juni 2014 den Durchbruch ermöglichte. Zusammengeschmiedet von Nuri al-Maliki. Sie bombten in allen Provinzen des Irak gegen schiitische Einrichtungen, Moscheen, in schiitischen Wohngegenden. Was amerikanische Geheimdienste noch Ende 2012 als »Gewalt auf einem beherrschbaren Niveau« einschätzten, geriet ab Januar 2013 sichtbar außer Kontrolle. Von Januar 2013 bis Ende Dezember 2013 wurden über 8.400 Tote registriert. Die Zahl der Opfer religiös und damit zwangsläufig auch politisch motivierter Gewalt hatte sich im Vergleich zu den beiden Vorjahren mehr als verdoppelt.

Die USA standen dieser Entwicklung recht unbeteiligt gegenüber. Froh, dem tödlichen Minenfeld des Irak entkommen zu sein, versuchte Washington nur beschränkt engagiert, die Regierung Maliki zur Mäßigung anzuhalten. Erfolglos. So konnte sich aus den sunnitischen Teilen des Irak und aus dem blutigen Chaos des Religionskrieges in Syrien heraus spätestens seit Beginn 2014 in rasender Geschwindigkeit ein grenzüberschreitender Religionskrieg entwickeln, der weiterhin Massaker schaffen und Massengräber füllen wird. Und jedes dieser Massaker wird aus sich heraus neue Massaker gebären. Im Stammeswahn und religiösem Hass gefangen, stehen sich die Sunniten und Schiiten des Irak unter der Patronage ihrer jeweiligen Schutzmächte unversöhnlicher denn je gegenüber. Es ist kein Wunder, dass es schon jetzt aus den schiitischen Teilen, aus Kerbela und Nadschaf, wo sich die wichtigsten Heiligtümer der Schia befinden, heraustrommelt: Rache. Ein Ruf, der aus dem Territorium von ISIS entgegenhallt: Rache wider einander. Aber, mindestens ebenso brisant: Rache wider die Verursacher der Tragödie, Rache gegen den Westen. Es ist der selbsternannte Kalif Abu Bakr al-Baghdadi, der in seinen Botschaften unermüdlich seine Anhänger auf dieses Ziel einschwört. Sein Motto: »Ich sehe euch Typen in New York wieder.«

Gefährliche Nachbarn

Als US-Außenminister John Kerry am 8. Oktober 2014 in Washington vor das Pressecorps der amerikanischen Hauptstadt tritt, wirkt er nicht bloß verunsichert und hilflos – er ist es. »So schrecklich es ist, in Echtzeit mit anzusehen, was in Kobane passiert, so muss man doch auch daran denken, dass wir Abstand gewinnen müssen: Sie müssen einen Schritt zurücktreten und das strategische Ziel verstehen.« Worin das genau für die USA besteht, weiß John Kerry an diesem Tag jedoch nicht so ganz genau und dokumentiert so die ganze Hilflosigkeit der einzig verbliebenen Supermacht der Welt angesichts der Tatsache, dass ISIS im Kampf um Kobane den Westen vorführt. Als zaudernd und zögernd, unentschlossen und unsicher – als Papiertiger. Das ist eine der Intentionen des ISIS im Kampf um Kobane und es gelingt ihm. Der Krieg um Kobane ist nicht nur einer, der auf dem Schlachtfeld geführt wird. Vielmehr noch ist es ein psychologisch geführter Krieg, den ISIS, aus seinem Blickwinkel heraus gesehen, gar nicht verlieren kann. Erobern sie Kobane vollständig, dann, so die Logik des ISIS, haben sie die ganze Schwäche des Westens demonstriert. Werden sie aus Kobane hingegen zurückgedrängt, gar aus der Region vertrieben, kann und wird ISIS seinen Anhängern gegenüber behaupten, er habe über lange Monate der geballten Militärmacht der USA heroisch widerstanden und so aus seiner Niederlage vor Kobane einen propagandistischen

Sieg schmieden. Denn seine Anhänger werden dieser verqueren Logik sehr wohl folgen und die sinnlos verheizten ISIS-Kämpfer als Märtyrer für Allah rühmen und deren Beispiel umso begeisterter folgen wollen.

Über Monate tobt der Kampf um Kobane, und zu dem Zeitpunkt der Niederschrift ist nicht abzusehen, ob ISIS Kobane erobern wird oder die Gotteskrieger aus Kobane vertrieben werden. Eines jedoch ist sicher: Kobane ist zum Synonym geworden. Für die Hilflosigkeit der USA, des Westens, der Europäischen Gemeinschaft angesichts einer Gefahr, die direkt und unmittelbar gegen die Gesamtheit des Westens gerichtet ist. Der Westen war 2014 nicht in der Lage – weder militärisch noch politisch –, dieser Gefahr entschlossen entgegenzutreten. Allein schon das kann ISIS für sich als Sieg reklamieren. ISIS hatte die gesamte Region um die Stadt erobert, die Bewohner vertrieben und den Belagerungsring um die Stadt geschlossen. Und dies vorher öffentlich auch angekündigt. Kobane selbst besitzt keinen militärstrategischen Wert. Umso höher jedoch ist seine symbolische Bedeutung. In der Stadt hausen nur noch wenige Zivilisten. Die kurdischen Verteidiger von Kobane sind schlecht ausgerüstet, kämpfen mit veralteten Waffen und rufen die USA und den Westen verzweifelt um militärischen Beistand. Der bleibt aus, Waffen werden auf türkischen Druck hin über Monate nicht an die Verteidiger geliefert.

Am selben Tag wie John Kerry äußert sich auch der Sprecher des amerikanischen Verteidigungsministeriums, Konteradmiral John Kirby: »Wir müssen uns rüsten.« Den Zuhörern des Pentagon-Sprechers ist klar, dass er damit nicht die US-Streitkräfte auffordert, sich umfassend auf einen Kampf gegen ISIS vorzubereiten. Vielmehr ist dies ein Appell an die amerikanische Öffentlichkeit, sich auf unvermeidliche Fernsehbilder vorzubereiten, die den möglichen Fall von Kobane und die dann ganz sicher folgenden Massaker dokumentieren würden. Die öffentliche Ankündigung einer drohenden militärischen Niederlage durch das Pentagon hat ISIS mehr als nur beflügelt. Seine weltweiten Anhänger ebenso. Eine Niederlage zudem auch noch vor den Augen der Weltöffentlichkeit.

Denn einen Steinwurf von Kobane entfernt haben sich auf der türkischen Seite der Grenze Hunderte Journalisten eingerichtet, filmen den Verlauf der Kämpfe, fotografieren den Dauerbeschuss der Stadt durch ISIS und interviewen die Flüchtlinge zum ganzen Horror dieses Krieges. Der Fall von Kobane würde weltweit von einem Millionenpublikum in Echtzeit zu besichtigen sein. Die Eroberung von Kobane durch ISIS würde deren Propagandakrieg im Internet und in allen sozialen Netzwerken eine neue rasante Dynamik verschaffen. Die mächtigsten Nationen können uns nicht stoppen. Das Kalifat hat die stärkste Supermacht der Welt und deren Verbündete vernichtend geschlagen. So oder so ähnlich würde ISIS nach der Eroberung von Kobane trommeln. Aus den islamischen, aber auch aus westlichen Ländern würden ihnen unzählige neue Rekruten für den Dschihad zuströmen. Weltweit würde der Fall von Kobane dschihadistische Terrororganisationen darin bestärken, ihren »Heiligen Krieg« weiterzuführen. Die Anziehungskraft von ISIS würde weit größer werden, sein Anspruch gestärkt, den Platz von Al-Qaida einzunehmen. »Es wird weitere Städte und Dörfer geben, die sie einnehmen«, erklärt der Sprecher des Pentagon dennoch routiniert, »diese Realität müssen wir alle anerkennen.« Kobane wird also fallen, und die USA werden sich damit abfinden – nichts anderes bedeuten diese Aussagen an diesem Tag.

»Die Schande von Kobane«, betitelte einen Tag zuvor *Spiegel online* einen Artikel seines Türkei-Korrespondenten Hasnain Kazim, der die westliche Strategie in Syrien geißelt. Für die Türkei und den Westen sei Kobane nur ein Ort unter vielen an der 822 Kilometer langen Grenze zwischen der Türkei und Syrien.[1] Fällt Kobane, dann kontrolliert ISIS eben einen Ort mehr. Eine Sichtweise, die zu diesem Zeitpunkt in westlichen Regierungskreisen vorherrscht, wenngleich sie öffentlich so nicht formuliert wird.[2] Die Dynamik, die Durchschlagskraft und die Fähigkeit von ISIS, seine offenkundig unbegrenzten Ressourcen an Mensch und Material zielgerichtet einzusetzen, wird sträflich unterschätzt, obwohl der Siegeslauf des ISIS das Gegenteil belegt. Ebenso wie die Dynamik des seit drei Jahren in Syrien tobenden Religionskrieges.

Aus Sicht der USA besitzt Kobane keinen strategischen Wert. Die USA wollen unter keinen Umständen als militärischer Akteur in den blutigen Sumpf des syrischen Religionskrieges hineingezogen werden. Angesichts des unterwarteten Siegeszugs des ISIS hat sich die US-Regierung dazu entschlossen, 5.000 Kämpfer der sogenannten moderaten Opposition gegen den syrischen Diktator Baschar al-Assad auszubilden. 5.000 Kämpfer gegen etwa 35.000 kampferprobte ISIS-Terroristen, die allein in Syrien kämpfen. In Washington machen Militärs und Politiker kein Hehl daraus, dass ISIS weder in Syrien noch im Irak auf lange Zeit hinaus Einhalt geboten werden kann. Allein die notwendigen Strukturen, die Abläufe und die Ausbildung der moderaten Kämpfer zu planen und umzusetzen würde mindestens fünf Monate dauern, heißt es aus dem Pentagon. Hinzu kommt, dass ganze Einheiten der moderaten Opposition in der Vergangenheit immer wieder zu ISIS übergelaufen sind.

Mit ihren Waffen. Zudem kämpfen immer wieder Einheiten der moderaten Opposition gemeinsam mit dem Al-Qaida-Ableger, der Al-Nusra-Front, die sich bedingungslos den Befehlen von Aiman al-Zawahiri, dem derzeitigen Emir von Al-Qaida, unterordnet. Auf breiter Front und sehr massiv die moderaten Oppositionskräfte in Syrien aufzurüsten, um sie im Kampf gegen ISIS einsetzen zu können, scheut man sich in Washington. In Europa sowieso. Nach wie vor gilt es, sich nicht in die syrischen Angelegenheiten einzumischen. Die Einsicht, dass es gerade diese Politik der Nichteinmischung war, die ISIS erst hat mächtig werden lassen, ist nicht vorhanden. Die hat ISIS die Zeit und die Möglichkeit gegeben sich mit Hilfe seiner Sponsoren aus den Golfstaaten auf der syrischen Bühne aufzustellen, zu organisieren und hochrüsten zu lassen und eine breite auf lange Zeit wirksame, terroristische Infrastruktur zu etablieren.[3] Syrien und der Irak haben längst Afghanistan und Pakistan den Rang abgelaufen, was die Qualität des Terrors sowie das Gefährdungspotential für die Sicherheit der Menschen im Westen angeht. Die immer wieder im Westen geäußerte Angst, möglicherweise gelieferte Waffen könnten in die falschen Hände gelangen, ist da eher irrelevant. Selbstverständlich würden westliche Waffen in die falschen Hände geraten, das lässt sich in keinem Kriegs- und Spannungsgebiet vermeiden. Im Nahen Osten sowieso nicht. Denn der Verkauf der Waffen ist sehr lukrativ. Schon vor dem Fall von Mossul im Juni 2014 verfügte ISIS über ein unbegrenztes Arsenal an Waffen und Munition. Aus Russland, China, den USA und aus allen Ländern der EU.

Die ISIS-Krieger sind ganz entschieden zu gut ausgebildet, zu gut ausgerüstet und finanziell zu gut ausgestattet, um von 5.000 moderaten syrischen Kämpfern zurückgedrängt, gar besiegt werden zu können. Der ununterbrochene Nachschub an Waffen aller Art garantiert ISIS seine militärische Durchschlagskraft. Auf dem Schwarzmarkt des internationalen Waffenmarkts kann sich ISIS ungebrochen bedienen. Geld ist kein Problem und die türkischen Grenzen weit geöffnet. Die mobilen Kampfeinheiten sind zu wendig unterwegs und mit Luftschlägen allein nicht zu besiegen. Aus der Wüste heraus stoßen sie blitzartig mit ihren Toyota Pick-up-Trucks in Überraschungsangriffen vor, greifen die Stellungen ihrer Gegner an, ziehen sich zurück, um anderen Ortes genauso wieder vorzustoßen. »Sie sind mit dieser Taktik einfach nicht fassbar«, erklärt ein kurdischer Peschmerga-Kommandant in Kirkuk. Einzig und allein ein womöglich jahrelanger Einsatz von Bodentruppen könnte ISIS auf lange Sicht vernichten. Doch Präsident Barack Obama verkündet einem ewigen Mantra gleich, dass er unter keinen Umständen den Einsatz von Bodentruppen befehlen wird. Stattdessen ordnet er im August 2014 »humanitäre« Operationen der Luftwaffe an, zur Rettung der Jesiden, die auf dem irakischen Bergmassiv Sindschar von ISIS-Terroristen eingekesselt waren. Der Einsatz der amerikanischen Luftwaffe, aber mehr noch das beherzte Vorgehen der kurdischen PKK-Guerillatruppen, die einen Korridor zu den belagerten Jesiden freikämpften, hatten den drohenden Genozid aufgehalten.

Wird Kobane durch ISIS erobert, das wird dem Außenminister wie dem Pentagon-Sprecher sehr wohl bewusst gewesen sein, dann wird es zu ethnischen wie religiösen Säuberungen kommen. ISIS wird unter den Augen der Welt in seinem religiösen Blutwahn Rache nehmen, Menschen von Kobane die Köpfe nehmen, sie kreuzigen, sie totschlagen. Wann und wo immer ISIS in den Wochen und Monaten zuvor Dörfer und Städte im Irak oder in Syrien eingenommen hatte, ging ISIS nach dem immer gleichen Muster vor. Dem der Selektion. Der folgte im besten Fall die Vertreibung. Wer nicht vertrieben wurde und sich dem Religionsdiktat von ISIS nicht beugte, wurde getötet.

Während John Kerry seinen Auftritt vor der versammelten Presse absolviert, toben in Kobane erbitterte Straßen- und Häuserkämpfe zwischen eingedrungenen ISIS-Kämpfern und den Verteidigern der Stadt. Drei Tage vor Kerrys Auftritt in Washington war es ISIS am 5. Oktober gelungen, den strategisch wichtigen Hügel Mistenur südwestlich von Kobane zu erobern. Von dort aus kann man das gesamte Stadtgebiet zielgenau mit Mörsern und Granaten beschießen. Als die Lage sich zuspitzt, trifft Arin Mirkan eine weitreichende Entscheidung und wird zur Ikone des Widerstands von Kobane. Die junge Frau mit den langen schwarzen Haaren ist nicht religiös, träumt nicht vom Paradies. Im Gegenteil. Sie kämpft in den Reihen der marxistisch-leninistischen kurdischen Volksverteidigungseinheiten (YPK), die die Stadt vor ISIS verteidigen. In den Reihen der YPK sind viele kurdische Frauen, sie gelten als Elitekämpferinnen und sind besonders motiviert – wissen sie doch, was sie erwartet, fallen sie ISIS in die Hände. Für die fanatischen Glaubensterroristen ist es eine wahre Horrorvorstellung, gegen Frauen zu kämpfen. Sterben sie im Kampf gegen Frauen, so ihre Überzeugung, erwartet sie ewige Verdammnis und nicht die Wonnen des Paradieses. Arin Mirkan kämpft vor den Toren der Stadt gegen die anstürmenden ISIS-Terroristen. Als sie umzingelt wird, sprengt sie sich selbst in die Luft, reißt mehr als ein Dutzend ISIS-Kämpfer mit in den Tod. Arin Mirkan hinterlässt zwei kleine Kinder.[4]

ISIS hat zu diesem Zeitpunkt etwa 7.000 Kämpfer um

Kobane zusammengezogen. Aus der eingekesselten Stadt rufen die Menschen via Twitter und per Telefon verzweifelt um Hilfe. Sie rufen Tag für Tag, Woche für Woche vergeblich nach amerikanischen Bomben, nach Granaten und Raketen und Waffenlieferungen, auf dass sie überleben können. Die kurdischen Kämpfer sind Allahs Killern militärisch hoffnungslos unterlegen. Der Westen ist sehr bestürzt – ansonsten geschieht nichts. Die kurdische Partiya Yekitiya Demokrat (PYD) und ihr militärischer Arm (YPK) sind Verbündete der Arbeiterpartei Kurdistan (PKK) – und die will man im Westen weder direkt noch indirekt militärisch hochrüsten. Allerdings hat sich die PKK seit dem Sturmlauf des ISIS im Irak als einzige militärische Gruppe erwiesen, die den ISIS-Terroristen erfolgreich Paroli bieten konnte, obwohl ihre Bewaffnung hoffnungslos veraltet ist. Dennoch sind die 15.000 PKK-Kämpfer die effizienteste und schlagkräftigste Truppe in der ganzen Region. Die Männer und Frauen der PKK sind äußerst diszipliniert und als Guerillakämpfer weithin gefürchtet. Mit Rücksicht auf den Nato-Partner Türkei, gegen den die PKK seit mehr als drei Jahrzehnten einen mörderischen Guerillakrieg führt, weigern sich die westlichen Staaten jedoch, den Verteidigern von Kobane mit Waffenlieferungen zur Seite zu stehen. Kobane ist so zur Chiffre der Hilflosigkeit des Westens geworden, eine Hilflosigkeit, die ISIS sehr wohl registriert und seinen blutigen Kreuzzug entsprechend orchestriert. Zum Kalkül von ISIS gehört es, die kommenden Massenmorde in aller Offenheit vorab anzukündigen. »Allein gegen den Terror«, titelt *Der Spiegel* im Oktober 2014 und beschreibt »die Unfähigkeit des Westens, mit diesem Krieg direkt an der Grenze der Nato umzugehen«.[5] Den hoffnungslosen Kampf der Kurden gegen »Allahs gottlose Armee« hatte das Magazin schon zwei Wochen zuvor zum Titelthema gemacht und düster, aber zutreffend orakelt: »Kobane ist das Menetekel für den Kampf gegen den Islamischen Staat – und es könnte zu einem Symbol des Scheiterns werden, zu einem neuen Srebrenica, einem Ort, an dem die Welt zusieht, wie ein vorhersehbares und vermeidbares Massaker geschieht.«[6]

Mitte September hatte ISIS seine Blitzoffensive gegen die mehrheitlich von syrischen Kurden besiedelte Region Rojava begonnen, in der auch die Distriktionshauptstadt Kobane liegt. Innerhalb weniger Tage hatte ISIS etwa 300 Dörfer erobert und die Bewohner vertrieben. Zehnausende retteten sich in die Türkei. Etwa 2,5 Millionen Menschen leben in der Region. Im Verlauf des syrischen Bürgerkrieges und nach dem Beginn des erfolgreichen Blitzkrieges von ISIS im Irak flohen über 1,2 Millionen Menschen in die de facto autonome Region. Binnenflüchtlinge aus Syrien und vor allem Jesiden aus dem Irak.

Am 12. November 2013 hatte eine Koalition der kurdischen Partiya Yekitiya Demokrat (PYD), der christlichen Suryoye-Einheitspartei sowie verschiedenen Kleinstgruppen eine Übergangsverwaltung aufgestellt, um die Verwaltung der Region wieder aufzurichten und die Versorgung der Bevölkerung in der durch den syrischen Bürgerkrieg zerstörten Region neu zu organisieren. Es war das erklärte Ziel der Koalition, die multi-ethnische und religiöse Situation im Norden Syriens in Regierung und Verwaltung widerzuspiegeln, ein demokratisches System aufzubauen, inklusive einer Frauenquote von 40 Prozent auf allen Ebenen der Verwaltung. Seit Dezember 2013 befinden sich die drei Kantone der Region faktisch unter kurdischer Selbstverwaltung. Wie die Kurden der Autonomen Region im Irak streben sie ein säkulares, demokratisches System an.

Über Twitter riefen die Menschen in Kobane seit dem 15. September 2014 verzweifelt nach Luftunterstützung durch Flugzeuge der US Air Force. Stattdessen kamen US-Panzer, die ISIS bei der kampflosen Einnahme von Mossul im Juni 2014 in die Hände gefallen waren. »Die USA könnten ISIS bei Kobane in einem Tag erledigen, wenn sie es wollten«, klagen Bewohner der Stadt am Telefon.

Eher zögerlich entschloss sich die US-Regierung, ab dem 27. September 2014 die vorrückenden ISIS-Terroristen aus der Luft anzugreifen. Zudem versorgte die US-Luftwaffe die Verteidiger von Kobane ab dem 20. Oktober vereinzelt mit Waffen. Ein Tropfen auf den heißen Stein, zumal die Waffen aus dem ausgemusterten Waffenarsenal der kurdischen Peschmerga stammten und nicht annähernd an die modernen Waffenbestände von ISIS heranreichen. Die USA glaubten Rücksicht auf den Nato-Verbündeten Türkei nehmen zu müssen.

Die Regierung in Ankara hatte schroff jede Waffenlieferung an die Verteidiger der Stadt blockiert. Die Luftangriffe der USA erbrachten nur magere Ergebnisse. »Fünf ISIS-Kämpfer getötet«, »eine Mörserstellung zerstört«, »zwei Humvees vernichtet«, vermelden die Tagesberichte des Pentagon lakonisch. Die ausgesprochen zögerliche Hilfe der USA für die Verteidiger Kobanes erklären Sprecher des Pentagon und Militäranalytiker damit, Hauptziel des amerikanischen Engagements sei die Stabilisierung des Irak. Angriffe in Syrien sollten lediglich die Rückzugsgebiete von ISIS schwächen und seien keine humanitären Aktionen. Allein: Ebenso wenig wie in Syrien konnten die Luftschläge der USA und ihrer Verbündeten den Vormarsch von ISIS im

Irak stoppen. Diese neue »Koalition der Willigen« besteht auf dem Papier aus mehr als 40 Staaten, darunter auch solchen Staaten der Golfregion, die den Aufstieg des ISIS erst ermöglicht haben. Da wird der Brandstifter zum Feuerwehrmann. Weder in Syrien noch im Irak wurde ISIS wesentlich geschwächt. Ein US-Generalleutnant verlautete, man habe zwar »das Tempo verlangsamt«, mit dem ISIS weiter vordringe, die ISIS-Milizen seien jedoch »weiter darauf aus, größere Gebiete zu gewinnen«. Während sich die Aufmerksamkeit der Weltöffentlichkeit auf Kobane fokussierte und US-amerikanische Kampfflugzeuge ihre Angriffe in beiden Ländern flogen, erzielte ISIS im Irak wie in Syrien vom Westen unbemerkt massive und strategisch bedeutende Geländegewinne. Die Aufmerksamkeit des Westens fokussierte sich ausschließlich auf den Kampf um Kobane. Von dort kamen die Fernsehbilder, die Fotos, die Berichte. Was nicht bebildert werden, per Video in die Wohnzimmer des Westens transportiert werden kann, findet ganz einfach nicht statt und wird nicht wahrgenommen. In Syrien eroberte ISIS weitere Erdöl- und Gasfelder, die Einnahmen in die Kriegskasse spülen.

In der strategisch wichtigen irakischen Provinz Anbar stieß ISIS unbehelligt weiter vor, eroberte sunnitische Dörfer und Städte, überrannte Armeeposten und Polizeistationen. In Anbar befinden sich viele militärische Anlagen, darunter die Militärbasis Ain al-Asad, eine der wichtigsten im Irak. Nach der Eroberung zweier Militärbasen fielen ISIS erneut riesige Waffenlager, gefüllt mit modernstem Militärgerät der irakischen Armee, in die Hände. Anfang Oktober 2014 eroberte ISIS die beiden Städte Hit und Kubaischa und unterbrach die Versorgungswege und Kommunikationsstränge der Regierungstruppen. Nach der Einnahme der beiden Städte begannen die Massaker. Der Ratsvorsitzende der Provinz Anbar, Sabah Karhut, berichtet von dreißig sunnitischen Männern, die von ISIS in Hit am Straßenrand aufgestellt und dann erschossen wurden. In Kubaischa seien weitere 150 Männer, Frauen und Kinder exekutiert worden. Im Dorf Ras al-Maa seien am 31. Oktober 2014 mindestens 85 Menschen von ISIS getötet worden. Fünfzig weitere sunnitische Menschen habe ISIS am 30. Oktober erschossen. Am selben Tag wurden zwei Massengräber entdeckt, in denen ISIS-Kämpfer 220 Leichen sunnitischer Stammesangehöriger verscharrt hatten. »Diese Morde werden weitergehen Tag für Tag, so lange, bis ISIS aufgehalten wird«, meint Sabah Karhut resigniert am Telefon. Auf die Nachfrage, ob die irakische Armee in der Lage sei, den Siegeszug von ISIS durch die Provinz Anbar zu stoppen, schweigt er lange. »Bisher jedenfalls nicht«, meint er dann müde.[7]

Die Strategie des ISIS war offensichtlich: Würde ISIS die Provinz Anbar beherrschen, die Militärbasen erobern und das neu eroberte Territorium halten können, dann würde sich die Schlagkraft von ISIS unerhört erhöhen. Die *Washington Post* zitierte den irakischen Sicherheitsexperten Said al-Jayashi mit den Worten: »Sollte der Islamische Staat Anbar kontrollieren, könnte er von dort aus Ziele in Bagdad ernsthaft bedrohen. Die Regierung würde den Haditha-Damm verlieren und die Regierungstruppen müssten sich zurückziehen.«[8] Der Haditha-Damm ist neben dem Mossul-Damm der wichtigste Staudamm im Irak. Wenn der ISIS den Damm kontrolliert, wäre die Wasser- und Energieversorgung in weiten Teilen des Landes unter seiner Kontrolle.

Die Provinz Anbar war Geburtsort und Epizentrum des

sunnitischen Aufstands unter der Führung der beiden Vorläuferorganisation von ISIS in den Jahren nach der US-amerikanischen Invasion des Irak. Al-Qaida im Irak (AQI) und ab Oktober 2006 der »Islamische Staat im Irak« (ISI) lieferten die Blaupause für die spätere Entwicklung von ISIS. Ideologisch, religiös, organisatorisch.

Erst nachdem die USA die sunnitischen Stämme mit Millionen Dollar bestochen hatten und ihnen eine gleichberechtigte Teilhabe an der Macht in Bagdad in Aussicht stellten, wechselten die sunnitischen Stämme die Fronten und bekämpften die Dschihadisten im Irak erfolgreich. Zumal die USA den sunnitischen Stammesführern ihren Anteil an den Erdöleinnahmen des Irak garantierten. Beide Zusagen der USA wurden nach dem Abzug der US-Army 2011 von der schiitischen Regierung unter der Führung von Nuri al-Maliki ignoriert. Die brutale Unterdrückungspolitik des irakischen Ministerpräsidenten gegen die Sunniten seines Landes trieben die sunnitischen Stämme des Irak in die Arme von ISIS.

Angesichts dessen ist es verwunderlich, dass die USA tatsächlich davon ausgingen, dass ausgerechnet Saudi-Arabien und die sunnitischen Herrscher am Golf ihren Einfluss auf die sunnitischen Stämme des Landes nutzen würden, sich wie in den Jahren 2006 bis 2008 gegen die Dschihadisten zu stellen, um so ISIS zu bekämpfen. Zumal der rasante Aufstieg von ISIS in so kurzer Zeit nicht ohne die massive finanzielle, logistische und militärische Unterstützung aus den Golfstaaten sowie dem saudischen Königreich möglich gewesen wäre. Die sunnitischen Prinzen und Emire am Golf fürchten nichts mehr als den Aufstieg der Islamischen Republik Iran zur alles dominierenden Regionalmacht. Einem Kaninchen gleich, das aus Angst wie schockgefroren vor der Schlange sitzt, beobachten die sunnitischen Herren der arabischen Halbinsel Teherans erfolgreiches Bestreben, zur Nuklearmacht aufzusteigen. Ein Weg, auf dem die Islamische Republik nicht mehr zu stoppen scheint. Nichts fürchten die Herrscher am Golf mehr als die schiitische Bombe, durch die die Islamische Republik Iran ihre dann unangreifbare Vorherrschaft am Golf auf ewig festzementieren würde. Dass die US-Regierung Iran auf seinem Weg zur Bombe mit politischen, diplomatischen oder gar militärischen Mitteln stoppen könnte oder auch nur wollte, glaubt mittlerweile keiner der Herrscher am Golf mehr. Grund genug für die Prinzengarde, jede dschihadistische Gruppe zu unterstützen, die die Schiiten des Irak und damit indirekt Teheran bekämpft.

»Die Saudis gebrauchen zum einen Terrorgruppen wie ISIS oder die Al-Nusra-Front als Knüppel, mit dem sie Teheran schlagen wollen. Indem sie ISIS und Al-Nusra in Syrien mit Geld und Waffen unterstützen, versuchen sie Baschar al-Assad zu stürzen, um damit Teherans Einfluss in der Region einzudämmen und die schiitische Achse Teheran–Bagdad–Damaskus bis hin nach Beirut zu brechen«, erklärte in Paris 2013 ein französischer Diplomat im Hintergrundgespräch und fügte zwei politische Handlungsstränge Saudi-Arabiens zueinander. »Zum anderen gehen sie parallel dazu denselben Weg, den die Mullahs gegangen sind. Sie werden ihrerseits unter dem Vorwand der friedlichen Nutzung den nuklearen Kreislauf etablieren und schließen wollen und so eines schönen Tages im Besitz der Bombe sein. Barack Obama wird als der Präsident in die Geschichte eingehen, der den Nahen und Mittleren Osten vollends verloren hat. Darüber hinaus wird er der Präsident sein, der der hemmungslosen nuklearen Proliferation ausgerechnet im Nahen und Mittleren Osten Tür und Tor geöffnet hat. Der Mann, der eine atomwaffenfreie Welt versprochen hat, wird, wenn er das Amt verlässt, der Welt das Gegenteil hinterlassen.«[9] Der Diplomat spielte damals auf einen Besuch Barack Obamas in der tschechischen Hauptstadt an. Vor der Kulisse der Prager Burg skizzierte Barack Obama am 5. April 2009 vor Zehntausenden Menschen sein wichtigstes außenpolitisches Ziel. Er gab im Namen der USA das Versprechen ab, »eine Welt ganz ohne Atomwaffen zu schaffen«. Global Zero! »Yes, we can!«, versprach Obama unter dem frenetischen Jubel seiner Zuhörer.

»Nein, er kann es eben nicht«, kommentierte ganz undiplomatisch der französische Diplomat in Paris. »In Genf hat Barack Obama sein Versprechen gebrochen.« Das dort am 24. November 2013 mit dem Iran geschlossene Interimsabkommen bezeichnete er als einen »Kniefall des Westens vor der Islamischen Republik«. Das Abkommen, das von den westlichen Edelfedern des politischen Feuilletons geradezu hymnisch besungen wurde, beließ dem Iran alle Vorräte an schwach angereichertem Uran. Nach dem Bericht der IAEA vom 14. November 2013 sind das 7.154,3 Kilogramm – Material für fünf bis sechs Bomben. Nur schwach, nicht wie für den Bau einer Bombe nötig, hoch angereichertes Uran. Kein Problem für den Iran, wie der derzeitige Präsident des Landes 2005 in einer geheimen Sitzung des obersten kulturellen Revolutionsrats seine Zuhörer zu beruhigen wusste. Der einzige Unterschied zwischen zivil verwendbarem, auf bis fünf Prozent angereichertem Uran und waffenfähigem Material sei die politische Entscheidung, das Uran hoch anzureichern.

Der Mann hat recht, was jeder Nukleartechniker weiß. Der Iran darf darüber hinaus ausnahmslos alle Anreicherungszentrifugen behalten. Zum Zeitraum des Interimsabkommens waren das 19.500. 2014 sind es ungleich mehr. Auch darf der Iran nach dem Abkommen weiterhin Uran anreichern. Wenngleich nur mit 10.000 Zentrifugen, was die Bestrebungen Teherans jedoch nicht verlangsamt, denn der Iran hatte bis zum Zeitpunkt des Abkommens sowieso mit nur 10.000 Zentrifugen angereichert. Seinen Vorrat von etwa 410 Kilogramm Uran, das auf 20 Prozent angereichert wurde, soll der Iran wieder auf 3.5 bis 5 Prozent abreichern. Allein: Der Vorgang ist binnen ein bis höchstens drei Wochen wieder umkehrbar. Am Schwerwasserreaktor in Arak sollen keine weiteren Veränderungen mehr durchgeführt werden. Was durch Inspektionen der Wiener IAEA kontrolliert werden sollte. Allerdings hat der Iran das Zusatzprotokoll zum Überwachungsregime der IAEA zwar unterschrieben, jedoch niemals ratifiziert, was bedeutet, es bleibt wirkungslos. Mein französischer Gesprächspartner deklinierte einen Punkt des Interimsabkommens nach dem anderen durch und zerpflückte beinahe genüsslich das Abkommen, das als Durchbruch bejubelt wurde. Selbiges sah vor, dass nach sechs Monaten eine endgültige Regelung gefunden werden sollte. Was sechs Monate später, nicht sonderlich verwunderlich, keineswegs der Fall war. Die Verhandlungspartner verlängerten die Frist. Bis zum 24. November 2014. Dann sollte endlich die endgültige Regelung gefunden sein. Was ebenfalls nicht der Fall war. Man vertagte sich auf eine weitere sieben lange Monate Fristverlängerung. Teheran reichert weiter an.

Der Iran, so führte mein Gesprächspartner weiter aus, habe in den letzten Jahren eine breite »militärische Nuklearstruktur etabliert« und alle technischen Schwierigkeiten auf dem Weg zur Bombe gemeistert, inklusive der Probleme bei der Entwicklung eines fortgeschrittenen Atomsprengkopfes nach dem Zwei-Punkt-Implosionssystem. Der Iran sei im Besitz von Mittelstreckenraketen, ausgelegt für den Transport nuklearer Sprengköpfe. »Der Iran rüstet nuklear auf, nicht ab«, so der Diplomat, der sein Land lange Jahre im Nahen Osten vertreten hat. Das habe »unabsehbare Folgen. Nicht nur regional, sondern auch global. Willkommen im Zeitalter der nuklearen Proliferation«, meinte er sardonisch.

Einschätzungen, die in den Hauptstädten der explosivsten Ecke dieser Welt geteilt werden. Dort gilt Barack Obama als »der schwächste Präsident, den die USA seit dem Zweiten Weltkrieg hatten«. Den Militärmachthabern in Kairo und Algier, den Monarchen in Rabat und Amman, den Prinzen und Sultanen am Golf ist eines gemeinsam: Sie haben jedes Vertrauen in die Führungsstärke der USA verloren. Sie glauben nicht mehr an eine politische Lösung des Nuklearstreits mit dem Iran. »Diplomatisch können die USA es nicht mehr verhindern, militärisch wollen sie es nicht«, zitierte der Diplomat saudische Gesprächspartner. Die Antwort der sunnitischen Potentaten auf die schiitische Nukleararrüstung hin zur Bombe hatte der saudische König Abdallah bereits 2009 in schonungsloser Offenheit dem damaligen Nahost-Beauftragten Obamas, Dennis Ross, gegeben. »Wenn die Iraner Atomwaffen bekommen, dann bekommen wir sie auch«, bekräftigte König Abdallah im Gespräch auf mehrfaches Nachfragen gegenüber Ross.[10] Aus Sicht der Herrscher am Golf bleibt ihnen nur eines: sich selbst nuklear hochzurüsten. Ausgerechnet in der gefährlichsten Weltregion droht so unmittelbar ein unkontrolliertes nukleares Wettrüsten. In einer Region, in der es das erklärte Ziel des ISIS ist, die Herrscher am Golf zu stürzen, die Macht in den

Golfstaaten zu erringen. In Staaten, die schon jetzt dabei sind, im nuklearen Wettstreit mit Teheran gleichzuziehen. Ein nuklear gerüsteter Naher Osten birgt die Garantie in sich, dass der globale Dschihad eines Tages Zugriff auf nukleares Material und Nuklearwaffen bekommt.

Im saudischen Königreich glaubt man bereits heute einen direkten Zugriff auf Nuklearwaffen zu haben. In Pakistan. Mit mehr als sechs Milliarden US-Dollar haben die Saudis das Atomwaffenprogramm der islamischen Bombe mitfinanziert. Der frühere Leiter des israelischen Militärgeheimdienstes Amos Yadlin sprach anlässlich einer Sicherheitskonferenz im Oktober 2013 in Schweden öffentlich davon, dass in dem Moment, in dem der Iran die Bombe habe, »die Saudis nicht einen Monat warten werden. Sie haben schon für die Bombe bezahlt. Sie werden nach Pakistan gehen und das zurückbringen, was sie zurückbringen müssen.« Nach der Warnung des saudischen Königs Dennis Ross gegenüber, sendeten die Saudis immer wieder eindeutige Signale gen Washington. Garry Samore, bis März 2013 Obamas Berater für die Verhinderung nuklearer Waffen, sagte im Interview mit dem BBC-Magazin »Newsnight«: »Ich denke, dass die Saudis glauben, dass sie mit Pakistan eine Vereinbarung darüber haben, dass sie im schlimmsten Fall ein Anrecht haben, nukleare Waffen von Pakistan zu bekommen.« Ein hochrangiger pakistanischer Regierungsbeamter machte daraus 2013 der BBC gegenüber kein Geheimnis: »Was haben wir wohl gedacht, warum die Saudis uns das ganze Geld gegeben haben? Aus Wohltätigkeit? Wohl kaum.«

Dass die Saudis ebenso wie die Türkei und andere sunnitische Staaten angesichts der kommenden iranischen nuklearen Hochrüstung mit der Islamischen Republik gleichziehen wollen, ist ein offenes Geheimnis. Schon 2006 verkündeten mit Ägypten, Tunesien, Marokko, den Vereinigten Emiraten, Algerien und Saudi-Arabien sechs sunnitische Staaten demonstrativ eine massive Ausweitung ihrer teilweise schon bestehenden zivilen Nuklearprogramme – als Antwort auf die iranische Nuklearrüstung. So will der weltgrößte Ölexporteur Saudi-Arabien bis 2030 mindestens sechzehn Atomreaktoren in Betrieb nehmen. Was einen heute pensionierten Inspektor der Wiener Atomkontrollbehörde IAEA zu einem sarkastischen »Bingo« hinriss. »Die Saudis haben viele Probleme, aber bestimmt keines mit der Energieversorgung«. Wer bei seinem Atomprogramm die technischen Probleme des nuklearen Brennstoffkreislaufs gelöst hat, ist 95 Prozent des Weges zur Bombe gegangen. Der ehemalige IAEA-Inspektor verwies darauf, dass Saudi-Arabien und andere sunnitische Staaten dem Beispiel Syriens folgen könnten. Syrien hatte, obwohl Unterzeichnerstaat des Atomwaffensperrvertrags, in aller Stille und von der Wiener IAEA und westlichen Geheimdiensten über Jahre unbemerkt, einen Plutoniumbrüter aufgebaut. Einziger Zweck: die Produktion von waffenfähigem Plutonium. Die israelische Luftwaffe zerstörte den Brüter 2007 unmittelbar vor seiner Fertigstellung.

Am Geld dürften die nuklearen Ambitionen der Saudis nicht scheitern. An der wissenschaftlichen Expertise ebenso wenig. Saudische Atomwissenschaftler werden seit Mitte der neunziger Jahre in militärischen Nukleareinrichtungen Pakistans aus- und weitergebildet. Westliche Geheimdienste registrieren zudem seit spätestens 2003 einen Braindrain pakistanischer Nuklearwissenschaftler in Richtung Saudi-Arabien. Die Saudis lockten aus dem globalen Pool nuklearer Söldner mit exorbitanten Summen hochspezialisierte Atomwissenschaftler, vorzugsweise aus Südafrika und Russland. Pakistan, schon heute die fünftgrößte Atommacht der Welt mit dem am schnellsten wachsenden Arsenal nuklearer Sprengköpfe, kooperiert seit Beginn der siebziger Jahre mit den saudischen Herrschern. Offiziell wie inoffiziell. Der Vater der pakistanischen Bombe, Abdul Kadir Khan, hielt sich mehr als fünfzig Mal in Saudi-Arabien auf und offerierte die Produkte seines nuklearen Supermarkts. Abdul Kadir Khan zufolge wurde ihm dort zum Dank die saudische Staatsbürgerschaft angeboten.

»Die Hälfte der mehr als 140 pakistanischen Atomwaffen hat mittlerweile saudische Codes«, erklärt der kundige französische Diplomat. Es sei »ein Fakt«, dass auf dem Luftwaffenstützpunkt Kamra unweit von Islamabad ständig zivil angestrichene saudische Transportmaschinen bereitstünden, um pakistanische Atomwaffen nach Saudi-Arabien zu fliegen. König Abdallah und sein Geheimdienstchef hätten die doppelten Codes, mit denen der Transport ausgelöst werde. Nicht die pakistanische Regierung.

Hinzu kommt, dass der grenzenlose Hass des saudischen Königreichs auf alles Schiitische seine Politik bestimmt. Die königlichen Potentaten sind sich im Hass auf die Schia mit der wahhabitischen Geistlichkeit des Landes einig. Der britische *Independent* schildert eine aufschlussreiche Begegnung zwischen dem damaligen Leiter des britischen Auslandsgeheimdienstes MI6, Sir Richard Dearlove, und dem damaligen saudischen Botschafter in den USA, Prinz Bandar, unmittelbar vor 9/11. Bandar, der später die Leitung des saudischen Geheimdienstes übernahm, wandte sich in herzerfrischender Offenheit an den britischen Geheimdienstchef: »Richard, es dauert nicht mehr lange, dann wird es im Mittleren Osten heißen: Gott helfe den Schiiten. Mehr als eine Milliarde Sunniten haben ganz einfach genug von ihnen.« Sir Dearlove verstand diese Aussage sehr wohl richtig. »Ich erinnere mich noch sehr, sehr gut daran«, bestätigt Sir Dearlove anlässlich eines Vortrags vor dem britischen Royal Services Institute, »das war ein eiskalter Kommentar.«[11] Sir Dearlove analysierte den blitzartigen Vorstoß des ISIS im Juni 2014 ganz nüchtern: »Dass ISIS auf diese Art und Weise in die sunnitischen Gebiete des Irak hat vordringen können, ist die logische Konsequenz der substantiellen und anhaltenden Finanzierung. Solche Dinge passieren nicht spontan.«[12] Die Botschaft des ehemaligen Chefs des britischen Auslandsgeheimdienstes war unmissverständlich: Die Saudis finanzierten ISIS in der Vergangenheit und in der Gegenwart. Double Game. Saudi-Arabien päsentiert sich dem Westen gegenüber als verlässlicher Partner im Kampf gegen den Terror, einen Terror, den das Land selber schuf und bis heute ungebrochen weiter unterstützt.

Britische Geheimdienste gehen ebenso wie ihre westlichen Partnerorganisationen davon aus, dass Saudi-Arabien Raketensysteme besitzt, mit denen nukleare Sprengköpfe transportiert werden können. Das Land habe seine 1988 in China gekauften CSS-2-Mittelstreckenraketen inzwischen modernisiert. Darüber hinaus, das belegen Satellitenaufnahmen, sind die Raketensilos der unterirdischen Militäranlage al-Sulayyil, hundert Kilometer südlich von Riad, mit Langstreckenraketen des Typs Ghauri bestückt. Ausgelegt für Atomsprengköpfe. Geliefert von Pakistan. »Die saudischen Herrscher sitzen auf einem morschen Thron«, meint dazu der französische Diplomat. »Wenn die Saudis die Bombe haben und das Haus Saud zusammenstürzt, dann weiß niemand, wer danach den Finger am nuklearen Abzug hat.«

Der Zusammenbruch des Hauses al-Saud ist durchaus im

Bereich des Möglichen. Die Herrscher des Wüstenstaates sind just denen mehr als nur verhasst, die über lange Jahre von den saudischen Prinzen alimentiert wurden. Die dschihadistischen Gotteskrieger des ISIS haben nie ein Hehl daraus gemacht, dass sie die Hand, die sie füttert, abbeißen wollen. Sie verachten und hassen die wahhabitischen Herrscher Saudi-Arabiens. In deren Lebensstil sehen sie Verrat, gar Abfall vom Glauben und drohen ihnen offen Tod und Vernichtung an. Eine Drohung, die man in Riad erst 2013 richtig ernst genommen hat. Seither fließen zumindest keine staatlichen Gelder mehr an ISIS – was reiche Privatiers und religiöse Stiftungen des Königshauses nicht abhält, ISIS fleißig weiter mit zu finanzieren. Die Saudis finden sich so unversehens zwischen Skylla und Charybdis wieder:

Lassen sie die sunnitischen Stämme weiterhin an der Seite von ISIS gegen die Schiiten des Irak kämpfen, haben sie ein wohlfeiles Druckmittel gegenüber Teheran. Dabei müssen sie zweierlei in Kauf nehmen. Zum einen wird ISIS immer stärker, gewinnt zunehmend Macht und wird so mittelfristig zu einer sehr realen Bedrohung ihrer Herrschaft. Zum Zweiten stärken sie ironischerweise ausgerechnet den von ihnen so sehr gehassten Erbfeind – die Islamische Republik Iran. Denn im Westen mehren sich die Stimmen, den syrischen Schlächter Baschar al-Assad sowie dessen Patron und Paten, die Islamische Republik Iran, im Kampf gegen ISIS mit ins Boot zu holen. In Teheran vernimmt man diese Stimmen zutiefst befriedigt. Tatsächlich verhandeln die USA hinter den Kulissen schon seit geraumer Zeit mit den Mullahs über eine Kooperation im Kampf gegen ISIS. Die sind nicht abgeneigt – wissen sie doch, dass der Westen für ihre Kooperation einen Preis zahlen muss und auch geneigt ist, diesen zu entrichten. Teheran verlangt, dass der Westen im

Streit um die nukleare Rüstung des Iran nachgibt und substantielle Konzessionen macht. Darüber hinaus erwartet Teheran von den USA, als die dominierende Macht am Golf anerkannt zu werden.

Entziehen die sunnitischen Herren der arabischen Halbinsel den sunnitischen Stämmen und ISIS hingegen jede Unterstützung und drängen die Sunniten des Irak gar dazu, ISIS wie in den Jahren zwischen 2006 und 2008 zu bekämpfen, riskieren sie nicht nur einen erbarmungslos geführten Terrorkrieg in ihren Staaten. ISIS wird in Saudi-Arabien und in den umliegenden Golfstaaten mit einer Serie von Terroranschlägen antworten. Die saudischen Herrscher riskieren vielmehr den Aufstand ihrer eigenen Bevölkerung. Weite Teile der sunnitischen Geistlichkeit machen kein Hehl aus ihrer Sympathie für ISIS. Glaubt man zudem demoskopischen Umfragen, teilt eine Mehrheit der saudischen Bevölkerung sowie der Emirate am Golf die Ziele von ISIS. Die Herrschaft der Potentaten steht auf mehr als nur tönernen Füßen.

Die Idee der USA, den Brandstifter zum Feuerwehrmann zu machen, war von Anfang an zum Scheitern verurteilt. Denn Saudi-Arabien ist seit mehr als vier Dekaden der Hauptsponsor des islamischen Terrors. »Auch wenn Saudi-Arabien, Katar, die Vereinigten Emirate und Bahrain nun Mitglieder der Koalition der USA gegen ISIS sind, werden sie doch niemals einen ernsthaften Krieg gegen ISIS führen können«, analysiert im November 2014 in Berlin ein westlicher Sicherheitsexperte die Aussichten dieser Koalition, ISIS in kurzer Zeit zu besiegen. »Militärisch sowieso nicht. Politisch stehen die Chancen auf lange Sicht gesehen schlecht. Die sunnitischen Stämme werden über Jahre hinweg keinen Versprechungen Bagdads, sie an der Macht zu beteiligen, trauen können. Im Übrigen wird das Teheran zu verhindern wissen. Also wird die Mehrheit der sunnitischen Stämme weiterhin ISIS unterstützen. Für ISIS ist das derzeit eine Win-win-Situation.«

Die Massaker, die ISIS 2014 zielgerichtet an den Mitgliedern der sunnitischen Stämme verübte, die in der Provinz Anbar an der Seite der schiitischen Regierungstruppen aus Bagdad gegen ISIS kämpften, taten ein Übriges und waren eine klare Botschaft von ISIS an möglicherweise schwankende sunnitische Stämme. Die wurde sehr wohl verstanden.

Im persönlichen Gespräch mit dem sunnitischen Scheich Ali Hatem al-Suleiman im August 2014 in Erbil, der Hauptstadt der Autonomen Region Kurdistan, benennt dieser ganz unverblümt die Ursache des Krieges: »Die Regierung in Bagdad ist eine Marionette des Iran. Solange der Irak unter dem iranischen Joch leidet, solange die Regierung des Irak ihre schiitischen Milizen in den Krieg gegen die sunnitischen Stämme schickt, solange werden wir an der Seite von ISIS kämpfen. ISIS ist für jeden sunnitischen Stamm in jedem Fall das kleinere Übel. Die schiitischen Milizen werden von iranischen Revolutionsgardisten ausgebildet, ausgerüstet und geführt. Mehr als zehntausend iranische Revolutionsgardisten und Mitglieder der Al-Quds-Brigaden, dem terroristischen Auslandsarm der Revolutionären Garden des Irans, kämpfen im Irak gegen die Sunniten.« Eine Aussage, die durch die Erkenntnisse westlicher wie nahöstlicher Geheimdienste gestützt wird.[13] Der 43 Jahre alte Scheich sitzt in seinem modern ausgestatteten Büro und gibt sich unerbittlich. »Die Sunniten haben 2013 zuerst friedlich gegen die Politik Malikis protestiert und ihre Rechte eingeklagt. Die Antwort von Maliki war mehr als nur klar. Er ließ die schiitischen Milizen von der Leine, Tausende starben und verschwanden in den Gefängnissen.« Scheich Ali gilt unter den sunnitischen Stammesführern des Irak als Hardliner, er stützt sich auf mehr als drei Millionen Stammesangehörige, die ihm treu und unbedingt gehorchen. In dem neuen irakischen Ministerpräsidenten Haider al-Abadi sieht er lediglich eine weitere Marionette Teherans. Er glaubt nicht, dass Abadi sich »von seinen schiitischen Herren in Teheran lösen kann und will. Wir glauben nur noch an Taten, denn Worte und Versprechungen sind billig zu haben.« Die Sunniten verlangen nicht mehr und nicht weniger als weitestgehende Autonomie, eine eigene sunnitische Armee, Polizei und Sicherheitsbehörden sowie den ihnen zustehenden Anteil an den Erdöleinnahmen des Irak.

Auf die Bemerkung, dass dies auf ein Zerbrechen des Irak und eine faktische Unabhängigkeit vom Irak hinauslaufe, nickt der Scheich. Auf die Frage, warum die Schiiten, die in Öl schwimmen, die Sunniten, die nur unerhebliche Erdölvorkommen haben, an den Ölerträgen des Landes teilhaben lassen sollen, nickt er wieder. »Deswegen ist dies ein Krieg, der sehr, sehr lange geführt werden muss«, lautet seine Antwort. Ein Krieg, auf den der Westen noch nicht einmal ansatzweise vorbereitet ist. ISIS beherrscht im Herbst 2014 ein Territorium, das so groß ist wie Großbritannien und erzielt Tag für Tag weiter Geländegewinne. In weit mehr als fünfzig Terrorcamps werden die ISIS-Terroristen für den Kampf in Syrien wie im Irak trainiert. Darüber hinaus für den Terrorkrieg in westlichen Ländern. Zu groß ist jetzt, nach dem Erfolg des ISIS die Angst der Regierungen in Europa, den USA, in Kanada und auch im weit entfernten Australien, dass die dschihadistische Terrorbedrohung in der westlichen Welt sehr reale mörderische Folgen haben wird. ISIS hat seine weltweiten Anhänger aufgerufen, in allen westlichen Ländern wahllos Anschläge zu verüben. Die folgen dem Aufruf zum Terror. In Australien wollten afghanische ISIS-Anhänger Bürger auf offener Straße entführen, sie vor laufender Kamera enthaupten und dann die Videos im Internet veröffentlichen. In Kanada ermordete im Oktober 2014 ein ISIS-Anhänger zunächst einen Soldaten und drang in das Parlamentsgebäude ein, wo er dann erschossen wurde. Zwei Tage zuvor hatte ein ISIS-Anhänger in Saint-Jean-sur-Richelieu im Osten Montreals mit seinem Wagen zwei Soldaten angefahren, einer der beiden starb. Im Mai 2014 verübte ein ISIS-Terrorist einen Terroranschlag auf das jüdische Museum in Brüssel. Ein israelisches Touristenpaar und eine französische Besucherin des Museums starben, ein Museumswärter wurde später für »klinisch tot« erklärt. Der Täter war 2013 nach Syrien gereist und hatte dort in den Reihen des ISIS gekämpft.

Westliche Sicherheitsdienste sind sich mittlerweile in ihrer Analyse einig, dass ISIS eine weitaus größere Gefahr für Leib und Leben westlicher Bürger ist, als es Al-Qaida jemals war. ISIS ist zu einer global agierenden Massenbewegung geworden, die einen immer größer werdenden Zustrom an potentiellen Kämpfern hat. Der Westen steht dem hilflos gegenüber. »Machen wir uns nichts vor«, sagt Anfang November 2014 ein deutscher Verfassungsschützer. »Wir stehen schon längst im Krieg. ISIS hat dem Westen diesen Krieg erklärt, Woche für Woche hören wir von jungen Männern und Frauen, die nach Syrien und in den Irak pilgern, um sich ISIS anzuschließen. Das sind Leute, die wir niemals zuvor auf dem Schirm hatten. Wir kannten die vorher gar nicht. Wir wussten rein gar nichts über die.«

Türkische Machtspiele

Der Entschluss, einen Krieg zu führen, wird dem US-amerikanischen Präsidenten Barack Obama wohl nach einem Golfspiel und dem danach folgenden medialen Sturm der Entrüstung, der da über ihn hinweg gefegt war, gekommen sein. Dem US-Reporter James Foley war von einem ISIS-Killer vor laufender Kamera der Kopf abgesäbelt worden. Das grausige Video lähmte und schockierte weltweit die Menschen. Nachdem Barack Obama die Kunde vom Tod Foleys vernommen hatte, gab er pflichtschuldig eine Erklärung an: Der Mord an Foley, so Obama, »schockiert das Bewusstsein der gesamten Welt«. Obama verdammte den Mord »auf das Schärfste«. Es gebe »keinen Platz im 21. Jahrhundert« für die ISIS-Mörder. So sprach der US-Präsident. Dann gönnte er sich ganz relaxed eine Runde Golf. Auf der Insel der ganz besonders Reichen und vielmehr noch ganz besonders Mächtigen Martha's Vineyard in Neuengland. Die Aufregung darüber konnte der Präsident nicht so recht nachvollziehen. »Theater«, äußerte er sich im Interview mit dem US-Sender NBS, sei Teil der Präsidentschaft, sozusagen sein Jobprofil. Eine Aussage, die den medialen Ärger eher verstärkte. Der Tod von James Foley und die Enthauptung des amerikanischen Journalisten Steven Sotloff zwei Wochen später rückte die Gefahr, die ISIS darstellte, der amerikanischen Gesellschaft schlagartig und auf die brutalst mögliche Art und Weise ins Bewusstsein und zwangen Barack Obama zu einer Kehrtwendung um 180 Grad. Der Mann, der angetreten war, Amerikas Krieg zu beenden, muss nun einen neuen Krieg führen, einen, der Jahre dauern wird.

Die USA, allen voran ihr Präsident, führen diesen Krieg gegen ISIS nur zögerlich. Mit einer »Koalition der Willigen«, deren Koalitionäre zudem höchst unwillig den Kampf gegen die Terrorarmee des Kalifen Ibrahim, wie Abu Bakr al-Baghdadi sich jetzt nennen lässt, führen. Ausgerechnet die Türkei, Nato-Partner und EU-Aspirant, sperrt sich seit Beginn dieses Krieges gegen alle Bestrebungen der USA und ihrer westlichen Verbündeten, ISIS effektiv zu bekämpfen. Die USA dürfen keine Luftangriffe vom Luftwaffenstützpunkt Incirlik im Südosten der Türkei fliegen. Kurdische Kämpfer aus der Türkei werden von der türkischen Armee daran gehindert, den Kurden in Kobane zu Hilfe zu eilen. Ankara unterbindet Waffenlieferungen an die Verteidiger der von ISIS belagerten Stadt. Der türkische Präsident Recep Tayyip Erdoğan und der Ministerpräsident des Landes Ahmet Davutoğlu betreiben ihre eigene Politik, führen ihren eigenen Krieg – und der ist nicht gegen ISIS ausgerichtet. Vielmehr gegen die PKK und die Herrschaft des Syrers Baschar al-Assad. Die Männerfreundschaft vergangener Tage zwischen Recep Erdoğan und dem syrischen Diktator Assad ist längst zerbrochen. Vorbei sind die Zeiten, in denen die beiden Staatschefs, samt Ehefrauen, gemeinsam im Urlaub lustwandelten. Den türkischen Präsidenten verbindet mit seinem syrischen Widerpart mittlerweile nur noch eines: Hass. Erdoğan will den Sturz Assads um jeden Preis. Dafür ist dem türkischen Präsidenten ausnahmslos jeder Verbündete recht. Auch und gerade ISIS.

Recep Erdoğan gefällt sich im nahöstlichen Schlachtfeld

in der Rolle eines Machiavelli. Über Monate hinweg schaut Erdoğan ungerührt dem Leiden und Sterben der Kurden von Kobane zu, wohl wissend, was die erwartet, wenn ISIS die Stadt erobert. Der Mann, der Israel bei jeder Gelegenheit des Völkermords am palästinensischen Volk bezichtigt, schaut dem mörderischen Treiben des ISIS ungerührt zu. Sein Ministerpräsident weiß das Treiben von ISIS herzuleiten. Ahmet Davutoğlu spricht beim Thema ISIS nicht wie ein Regierungschef, vielmehr wie ein analysierender Akademiker. »Das Gebilde ISIS kann den Anschein eines radikalen, terroristischen Gebildes haben. Es gibt Türken, Araber und Kurden, die sich ihnen angeschlossen haben. Dieses Gebilde wurde als Reaktion der Empörung auf den vorhergehenden Missmut geboren. Wären im Irak die sunnitischen Araber nicht ausgegrenzt worden, fände heute in Provinzen wie Mossul und Anbar keine Empörung statt. Wäre in Syrien die Führung nicht in der Hand von Vertretern von 12 Prozent der Bevölkerung, wären diese Dinge nicht geschehen. Es gibt eine Gruppe von Menschen, die sich aus Empörung zusammengetan haben.«[1] Wer will, kann aus diesen Worten des türkischen Regierungschefs eine Legitimierung des ISIS herauslesen.

Erdoğan, der in der Türkei der mit Abstand beliebteste Politiker ist und im Westen lange Jahre gerühmt wurde für die demokratische Öffnung seines Landes und seine Wirtschaftsreformen, die dem Land einen zuvor ungeahnten Wohlstand bescherten, hat spätestens seit Anfang 2012 skrupellos dschihadistische Gruppen wie den ISIS oder auch Al-Nusra in ihrem Kampf gegen Baschar al-Assad logistisch, militärisch und finanziell unterstützt. Recep Tayyip Erdoğan ist Islamist und türkischer Nationalist zugleich. Er trauert vergangener osmanischer Herrlichkeit und Macht nach und sieht sich und sein Land in der Nachfolge des Osmanischen Reiches. Die Türkei, so die Vision des türkischen Präsidenten, hat die Aufgabe und Pflicht, die muslimische Führungsmacht zu sein, die sie einst war. Erdoğan erzeugt lediglich den Anschein, ein Demokrat zu sein, demokratisch ist er nicht, was türkische Oppositionelle in den letzten Jahren leidvoll erfahren mussten. »Die Demokratie ist nur der Zug, auf den wir aufsteigen, bis wir am Ziel sind. Die Moscheen sind unsere Kasernen, die Minarette unsere Bajonette, die Kuppeln unsere Helme und die Gläubigen unsere Soldaten«, verkündet er 1997 bei einer Wahlkampfveranstaltung. Eine demagogische Aussage, die heute die programmatische Politik Erdoğans widerspiegelt. Jede Art des demokratischen Protests gegen ihn und seine Politik brandmarkt er als Terror. Gesteuert von destruktiven »dunklen Mächten«, um ihn von der Macht zu vertreiben. Dennoch hält sich im Westen bei vielen Kommentatoren naiv bis heute die verbreitete Mär, derzufolge Erdoğans AKP keine islamistische, sondern vielmehr »eine konservativ kapitalistisch eingestellte Partei« sei.[2]

Erdoğan ist vielmehr von seiner islamistischen Vision und dem Traum längst vergangener osmanischer Herrlichkeit getrieben. Sein Ministerpräsident Ahmet Davutoğlu träumte in der Vergangenheit öffentlich vom »Lebensraum«, den die Türkei im Osten brauche – eine Formulierung, die Deutschen, Polen, Ukrainern und Russen gruselig erscheinen muss. In den Gebieten des ehemaligen Osmanischen Reiches will Ankara seinen Einfluss wiederherstellen, als muslimische Führungsmacht auftreten. Da kümmert ihn das Schicksal von Minderheiten wie den Kurden, Jesiden, Christen und Schiiten Syriens und des Irak nicht sonderlich. »Wenn es um einen Einsatz in Kobane geht, ist der türkische Präsident ein Virtuose hinterhältiger Betulichkeit und ein Meister der Entschleunigung. Erdoğan freut sich an einer Niederlage der Kurden. Recep Tayyip Erdoğan besitzt die Eigenschaften eines Demagogen: den Mut zum äußersten Extrem, die kalte Wildheit, die aus jeder Phrase eine Offenbarung macht, die Stahlhärte der Behauptung, die jedes Anderssein ächtet, und die Beweisführung der Inquisition, die nur Schwarz oder Weiß, jedenfalls kein Mitleid, kennt. Was hat der damalige türkische Regierungschef und heutige Präsident nicht alles über Israels angebliche Schandtaten im Gazastreifen von sich gegeben. Mithilfe rhetorischer Feuerstöße empfahl sich Erdoğan der islamischen Welt als der Schutzherr der Muslime, dem das Schicksal der Geschundenen nahegeht. Spätestens seit dem Sommer 2014 weiß man, was davon zu halten ist. Nichts«, analysiert Jacques Schuster in der *Welt* und beschreibt Erdoğan als »grinsenden Spießgesellen des IS«.[3]

Im September 2014 treffen sich die Vertreter arabischer Staaten und der Türkei in der saudischen Hafenstadt Dschidda mit US-Außenminister John Kerry, um die Finanzströme für ISIS zu stoppen und die Rekrutierungswege zu schließen. Der internationalen Koalition schließen sich fast 40 Staaten an. Die Deutschen liefern unter anderem Waffen an die Kurden, erstmals in ein Kriegsgebiet. Die Koalitionäre unterzeichnen eine Abschlusserklärung, in der der Einsatz militärischer Gewalt auch ohne eine Resolution des UN-Sicherheitsrates diskutiert und ausdrücklich angedroht wird. Saudi-Arabien, Bahrain, die Vereinigten Arabischen Emirate, Kuwait, Katar, Oman, Ägypten, der Irak, Jordanien und der Libanon würden »ihren Anteil« am Kampf gegen »die terroristische Bedrohung« tragen, heißt es in der gemeinsamen Erklärung. Einzig die Türkei verweigert sich und will die Abschlusserklärung nicht unterzeichnen. Glaubt man türkischen Medien, hat die Verweigerung Ankaras nur einen Grund: In dem Dokument ist von einer militärischen Zusammenarbeit gegen ISIS die Rede.

Die Luftschläge der Alliierten gegen ISIS im Irak und in Syrien helfen den in Kobane kämpfenden Kurden, aber sie reichen nicht aus, wie Erdoğan weiß. Er lässt seine Armee einen Steinwurf von Kobane entfernt auffahren – und befiehlt Untätigkeit. Zwar hatte das türkische Parlament der Regierung in Ankara das Mandat erteilt, im Kampf gegen ISIS sowohl in Syrien als auch im Irak Truppen einzusetzen, allerdings nicht nur gegen ISIS. Ausdrücklich billigte das Parlament den Einsatz des türkischen Militärs auch gegen andere Terrorgruppen. Gemeint waren damit vor allem die Guerillas der kurdischen PKK. Treffen würde ein solcher Einsatz jedoch auch die Volksschutzeinheiten der syrischen Kurden YPK, die mit der PKK verbündet sind. Der türkischen Regierung ist die Vorstellung einer funktionierenden »Autonomen Kurdischen Region« in Syrien ein Gräuel. Zu groß ist die Angst in Ankara, dass die Kurden im Süden der Türkei dem Beispiel ihrer syrischen Brüder nacheilen wollen. In Ankara wird die PKK nach wie vor als weitaus gefährlicher angesehen als ISIS. »So, wie die Türkei gegen die Terrororganisation ISIS ist, so ist sie auch gegen die Terrororganisation PKK«, erklärt Recep Tayyip Erdoğan im Oktober 2014 und setzt seine Luftwaffe ein. Allerdings nicht gegen die Terrororganisation ISIS, sondern gegen die kurdische PKK. Die türkische Luftwaffe bombardiert das Hauptquartier der PKK in den irakischen Kangil-Bergen. Erdoğan nimmt damit in Kauf, dass der mehr als nur fragile »Friedensprozess«, den er selbst 2012 mit der PKK initiiert hat, zusammenbricht und die PKK ihren Krieg in der Türkei wieder aufnimmt. Gleichzeitig lehnt der türkische Präsident den Einsatz seiner Luftwaffe gegen ISIS mit wechselnden Begründungen ab.

Den Massenmorden des ISIS steht Erdoğan kühl gegenüber. »Ein Muslim«, so verkündet er am 9. November 2009 im Staatsfernsehen TRT, »kann keinen Völkermord begehen.« Da nimmt es kein Wunder, dass der türkische Präsident die unzähligen Massaker des ISIS an Jesiden, Christen, Kurden, Schiiten und Sunniten nicht wahrhaben will. »Wenn es um die syrischen Kurden geht«, schreibt *Die Welt*, »wandelt sich der ansonsten so quirlige Meister der Entschleunigung, zu einem Virtuosen hinterhältiger Betulichkeit.«[4]

Erdoğan ist dabei, den europäischen Wertekanon vollends zu entsorgen. Allein in Brüssel wie in den europäischen Hauptstädten will man das so nicht wahrnehmen. Die Beitrittsverhandlungen zwischen der EU und der Türkei werden unverdrossen weitergeführt. Ganz sicher gehört es nicht zu dem EU-Wertekanon, dass ein Staat, der Mitglied der Europäischen Union werden will, das Treiben dschihadistischer Gruppen wie ISIS duldet. Sie aktiv unterstützt und erheblich mitfinanziert, sie mit Waffen ausrüstet, und zudem zulässt, dass europäische Dschihadisten ungehindert durch sein Staatsgebiet in einen Krieg reisen können. All dies ist der Türkei vorzuwerfen. Was in Syrien spätestens ab Februar 2012 stattfindet, ist nichts anderes als ein von der Türkei unterstützter Religionskrieg, Krieg zwischen sunnitischen Dschihadisten und der vom Iran gestützten Diktatur des Baschar al-Assad. Darüber hinaus unterstützt die Türkei den ISIS, der im Irak gegen die ebenfalls vom Iran gestützte und beeinflusste Zentralregierung in Bagdad kämpft. Die Regierung in Ankara will um jeden Preis zwei

Ziele erreichen: zum einen den Sturz des verhassten Diktators Baschar al-Assad. Zum anderen will die Türkei verhindern, dass sich in Syrien eine kurdische Autonomie herausbildet, die für die Kurden der Türkei ein Anreiz wäre, von Ankara weitreichende Zugeständnisse einzufordern. Nichts fürchtet der türkische Präsident Erdoğan mehr. Die hilflose Passivität Europas und der USA angesichts des eskalierenden Bürgerkriegs in Syrien trieb Erdoğan dazu, jede dschihadistische Gruppe im Kampf gegen Assad sowohl passiv als auch aktiv zu unterstützen.

Über Jahre hinweg öffnete die Türkei ihre fast 822 Kilometer lange Grenze für die Dschihadisten, die aus allen nordafrikanischen Staaten, aus Saudi-Arabien, dem Jemen und den Golfstaaten, aber auch aus Europa nach Syrien reisten. »Da wir die längste Grenze zu Syrien haben«, schreibt der türkische Kolumnist Orhan Cemal Cengiz, »war die Unterstützung der Türkei für die Dschihadisten unverzichtbar, um in das Land wieder hinein- und auch wieder herauszukommen.«[5] So ist es nicht verwunderlich, dass sich viele Hochburgen des ISIS entlang der türkisch-syrischen Grenze befinden.

Der amerikanische Sender CNN produzierte eine Videodokumentation über »Die geheimen dschihadistischen Schmuggelrouten durch die Türkei«, die die dschihadistische Autobahn in zwei Richtungen belegt.[6] Ohne von lästigen Kontrollen behindert zu werden, passierte ein endloser Strom von ISIS-Kämpfern mühelos die Grenze. Die Türkei entwickelte sich spätestens ab 2012 zum Rückzugs- und Ruheraum für ISIS-Kämpfer. Darüber hinaus unterhielt ISIS auf türkischem Gebiet Waffenlager und Logistikdepots und konnte in den Krankenhäusern im türkischen Grenzgebiet verwundete Kämpfer kostenlos behandeln lassen. Für ISIS ist die Türkei die wichtigste Nachschubbasis für Waffen und Munition. Die türkische Unterstützung des Terrorkrieges des ISIS ging jedoch über passives Hinnehmen der Aktivitäten des Netzwerkes hinaus. Westlichen wie nahöstlichen Geheimdiensten liegen Erkenntnisse vor, denen zufolge die Türkei ISIS einen erheblichen Teil an Geld, Logistik, Training und Waffen zukommen ließ. Der türkische Oppositionspolitiker Ali Ediboglu erklärt im Juni 2013, wie sehr ISIS von der türkischen Unterstützung abhängt: »ISIS ist eine terroristische Organisation, die eine globale Bedrohung darstellt, eine Gruppe, die rücksichtslos tötet und glaubt, Menschen zu töten sei eine Eintrittskarte in den Himmel. ISIS hat in den von ihm kontrollierten Gebieten Öl im Wert von 800 Millionen Dollar gefördert, raffiniert und in die Türkei verkauft.«[7]

Der Politiker der Republikanischen Volkspartei (CPH) weist mit dem Finger auf den türkischen Geheimdienst MIT. »Tausende Kämpfer aus Europa, Russland, aus asiatischen Ländern und aus Tschetschenien haben Syrien und den Irak über die Türkei erreicht. Nichts von all dem kann ohne das Wissen des MIT geschehen.« Nicht nur mit Wissen des MIT konnte ISIS über zwei Jahre lang seine Nachschubversorgung durch die Türkei organisieren. Der MIT war aktiv und sehr unmittelbar darin verwickelt. Die islamistische Hilfsorganisation »Stiftung für Humanitäre Hilfe« (IHH), die der Regierungspartei des Präsidenten Erdoğan nahesteht, organisiert landesweit die Versorgung und Unterbringung der aus aller Welt anreisenden Dschihadisten bis hin zum Grenzübertritt nach Syrien. Der Tageszeitung *Yeni Özgür Gündem* wurde ein Brief des türkischen Innenministers Muammer Güler an den Gouverneur der Provinz Hatay zugespielt. Güler forderte in dem Schreiben, datiert auf den

13. März 2013, die Behörden dazu auf, die anreisenden Dschihadisten, die unter der Obhut des MIT stünden, in Objekten des staatlichen Religionsamtes und in Wohnheimen, die vom Geheimdienst zur Verfügung gestellt würden, unterzubringen. Die Unterstützung der Dschihadisten stünde im Einklang mit den regionalen Interessen der Türkei.[8]

Der türkische Geheimdienst MIT organisierte Waffen- und Munitionslieferungen für die verschiedenen dschihadistischen Gruppen in Syrien. So auch für den ISIS. Waffen, die direkt an ISIS geliefert wurden oder indirekt, weil sich immer wieder sogenannte moderate Rebellengruppen mit ihren vom Westen und der Türkei gelieferten Waffenarsenalen ISIS anschlossen. Der türkische Journalist Tolga Tanis schreibt dazu am 15.12.2013 in der türkischen Zeitung *Hürriyet*: »Die [türkische] Regierung behauptet immer, ›wir besorgen keine Waffen für Syrien.‹ Aber es gibt Belege dafür, dass seit dem Juni 2013 bisher 47 Tonnen Waffen und Munition nach Syrien geschickt wurden. Die Quellen der Beweise sind die Vereinten Nationen (UN) und des türkischen Statistikamtes (TÜIK).« Und weiter: »Ich bin zunächst über die Daten der UN auf die Situation aufmerksam geworden. Die UN hat diese Prozedur anhand der Informationen der staatlichen Grenzzölle begonnen. Alle Import-Export-Aktivitäten in der Welt werden in der Datenbank Comtrade (Warenhandel), die dem Department für Statistik unterliegt, zusammengeführt ... Und seit dem letzten Monat sind die Informationen auf der Website von Comtrade der Öffentlichkeit zugänglich.« Tanis fährt fort: »Besucht man die Seite der Comtrade ... untersucht man den Handel zwischen der Türkei und Syrien ... schaut man dann bei Handel auf die Codenummer '93' für ›Waffen und Munition‹, erhält man aus der Datenbank ein unglaubliches Bild.« Tolga Tanіs präsentiert die Daten der TÜIK über Waffenlieferungen aus der Türkei nach Syrien:

Monat	Art der Ware	Handelswert US-$	Handelswert Türkische Lira
Juni	Waffen-Munition (Code 93)	91.811	177.656
Juli	Waffen-Munition (Code 93)	83.462	161.393
August	Waffen-Munition (Code 93)	271.018	537.706
September	Waffen-Munition (Code 93)	619.035	1.246.945
Oktober	Waffen-Munition (Code 93)	512.843	1.026.291
Gesamt		**1.578.169**	**3.149.991**

»Um Himmels willen«, fragt Tanіs fassungslos, »was ist das für ein Skandal!«[9] Als Anfang 2014 die Staatsanwaltschaft der türkischen Stadt Hatay einem anonymen Hinweis nachgeht und einen Hilfsgütertransport der »Stiftung für Humanitäre Hilfe« (IHH) kontrollieren lässt, erleben die Ermittler eine Überraschung. Statt Lebensmitteln, Kleidern oder Medizin finden die Militärpolizisten Raketen, Waffen und Munition. Ein Agent des türkischen Geheimdienstes deklarierte den Transport als Staatsgeheimnis, der Provinzgouverneur, Celalettin Lekesiz, der der Regierungspartei AKP angehört, ordnete die unverzügliche Weiterfahrt an. Den Militärpolizisten, die den Transport durchsuchten, drohen jetzt Ermittlungen wegen des »Verrats von Staatsgeheimnissen«.

Dies war nicht der einzige Fall eines vom MIT organisierten Waffenschmuggels für ISIS und weitere dschihadistische Gruppen. Am 19. Januar 2014 wird auf dem Weg von Adana nach Dilok ein LKW gestoppt. Die Ladung besteht aus Granaten, Raketen und Munition. Die beiden LKW-Fahrer sagen aus, die Waffen am Esenboga-Flughafen in Ankara empfangen zu haben. Ihr Auftrag: die Waffen an MIT-Beamte in der türkisch-syrischen Grenzstadt Reyhanli zu übergeben. Die Waffen würden an den ISIS und die Al-Nusra-Front verteilt werden. Die Al-Nusra-Front gilt vielen als ein Ableger der Al-Qaida. In Wirklichkeit ist sie jedoch ein direkter Ableger des ISIS. Abu Bakr al-Baghdadi hatte im späten Sommer 2011 ein neunköpfiges Vorauskommando nach Syrien geschickt, das das Terrain für den ISIS in Syrien erkunden und vorbereiten sollte. Der Anführer der Truppe war ein ihm damals eng verbundener ISIS-Kommandeur. Abu Mohammed al-Jawlani nutzte die Gelegenheit, baute erfolgreich eine ISIS-Truppe auf, nur um sich dann sogleich, nachdem er an seiner neuen Rolle als Führer einer schlagkräftigen Organisation Geschmack gefunden hatte, von Abu Bakr al-Baghdadi zu emanzipieren und selbständig zu machen. Es waren wohl eher sehr menschliche, denn theologisch-ideologische Differenzen, die ihn dazu trieben. Auch unter Dschihadis gibt es menschlich allzu Menschliches.

Der Politiker der Demokratischen Partei der Völker (HDP), Ertugrul Kürkcü, beschuldigt den türkischen Geheimdienst, »routinemäßig Waffenschmuggel« zu betreiben.[10]

Der türkische Journalist Deniz Kahraman interviewte für die linksliberale Zeitung *Aydinlik* in Ankara einen ISIS-Dschihadisten. Der Terrorist wurde im Krankenhaus kostenlos medizinisch behandelt. »Die AKP-Regierung hat uns eine Menge geholfen«, so der ISIS-Mann. »Die Türkei hat uns den Weg bereitet. Hätte die Türkei nicht so viel Verständnis für uns gehabt, wäre der Islamische Staat nicht in seiner gegenwärtigen Position. Die Türkei hat uns sehr viel Zuneigung gezeigt. Viele unserer Mudschahedin werden in der Türkei medizinisch behandelt.«[11] Der ISIS-Kämpfer bestätigt zugleich, dass ISIS von saudischen Familien, die sich dem Dschihad verpflichtet fühlen, finanziell unterstützt würde.[12]

Unter dem massiven Druck ihrer Nato-Partner hat die Türkei ab dem späten Sommer 2014 ihre Unterstützung des ISIS gedrosselt, wenngleich nicht völlig eingestellt. Dabei hätte die Regierung in Ankara Gründe genug, ISIS zu fürchten. Aus Sicht des ISIS ist die islamistische Regierung in Ankara entschieden zu säkular und betreibt dadurch Verrat am wahren Glauben. ISIS rekrutiert in der Türkei ganz offen seine Anhänger. In Istanbul und anderen türkischen Städten wie in Konya wehen die schwarzen Flaggen des ISIS. In dessen Reihen kämpfen schon jetzt mehr als 2.000 türkische Staatsbürger. Ein erhebliches Bedrohungspotential für die innere Sicherheit des Landes. Dass ISIS nicht im Geringsten Rücksicht auf einen seiner wichtigsten Unterstützerstaaten der letzten zwei Jahre nimmt, musste die Regierung in Ankara am 10. Juni 2014 schmerzhaft erleben. Nach der Eroberung von Mossul stürmten ISIS-Terroristen das türkische Konsulat der Stadt und nahmen 49 türkische Staatsbürger, unter ihnen den türkischen Konsul, als Geiseln. Nach Monaten, in denen die Türkei mit ISIS direkt über die Freilassung der Geiseln verhandelt hatte, kamen die türkischen Bürger frei. Im Gegenzug verfügte die Regierung in Ankara die Freilassung von knapp 180 ISIS-Kämpfern. Die waren von dschihadistischen Organisationen in Syrien gefangen genommen worden, die mit ISIS in Konkurrenz stehen und von türkischer Unterstützung leben. Um Baschar al-Assad zu stürzen, ist Erdoğan jedes Mittel recht. Er ließ seine Dienste ausnahmslos jede dschihadistische Gruppe unterstützen. Dass die sich gern auch untereinander bekämpfen, interessiert ihn da nicht.

Im späten Sommer 2014 schlug ausgerechnet der türkische Geheimdienst Alarm. In einem knapp 100-seitigen Bericht warnte er die türkische Regierung vor der Gefahr, die ISIS für die Türkei darstellt und forderte ein unverzügliches Einschreiten. Detailliert schildert er das Vorgehen des ISIS in der Türkei und berichtet, wie acht Kinder im Alter zwischen 13 und 17 Jahren von ISIS-Rekrutierern »vergewaltigt und dabei per Handy gefilmt« wurden, um sie für den Kampf des ISIS gefügig zu machen. Die Familien hatten ihre Kinder an ISIS zum Preis von 3.000 Dollar pro Kind verkauft. Der Bericht des türkischen Geheimdienstes listet Punkt für Punkt die Vorwürfe auf, die westlicherseits der Türkei gegenüber erhoben wurden – und bestätigt sie. »Wir haben IS nicht mehr unter Kontrolle«, so die Schlussfolgerung. Nicht mehr, schreiben die Autoren – was nur einen Schluss zulässt: Der türkische Geheimdienst hatte ISIS vorher sehr wohl unter Kontrolle.

Unkontrollierbar ist der Fluss des Geldes, der den Krieg des ISIS am Leben erhält. Das dschihadistische Staatsbildungsprojekt finanziert sich mittlerweile weitgehend selbst. Wie aus einem Terrornetzwerk, das 2010 fast zerstört war, die reichste Terrorgruppe der Welt wurde, erschließt sich den Analytikern irakischer wie westlicher Geheimdienste seit dem 5. Juni 2014. In der Nacht stürmten Mitglieder eines Sondereinsatzkommandos des irakischen Innenministeriums ein Haus in der nordirakischen Stadt Mossul. Den Weg dorthin hatte ihnen Abu Hajjar gewiesen. Der Mann war zwei Wochen zuvor von einem irakischen Geheimdienst verhaftet und Tag und Nacht einer peinlichen Befragung unterzogen worden. Dann begann Abu Hajjar zu reden und anzukündigen, was zwei Tage später die Welt zunächst nur verblüfft und dann in Hilflosigkeit erstarren lässt: der Fall der Millionenmetropole und wichtigsten Industriestadt des Irak. Abu Hajjar war ein Kurier des ISIS und Leibwächter eines der wichtigsten Führungkader. »Über Mossul wird diese Woche ein Inferno hereinbrechen«, prophezeit Abu Hajjar seinen Vernehmern. So beschreibt das der britische *Guardian* schon am 15. Juni 2014 und stützt sich auf einen Geheimdienstbeamten in Bagdad.[13] Stunden später ist der Mann, dessen Namen und Aufenthaltsort Abu Hajjar unter Folter preisgegeben hat, tot. Adnan Ismail Nadschm alias Abdulrahman al-Bilawi, der Kriegsminister und nach Abu Bakr al-Baghdadi der wichtigste Mann des ISIS.

Dem Kommando des irakischen Innenministeriums fällt nach einem heftigen Feuergefecht in Mossul eine wahre Schatztruhe in die Hände. 167 USB-Sticks und Computerfestplatten. Darauf finden sich die echten Namen von mehr als 5.000 ausländischen Dschihadisten, die in den Reihen des ISIS kämpfen. Ebenso ihre *noms de guerre*. Für europäische Geheimdienste eine lohnende Lektüre. Vermerkt sind daneben reihenweise die Namen und Aliase von Informanten und Quellen, die ISIS in irakischen und kurdischen Sicherheitsbehörden, der Polizei, der Armee, in Ministerien

und der Verwaltung des Landes rekrutiert hat. »Es ist un-
glaublich, aber ISIS hat restlos alle staatlichen Ebenen infil-
triert, bis in die höchsten Ebenen«, wundert sich ein irakischer Offizieller im irakischen Innenministerium.[14] Die
Geheimdienstanalytiker, die das Material durchforsten,
sind entzückt und fassungslos zugleich. »ISIS hat mit einer
buchhalterischen Akribie sondergleichen seine Finanzakten
geführt, das finden sie sonst nur bei den Deutschen«, stellt
einer der Auswerter des Materials fest. Im Computermate-
rial findet sich ein weiter Ausriss des Milliardenvermögens,
über das ISIS verfügen kann. Über seine Einnahmen und
Ausgaben, seine Finanzstruktur, über Waffenkäufe, die
Preise für komplexe Waffensysteme bis hin zur einfachen
Kalaschnikow. Ebenso eröffnet sich den irakischen wie
westlichen Auswertern beim Durchforsten der Unterlagen
ein recht genaues Bild über die Verwaltungsstruktur des
werdenden dschihadistischen Staates. Seine Sozialleistun-
gen für Kämpfer und deren Hinterbliebene, deren Herkunft, Bildungsstand und Verwendbarkeit, ihre Besoldung.
Zwischen 200 und 400 Dollar kassieren die Terrorkämpfer
pro Monat. Die Kosten für den Ausbau des Staatsprojektes
des ISIS, für Bildung, Gesundheit und Soziales, den Militär-
und Verwaltungsapparat sind enorm – und ISIS kann sich
das leisten. Auf über 875 Millionen Dollar beläuft sich das
Vermögen des ISIS vor der kampflosen Übernahme von
Mossul.[15] Die war über Monate penibel geplant worden.
Der Zeitpunkt war nicht zufällig gewählt, eher guter Ge-
heimdienstarbeit des ISIS geschuldet, und das führte zum
wohl größten Bankraub aller Zeiten.

In Mossul ist eine Dependance der irakischen Zentralbank. In der befanden sich ein Teil der Goldreserven des
Irak. Ministerpräsident Nuri al-Maliki hatte eine Woche

vor dem Fall der Stadt angeordnet, die Bargeldreserven der Zentralbank aufzustocken. Mit harten Devisen. ISIS war darüber informiert. Das behaupten kurdische und nahöstliche Geheimdienste.[16] Insgesamt soll dem ISIS nach dem 10. Juni 2014 Bargeld in Höhe von 430 Millionen Dollar in die Hände gefallen sein. Ebenso die Goldreserven des Iraks, die in Mossul gebunkert waren. Dazu kommen Waffenarsenale der irakischen Armee, geliefert aus den USA, im Wert von über einer Milliarde Dollar. Der Computerschatz, der den Irakern vor dem Fall von Mossul in die Hände fiel, beleuchtet die Verwaltungs- und Finanzstruktur des ISIS für die Jahre 2012 bis 2014. Er zeigt, wie professionell und ausgeklügelt ISIS mit modernsten Managementmethoden sein Netzwerk strukturiert hat und eigentlich nicht mehr auf barmherzige Spender aus den Staaten der arabischen Halbinsel angewiesen ist. Deren Spendenanteil am Milliardenvermögen des ISIS schätzen westliche Geheimdienste auf etwa fünf Prozent. »Aus Kuwait, aus Saudi-Arabien, Katar und den Emiraten kam sozusagen die Anschubfinanzierung, die notwendig war, um ISIS groß zu machen«, erklärt ein westlicher Fachmann, »aber obwohl ISIS mittlerweile finanziell autark ist, ist der Spendenstrom aus den Golfstaaten ungebrochen.«[17]

Nach wie vor fließen vor allem aus Katar die Spendengelder für den Heiligen Krieg. Aus staatlichen, substaatlichen und privaten Schatullen. Eine Spendenpraxis, die das heilige Töten im Namen Allahs mitfinanziert und in dem glitzernden Emirat seit langen Jahren eine gottgefällige Tradition besitzt, unterstützt und protegiert von der höchsten Führungsebene. Was Fahnder, FBI-Beamte und CIA-Agenten erstmals 1996 leidvoll erfahren mussten. Sie waren auf der Spur des späteren Chefplaners der Anschläge vom 11. Sep-

190

tember 2001, Khalid Scheich Mohammed. Der hielt sich in Katar auf, hatte einen Reisepass des Emirates und der Form halber eine Anstellung als Beamter des dortigen Kultusministeriums. Das FBI schickte ein Agententeam los, um Khalid Scheich Mohammed wegen seiner Beteiligung beim Anschlag in der Tiefgarage des World Trade Centers 1993 zu verhaften. Doch er entkam an Bord eines Flugzeugs, abgeschirmt von hochrangigen Staatsbeamten Katars. So schildern das amerikanische Beamte. Der langjährige Leiter der Terrorismusabwehr im »Nationalen Sicherheitsrat« der USA benennt den ministeriellen Schutz, den der Chefplaner des 9/11, Khalid Scheich Mohammed, genoss: »Scheich Abdullah bin Khalid al-Thani (der damalige Innenminister von Katar) hat Geld an Al-Qaida gespendet, eigenes und auch Geld des Ministeriums. Wir hatten den Eindruck, dass er faktisch ein Mitglied von Al-Qaida war.[18]«

Scheich Abdullah bin Khalid al-Thani ist in Katar bis heute ein hochangesehener Mann, auch wegen seiner großen Frömmigkeit und der damit verbundenen Wohltätigkeit. 1996 amtierte der barmherzige Scheich als Minister für religiöse Angelegenheiten und führte von 1996 bis 2013 das katarische Innenministerium. Als Religionsminister war er unter anderem für die religiösen Stiftungen des Emirates verantwortlich, als Innenminister unterstanden ihm die Sicherheitsbehörden. Die Flucht des Chefplaners, des 9/11, Khalid Scheich Mohammed, führt der amerikanische Terrorismus-Experte Richard Clarke auf die schützende Hand des Innenministers von Katar zurück. »Wir glauben, dass der Tipp von Scheich al-Thani kam.« Der Führer des FBI-Teams, das die Auslieferung von Scheich Mohammed erwirken wollte, Jack Cloonan, erklärte später öffentlich: »Ein enger Mitarbeiter von Bin Laden hat mir persönlich erzählt, dass sie sich in Katar sehr wohl fühlten. Sie würden dort Unterstützung bekommen von einer zentralen Figur der Königsfamilie.« Roger Cressey, ein ehemaliger Mitarbeiter des »Nationalen Sicherheitsrat« der USA berichtet, dass Al-Qaida-Terroristen »oft auf der im Norden gelegenen Farm des Innenministers Scheich Abdullah bin Khalid al-Thani untergebracht worden sind«.[19]

Westliche wie nahöstliche Geheimdienste gehen ebenso wie UNO-Ermittler davon aus, dass die fromme Fürsorglichkeit katarischer Offizieller und Privatiers nach wie vor ungebrochen anhält. »Sie werden ganz sicher keinen Haushaltsposten finden, aus dem das hervorgeht. Aber staatlicherseits fließen nach wie vor Gelder über das Netz religiöser Stiftungen und islamischer Hilfsorganisationen. Das sind Peanuts im Vergleich zu dem, was ISIS selbst erwirtschaftet, aber Gottgefälligkeit zeigt sich auch im Kleinen«, erklärt ein UN-Mitarbeiter in der Schweiz.[20] Religiöse Stiftungen und islamische NGOs sind oft genug nichts anderes als Geldwaschanlagen, durch die der Fluss staatlicher Gelder an Dschihad-Gruppen verschleiert wird und so von staatlichen Stellen mehr oder weniger glaubhaft dementiert werden kann.

Einer, der den Geldfluss mitorganisiert, ist Salim Hassan Khalifa Rashid al-Kuwari. Der Mann wird von den USA als Terrorist geführt, war gut besoldeter Beamter des katarischen Innenministeriums und schleuste als solcher Hunderttausende US-Dollars in die Kassen der Al-Qaida. Zu diesem Schluss kommt das US-Finanzministerium, das weltweit die Terrorfinanzierung untersucht. Der 37 Jahre alte Kuwari, so die Erkenntnisse der USA, stellt dem Dschihad »logistische und finanzielle Unterstützung« zur Verfügung. Für die USA ist Kuwari ein integraler Teil einer

»Pipeline«, durch die Geld und Operateure des Dschihad vom Mittleren Osten nach Asien und zurück geschleust werden. Ein weiterer Bürger Katars, der 33 Jahre alte Abdullah Ghanim Mafus Muslim al-Khawar, »arbeitete mit Kuwari zusammen, um Geld, Botschaften und andere materielle Unterstützung für Al-Qaida-Mitglieder zu liefern«.[21] Kuwaris Name findet sich auf einer auf 2009 datierten Liste der Beschäftigten des Innenministeriums von Katar. Als Beamter, zuständig für Zivilverteidigung. In Katar, so scheint es, gibt es ein verbeamtetes Finanzierungssyndikat, das dem Dschihad finanziell wohlgesinnt ist.

Ein weiteres Mitglied: Khalifa Mohammed Turki al-Subaiy. Der Mitarbeiter der Zentralbank der Emirate genießt in der feinen Gesellschaft von Katar einen vorzüglichen Ruf, gilt zudem als ganz besonders fromm. Der Mann wird wegen seiner polit-privaten Dschihad-Finanzierung 2009 kurzfristig in Haft genommen, was zu Verwerfungen zwischen katarischen Geheimdiensten und dem damaligen Premierminister des Emirates, Hamad ibn Dschassim ibn Dschabir al-Thani, von seinen Freunden liebevoll HBJ genannt, führt. Der Freund weiß den Freund sehr wohl zu versorgen. Zum Verdruss der Geheimdienste wird Subaiy freigelassen. Die USA führen Subaiy aufgrund seiner terroristischen Verbindungen in ihrer Sanktionsliste. Im September 2014 veröffentlichte das US-Finanzministerium Dokumente, die belegen, dass Subaiy den Terrorkrieg in Syrien und im Irak mitfinanziert. Empfänger der wohltätigen Finanzspritzen von Subaiy: ein Al-Qaida-Terrorist, der europäische und amerikanische Passagierflugzeuge in die Luft sprengen wollte. Mittels Sprengstoff, der in Zahnpastatuben versteckt war. Ein weiterer Terrorfinanzier aus Katar, der sich auf den Schwarzen Listen der USA wie der UNO wiederfindet, ist Abd al-Rahman bin Umayr al-Nuaymi. Der wird beschuldigt, monatlich 1,2 Millionen Dollar an ISI im Irak, die Vorgängerorganisation des ISIS, gespendet zu haben[22].

Al-Nuaymi wird der Name Gerd Müller wohl bekannt sein. Er wird ihn schätzen, den legendärsten Balltreter der deutschen Bundesliga. War doch al-Nuaymi lange Jahre der Präsident des Fußballbundes von Katar. Nicht sonderlich schätzen wird al-Nuaymi hingegen den Namensvetter des deutschen Torschützenkönigs. Gerd Müller, bundesdeutscher Entwicklungsminister, benannte im ZDF Katar als einen wesentlichen Terrorsponsor. Sehr zum Missvergnügen seiner Kanzlerin, die pfiff ihren Minister eilends zurück, nachdem Katar, dergestalt öffentlich an den Pranger gestellt, wütend protestiert hatte. Al-Nuaymi ist zudem Gründer einer Wohltätigkeitsorganisation, der »Scheich Eid bin Mohammed al-Thani Wohltätigkeitsvereinigung«. Über die, das behaupten Finanzermittler der UNO, werden »Gelder geschleust, mit denen ISIS bis heute gesponsert wird«.[23]

Die US-amerikanische »Stiftung für die Verteidigung der Demokratie« untersucht die Verwicklungen Katars in die weltweite Terrorfinanzierung. Dabei hat sie mehr als 20 Privatiers identifiziert, die im Terrorsponsoring aktiv sind. Dr. David Weinberg, zuständig für die Golfstaaten, kommt zu dem Schluss, dass alle öffentlichen Bekundungen der Herrscherfamilie des Emirates, Seite an Seite mit dem Westen den Terror zu bekämpfen, wohl eben nur Bekundungen sind. »Wenn man bedenkt, dass Nuaymi Millionen Dollar an ISI, den Vorgänger von ISIS gespendet hat, untergräbt das angesichts der Tatsache, dass Doha bisher nichts gegen ihn unternommen hat, jede Bekundung aus Katar, dass man alles dazu beitrage, um ISIS zu bekämpfen.«[24]

Der Außenminister des Emirates Dr. Khalid bin Mohammed Al-Attiyah verkündet einem Mantra gleich, wie sehr Katar den Terror verurteilt: »Katar unterstützt in keiner Weise radikale Gruppen, die unschuldige Bürger terrorisieren und den Mittleren Osten destabilisieren. Wie wir immer wieder wiederholt haben, glauben wir, dass deren Aktionen teuflisch, verabscheuungswürdig und im Gegensatz zum Islam sind.«[25] Aus der Erklärung des Außenministers des Emirates wird nicht so recht klar, wen er da meint. Der Name ISIS fällt jedenfalls nicht.

Pikant an der dschihadistischen Versorgungspipeline: Insbesondere aus den Waffenarsenalen des EU-Mitglieds Kroatien werden große Teile des Waffennachschubs für den Heiligen Krieg in Syrien und im Irak mittels katarischer Gelder aufgekauft. »Kroatien«, sagt im Herbst 2014 ein hochrangiger BND-Beamter, »ist seit langen Jahren für Waffenhändler jeder Provenienz ein El Dorado.«

Gut möglich, dass der französische Außenminister Laurent Fabius daran dachte, als er nach der Konferenz der von den USA geführten Anti-ISIS-Koalition im September 2014 darüber sinnierte, dass am Konferenztisch höchstwahrscheinlich eine Reihe von Ländern vertreten waren, die den Erfolg von ISIS erst möglich gemacht haben. Ein Land wird Monsieur Fabius jedoch ganz sicher nicht im Blick gehabt haben: sein eigenes. Dabei finanziert Frankreich seit langen Jahren den globalen Dschihad mit. Ebenso wie ISIS von französischem Geld alimentiert wird. Ganz unmittelbar und in bar. Allerdings nicht freiwillig, sondern gezwungenermaßen. Zu unbedarft bis unvorsichtig bewegen sich allzu oft französische Bürger in Weltgegenden umher, in denen der Heilige Krieg tobt, und werden entführt. Eine lange und penible Recherche der *New York Times* von Fällen zwischen 2008 und Ende 2013 deckte auf, dass europäische Staaten, allen voran Frankreich, mit mehr als 125 Millionen Dollar den globalen Terror direkt mitfinanziert haben. Allen öffentlichen Dementis zum Trotz wurden und werden mit den Millionenzahlungen europäische Bürger freigekauft, die von den heiligen Kriegern entführt wurden. Allein aus Frankreich wurden bis 2013 mindestens 68 Millionen Dollar gezahlt. Für vier im April 2014 freigekaufte Journalisten zahlte Paris mindestens 40 Millionen Euro direkt an ISIS. Das Geld kam nicht aus staatlichen Schatullen, sondern aus den Kassen eines vom französischen Staat kontrollierten Großkonzerns. Ebenso wie Frankreich bezahlten die Schweiz, Spanien, Österreich, Finnland, Italien und Kanada Millionen Dollar für die Rettung ihrer Staatsbürger.[26] Entführungen machen einen nicht unwesentlichen Teil des Staatshaushaltes des ISIS aus. Schon die Vorgängerorganisationen hatten sich in den Jahren nach 2003 durch Entführung von Aus- und Inländern teilfinanziert. Im Irak war nach dem Einmarsch der US-geführten Koalition eine richtiggehende Entführungsindustrie entstanden. Tausende Iraker wurden gekidnappt, um horrende Lösegelder zu erzielen. Wessen Angehörige nicht zahlen wollten oder konnten, der starb.

In Deutschland ist man sich der Bedeutung des Geldes für den Krieg des ISIS und anderer Terrorgruppen sehr wohl bewusst. Weshalb der deutsche Justizminister Heiko Maas im Herbst 2014 öffentlich ankündigte, die Finanzierung von Terrorgruppen wie dem ISIS künftig strafrechtlich verfolgen zu lassen. Von der Generalbundesanwaltschaft in Karlsruhe. Der Justizminister machte hingegen nicht öffentlich, ob er die Regierung, der er selbst angehört, gleich mit strafrechtlich verfolgen lassen und deren Terrorfinanzierung zur Anklage bringen will. Die deutsche Bundesregierung finanziert seit Jahr und Tag islamistische Terrororganisationen durch Millionen Dollarsummen mit. Als »Entwicklungshilfe« wird das Lösegeld für deutsche Geiseln deklariert und in Koffern bar übergeben. Die Praxis ist seit Jahren bekannt und mehr als umstritten.[27] Der moralischen Verpflichtung der Regierung, alles für das Leben ihrer Bürger zu geben, steht die Erkenntnis gegenüber, dass die Praxis der Lösegeldzahlungen potentielle Entführer erst ermutigt. Ein deutscher BND-Beamter bringt die Sache auf den Punkt. »Wird für Geiseln nichts bezahlt, dann sterben sie«, meint der Mann. »Allerdings wären sie ohne Aussicht auf ein Lösegeld wohl auch nicht entführt worden.«[28]

Die Erlöse aus Entführungen und die Gaben generöser Gönner aus den Golfstaaten sind mittlerweile im Finanzhaushalt des ISIS jedoch nur noch Peanuts. Der ISIS hat sich binnen kürzester Frist ein eigenes Finanz- und Wirtschaftsimperium aufgebaut und bis auf weiteres gesichert. Die Finanzierungsstrukturen funktionieren sehr effektiv. Die mehr als acht Millionen Menschen innerhalb seines Territoriums sind ISIS gegenüber steuerpflichtig und kommen dem auch nach. Die Finanzmaschinerie des ISIS wird durch Angst angetrieben. Wer seine Abgaben nicht entrichtet, wird den Gesetzen der Scharia entsprechend mit drastischen Strafen belegt. Lokale Zwangsabgaben, Straßenzölle und Schutzgelderpressung füllen die Kassen des ISIS. Schon vor der Einnahme weiterer Gebiete des Irak hatte sich das Netzwerk landesweit Abermillionen Dollar an regelmäßigen monatlichen Einnahmen gesichert. Ob im Süden oder Norden, Westen oder Osten, in sunnitischen oder schiitischen Gebieten, ISIS hatte ein überall funktionierendes System an Schutzgeldern eingeführt. Ob die Betreiber kleiner Läden oder große Unternehmer, ob Bäcker, Arzt oder Apotheker, ob Handwerker oder Transporteur, von allen verlangte ISIS monatliche Zahlungen. Andernfalls, so die Drohungen, könne man für nichts garantieren. Einem kurdischen Unternehmer in Mossul knöpften die ISIS-Terroristen vor dem Fall der Stadt monatlich 500.000 Dollar ab. Nach der Eroberung Mossuls, so erzählt er im Sommer 2014 in der kurdischen Hauptstadt Erbil, stieg das Schutzgeld auf eine Million Dollar im Monat an. Der Mann zahlt. »Was soll ich machen?«, fragt er. »Mein Unternehmen ist in Mossul, dazu bin ich noch Kurde, also zahle ich.« Geht es um Geld, zeigen sich die Steinzeitislamisten des ISIS flexibel. Wer für sie nützlich ist und zahlen kann und will, darf weiterleben. »Bis auf weiteres«, konstatiert der Unternehmer.

Wie flexibel ISIS sich bei seiner Finanzierung verhalten kann, zeigt die wichtigste Finanzquelle, die den ISIS unermesslich reich gemacht hat. Unter dem irakischen Sand lagern die fünftgrößten Erdölreserven des Planeten. Jahr für Jahr fördert der Irak Öl im Wert von 100 Milliarden Dollar. ISIS kontrolliert mittlerweile mehr als ein Drittel der Fläche des Landes. Hinzu kommen weite Teile Syriens, wo ISIS 80 Prozent des dort lagernden Erdöls kontrolliert. Insgesamt besitzt ISIS in Syrien und im Irak derzeit etwa 80 Ölfelder, mit einer täglichen Fördermenge von etwa 385.000 Barrel. Eine nicht versiegende Geldquelle, die auch nach Monaten, in denen die US-geführte Koalition die Stellungen von ISIS bombardiert, weiter sprudelt. Die Ölquellen zu bombardieren würde ein ökologisches Desaster bedeuten. Der Koalition bleibt nichts anderes übrig, als die von ISIS betriebenen Raffinerien zu zerstören. Das sind oft genug mobile Einheiten, die ISIS ersetzen kann. Auf Eseln, kleinen LKW-Pritschen oder in großen Tanklastwagen –

ISIS nutzt jede Schmuggelmöglichkeit, das Öl gewinnbringend zu verkaufen: an den verhassten syrischen Diktator Baschar al-Assad, an die Türkei, in den verteufelten schiitischen Iran. Ein Großteil des geförderten Erdöls wird über kurdische Mittelsmänner durch die Autonome Region Kurdistan geschmuggelt und gegen satte Provisionen verkauft. Bis in die höchsten politischen Ebenen reichen die Verbindungen. Im Herbst 2014 wurden zwei Minister der kurdischen Autonomieregierung bezichtigt, dass sie im großen Umfang am Ölschwarzmarkt des ISIS beteiligt waren.[29] ISIS verkauft sein Öl auf dem Schwarzmarkt zum Preis zwischen 20 und 60 Dollar pro Barrel geförderten Öls. Angesichts eines Weltmarktpreises von derzeit etwa 75 Dollar (Stand November 2014) ein lohnendes Geschäft. Westliche Experten beziffern die täglichen Erdöleinnahmen des ISIS auf etwa eine Million Dollar. Der Chef des kurdischen Geheimdienstes Masrour Barzani geht von bis zu 6 Millionen Dollar pro Tag aus. Eine Zahl, die Analysten in Beirut und Amman für realistisch halten.

Eine weiter nicht versiegende Einnahmequelle ist der Handel mit Antiquitäten. Seit 2011 finanziert sich ISIS auch über Plünderungen, Raubgrabungen und Antikenhandel – nicht verwunderlich, kontrolliert ISIS doch mittlerweile mehr als 12.000 archäologische Stätten. Jedem bildlichen Darstellungsverbot des Islams zum Trotz wissen die Gotteskrieger mit diesen jahrtausendealten archäologischen Artefakten Millionen zu scheffeln. Der ganze Irak ist eine einzige archäologische Schatztruhe. Im Land, das als die Wiege menschlicher Kultur betrachtet wird und in dem Babylonier und Assyrer herrschten, kann sich unter jedem Sandhügel ein alter Tempel oder Palast befinden. Ein wahres El Dorado für den internationalen Schwarzmarkt-Handel mit Kunstgegenständen, auf dem Jahr für Jahr Milliarden umgesetzt werden. Antike Meisterwerke erzielen Höchstpreise – und ISIS ist das sehr wohl bewusst. Der auf internationalen Kunstraub spezialisierte italienische Staatsanwalt Paolo Giorgio Ferri stellte schon vor Jahren resigniert fest, dass der illegale Kunsthandel nach dem Drogen- und Waffenhandel die größte Gewinnspanne biete.

Die *Frankfurter Allgemeine Zeitung* fasst die in der ARD-Sendung »Das geplünderte Erbe – Terrorfinanzierung durch deutsche Auktionshäuser« dokumentierten Vertriebswege wie folgt zusammen: »Man bringe die Werke mit Lastwagen in Nachbarländer, vor allem in die Türkei und nach Dubai, wo sie im Freihafen gefälschte Papiere bekämen, bevor sie in München im Kunsthandel auftauchten. Bekannt ist, dass in der Ruinenstadt Palmyra seit Monaten Raubgräber Mosaike aus dem Boden schneiden und Friese abnehmen, und allein die Objekte, die man in den Qalamoun-Bergen westlich von Damaskus gefunden habe, sollen nach einem Bericht der ›Berliner Zeitung‹ der Terrormiliz 36 Millionen Dollar eingebracht haben.«[30] Neben seinem Vermögen von etwa 2,5 Milliarden Dollar kann der ISIS derzeit so Einnahmen von bis zu 2,2 Milliarden Dollar erwirtschaften. Solange die Ausgaben des ISIS seine Einnahmen nicht überschreiten, wird die wichtigste Basis des ISIS, seine Finanzdecke, nicht einbrechen.

Sklaverei im Kalifat

Irgendwann muss Mariam unbemerkt den Rohbau, in dem sie mit all den anderen Flüchtlingen hauste, verlassen haben. Mariam, eine gläubige Christin, wird sich zum Basar geschlichen haben und dort, so ist zu vermuten, hat sie sich das Rattengift und all das andere, was notwendig war, besorgt. Rattengift ist beliebt unter den jungen Mädchen und Frauen, den jesidischen wie den christlichen, wenn sie tun wollen, was sie glauben tun zu müssen. Heraus aus dem Gefängnis ihres Lebens und ihrer Erinnerungen, hinein in die Freiheit des Todes. Mariam ist diesen Weg gegangen, hat sich, das haben die Ärzte im Krankenhaus später festgestellt, einen Cocktail aus Rattengift, Insektiziden und Pestiziden gemixt, hat den geschluckt und ist nach einem stundenlangen Todeskampf unter ständigen Krämpfen und unkontrollierbaren Zuckungen ihres Leibes mit blutigem Schaum vor dem Mund elendig verreckt. Mariam wurde sechzehn Jahre alt.

»Sie hat es nicht mehr ausgehalten. Wie denn auch, nach dem, was sie ihr alles angetan haben? Wie denn auch, nach all der Verachtung, der Scham und der Schande, die ihr später entgegenschlugen, wegen all dem, was ihr widerfahren ist. In dieser Gesellschaft ist ein Mädchen, eine Frau auf ewig stigmatisiert, wenn sie vergewaltigt wurde. Sie ist ein Paria, eine Unberührbare, sie ist keine Frau mehr, kein Mensch, allen mitfühlenden Worten zum Trotz. Sie wird verachtet, sie hat Scham und Schande über sich und über ihre Familie gebracht. So ist das hier nun einmal, auch bei den Christen.« So hatte mir Esther im Oktober am Telefon von Mariams Tod berichtet. Die amerikanische Ärztin hatte sich bei meinem Aufenthalt in Erbil im August 2014 bereit erklärt, bei meinen Gesprächen mit Mariam dabei zu sein. Denn es hatte in den Gesprächen mit Mariam einen Punkt gegeben, ab dem Mariam unmöglich hatte weiterreden können, nicht mit einem Mann. Esther hatte meinen Dolmetscher und mich weggescheucht und die nächsten Stunden mit Mariam verbracht. »Du weißt, dass ich alles wissen will«, hatte ich ihr vor dem Treffen mit Mariam gesagt. Esther hatte die Augenbrauen hochgezogen und nur stumm genickt.

Als die Araberin christlichen Glaubens am 12. Juni 2014 in Des Moines im Bundesstaat Iowa am Fernseher sah und hörte, was den Menschen ihrer Heimatstadt Mossul widerfuhr, hatte sie ohne lang darüber nachzudenken sich von ihrem Krankenhaus, in dem sie als Ärztin arbeitet, beurlauben lassen, ihren Rucksack gepackt, den nächsten Flieger nach Wien genommen und war von dort aus weiter nach Erbil geflogen. Sie wollte helfen, denn sie wusste, dass ihre Hilfe als Ärztin dort jetzt gebraucht würde. »Ich weiß, wozu diese Ratten fähig sind«, hatte Esther gesagt, »das sind keine Menschen, das sind Ratten.« Sie hatte uns vom Terror, den Autobomben, der Angst, den ständigen Todesdrohungen, all den Anschlägen und Überfällen, den Vergewaltigungen und den Verfolgungen, denen die Christen in Mossul seit 2003 Tag für Tag ausgesetzt waren, erzählt. »2003 lebten etwa zwei Millionen Christen im Irak, heute sind es vielleicht noch 500.000. Sie sind von den Terroristen getötet und vertrieben worden, und die Regierung in Bagdad hat all das geschehen lassen. Als Christ warst du im Irak nach 2003 Freiwild. Der Westen hat danebengestanden, zugeschaut und nichts dagegen unternommen. Die Dschihadisten haben ihr Ziel erreicht. Mossul ist heute christenrein.« Sie betonte dieses Wort, wohl wissend, welche Analogie bei diesem Wort mitschwingt.

Wir hatten Mariam im August 2014 unweit der St. Joseph-Kirche in Ainkawa, dem christlichen Viertel von Erbil, getroffen. Sie war dort mit ihrem Vater und ihrem vierjährigen Bruder gestrandet und hauste nun mit ein paar Hundert Flüchtlingen in einem halb fertiggestellten Rohbau. Kein Strom, kein Licht, keine Kanalisation, keine Dusche oder Toilette. Eine brütende Hitze von weit über 40 Grad lähmte die Menschen, die sich in abgerissener Kleidung um einen Wassertank herum drängten. Joseph, ein christlicher Menschenrechtsaktivist, hatte uns voll mühsam beherrschter Wut mit Esther und Mariam bekannt gemacht. »Schau dir an, was sie getan haben, deine ach so friedlichen Muslime. Hör dir an, wie barmherzig, wie tolerant sie mit ihr umgegangen sind«, hatte er mit triefendem Hohn gesagt. Wir hatten zuvor darüber diskutiert, ob das Treiben der Streiter Gottes ein muslimisches oder ein barbarisches sei, darüber, ob der Islam von seinen Grundlagen her eine eher friedliche oder gewaltsame Religion sei. Für Joseph stellte sich diese Frage nicht. Für ihn bedingte das eine das andere, und er belegte es mit unzähligen Beispielen. Er zückte sein Smartphone und spielte die Videos ab, unendlich viele Aufnahmen von geköpften Männern, Frauen und Kindern, von Menschen, die nicht ans Kreuz gebunden, vielmehr ans Kreuz genagelt worden waren und tagelang unter der glühend heißen Sonne auf den Märkten von Mossul, in Tikrit, Karakosch, der größten christlichen Stadt im Norden des

Irak, hingen. Er hatte auf die vielen Menschen hingewiesen, die johlend und jubelnd die Leiber der Gekreuzigten begafften, sich feixend im Gotteslob ergingen. Dass es viele waren, konnte man in den unzähligen Videos sehen, die im Internet zu betrachten waren. Joseph sprach immer wieder über »diese Normalität«: das alltägliche Kreuzigen, das Köpfe nehmen, das Morden in den von ISIS eroberten Gebieten und darüber, dass die Kämpfer Allahs all dies sehr wohl aus den Grundlagen ihrer Religion heraus legitimieren könnten. Joseph zitierte die dazu passenden Verse aus dem Koran.

Er wollte sich irgendwann auf keine Diskussionen mehr einlassen. »Das ist sinnlos. Wenn du hier lebst und Tag für Tag mitbekommst, was sie treiben, willst du nicht mehr diskutieren.« Auch nicht darüber, dass ISIS neben Christen, Jesiden und Schiiten auch sunnitische Muslime verfolgte und tötete und dass die meisten Muslime ihr Leben friedlich leben wollten. Joseph wehrte ab. »Sie sind fromme Muslime, und als solche nehmen sie ihr gottverdammtes Buch wortwörtlich. Und weil sie das tun, diktiert ihr Buch ihnen ihr Handeln. Buchstabengetreu. Du bist naiv, das war ich früher auch. Aber ISIS hat mir und vielen anderen jungen Christen hier diese Naivität aus der Seele getrieben. Wir werden uns wehren und bewaffnen müssen. Gleiches mit Gleichem vergelten. Wir werden uns nicht mehr wie Lämmer zur Schlachtbank führen lassen.« Tatsächlich haben sich nach dem 10. Juni 2014 im Irak christliche Milizen gebildet und sind dabei sich zu bewaffnen, was im Irak nun wirklich kein Problem darstellt. Die Waffenmärkte quellen über von allem, was man braucht. Die Preise dafür sind mehr als nur erschwinglich.

Dann hatte Joseph uns zu Esther und Mariam geführt. Sie saß auf einem rostigen Eisenstuhl, bewegungslos, den

Rumpf hochaufgerichtet, doch den Kopf nach unten geneigt. Es war kein Ausdruck in ihren Augen, die dumpf und starr nach unten gerichtet waren. Mariam hatte davon geträumt, die Schule zu beenden, später dann Medizin zu studieren, um als Ärztin zu arbeiten. Das mag ein Mädchentraum gewesen sein, und nun sprach Mariam monoton und mechanisch von diesem ausgeträumten Traum. Als ISIS nach der Einnahme von Mossul sich am 11. Juni 2014 ihrer Heimatstadt Karakosch näherte und die Stadt mit Mörsergranaten beschoss, hatten ihr Vater und ihre Mutter in aller Schnelle nur das Nötigste zusammengerafft, und dann war die Familie mit dem Auto Richtung Erbil geflohen.

Sie hatten die Geschichten aus Mossul gehört, wussten aber nicht, was wahr, was nur Gerüchte oder bloß übertriebene Erzählungen waren. Ihren Vater kümmerte das alles nicht. Er glaubte die Geschichten, die aus Mossul zu ihnen vorgedrungen waren. »Sie werden mit dem Schwert kommen, nur mit dem Schwert und uns allen den Tod bringen«, hatte er zu ihr, den drei Brüdern und den zwei Schwestern gesagt. 15.000 Christen der 60.000-Einwohner-Stadt ließen alles stehen und liegen und flohen, die meisten zu Fuß. Mariams Familie wurde wie viele der anderen Flüchtlinge von umhervagabundierenden ISIS-Terroristen immer wieder angehalten und ausgeraubt. »Sie haben uns all unser Geld, allen Schmuck genommen«, erzählte sie. Mehr wollte ISIS an diesem Tag nicht von ihnen. Vielleicht deshalb trauten sich ihre Familie und die meisten der Flüchtlinge eine Woche später ins heimische Karakosch zurückzukehren, was sich als mörderischer Fehler erweisen sollte. Sie blieben bis zum 7. August – einem Donnerstag, an dem alle Träume der sechzehn Jahre alten Mariam zersplitterten. Am Tag zuvor war ISIS auf die Stadt zugestürmt, hatte sie erneut über Stunden mit Raketen und Granaten beschossen und in der Nacht zum Donnerstag eingenommen. Die kurdischen Peschmerga, die sie schützen sollten, hatten die Stadt Hals über Kopf verlassen und sich geweigert, den Männern von Karakosch Waffen zur Verteidigung zu hinterlassen. Das Morden und Sengen, das Plündern und Vergewaltigen nahm seinen Lauf. Wer nicht rechtzeitig geflohen war, wurde von ISIS vor die Wahl gestellt, zum Islam zu konvertieren oder zu sterben. »Sie zerrten wahllos Männer und Jungen aus den Häusern und erschossen sie«, sagte uns Mariam mit tonloser Stimme. »Mein Vater war nicht da, sie trieben zwei meiner Brüder auf die Straße. Sie waren neun und fünfzehn Jahre alt. Meine Mutter weinte und schrie. Sie warf sich auf den Boden und wollte ihre Füße küssen. Sie flehte sie in Gottes Namen an, ihre Kinder zu verschonen. Sie haben nur gelacht. Dann haben sie meine Brüder erschossen, meine Mutter geschlagen und ihr den Kopf abgeschnitten. Sie hielten ihren Kopf in die Luft. Sie haben sich gefreut. Sie haben gelacht. Sie haben ihren Kopf und ihren Leib gefilmt.« Mariam verstummte dann, saß nach wie vor bewegungslos auf ihrem verrosteten Eisenstuhl. »Ich war dabei und habe gesehen, wie sie kleine Kinder geköpft haben. Ich habe gesehen, wie sie einem kleinen Mädchen den Kopf abgeschnitten haben. Sie hatte eine weiße Strumpfhose und ein blau-weißes Rüschenkleid an. Ihr Vater stand daneben. Sie haben ihn gezwungen, zuzusehen. Dann haben sie ihn erschossen.«

Mitarbeiter westlicher NGOs bestätigen die Schilderungen solcher Gräueltaten durch ISIS. Sean Malone, der Leiter von Crisis Relief International (CRI), der sich vor Ort aufhielt, berichtet von den Verbrechen der islamistischen Terrororganisation. »Wir haben die Stadt Karakosch verloren.

Sie fiel an ISIS, und sie köpfen Kinder systematisch. Karakosch ist die Stadt, in die wir auch die Nahrung geschmuggelt haben. ISIS hat die Peschmerga zurückgeschlagen und befindet sich nun zehn Minuten von der Stelle entfernt, wo unser Team arbeitet. Tausende flohen letzte Nacht in die Stadt Erbil. Die UN hat ihren Stab von Erbil evakuiert. Unser Team ist unverändert dort und wird bleiben.«[1]

Danach wandten sich die Gotteskrieger Mariam zu, schubsten sie unter Johlen und Gekicher zwischen sich hin und her, fesselten sie und verfrachteten sie dann mit zwei Dutzend anderen jungen Mädchen und Frauen auf die Ladefläche eines weißen Toyota-Pick-ups. Sie hatten sie zuvor aufgefordert, zum Islam zu konvertieren. Als sie sich weigerte, hatte einer von ihnen nur gelacht: »Das ist auch besser so. Für uns«, und sie gierig mit Blicken betatscht. Mariam begann eine Ahnung davon zu bekommen, was ihr möglicherweise bevorstehen könnte. Der ISIS-Mann war kein Araber. Er war groß und blond. Mariam glaubt, dass er Deutscher war. »Er hat arabisch gesprochen« – so, wie sie Deutsche früher in Karakosch hat arabisch sprechen hören. »Was ist dann weiter geschehen?« Sie hebt den Kopf, starrt durch die fensterlose Öffnung des halbfertigen Rohbaus in die Ferne. »Sie haben meine beiden Schwestern, sechs und zwölf Jahre alt, geschlagen, dann gefesselt und auf die Pritsche des Wagens zu mir geschmissen.« Sie wimmert, ganz so, wie kleine Welpen manchmal wimmern. Dann weint sie tränenlos. »Ich habe meine Seele verloren, sie haben sie mir zertrümmert«, sagte sie – und das war der Moment, an dem Esther dazwischenging. »Lass es gut sein«, sagte sie hart, »sie wird jetzt nicht mehr weiterreden können. Lasst uns allein.« Wir gingen.

Wir spazierten im Garten des Klosters der chaldäischen Schwestern von der unbefleckten Jungfrau Maria hin und her, und dort trafen wir Jussuf. Er war steinalt, wusste sein genaues Alter nicht, stand da mit krummem Buckel, hielt sich nur mühsam auf einen knorrigen Stock gestützt fest und weinte, während er erzählte, was er an diesem 7. August in Karakosch gesehen hatte. »Sie haben zwei oder drei Jahre alte Jungen und Mädchen aus den Armen ihrer Mütter gerissen, sie gestohlen und weggeschafft. Was in Gottes Namen macht jemand mit zwei oder drei Jahre alten Kindern? Sagt es mir! Ich flehe euch an. Sagt es mir.« Wir gaben ihm keine Antwort. Weil wir sie kannten. Wir drehten uns um.

Am Abend zuvor hatten wir uns mit Dyari getroffen. Dyari hatte bei den Peschmerga Karriere gemacht. Ich hatte ihn erstmals im Februar 2003 in der Nähe von Halabdscha getroffen. Halabdscha war die Stadt gebeugter alter Männer. Nicht das Alter, sondern die Angst hatte sie nach unten gedrückt. Angst vor dem Gas des Saddam Hussein und Angst vor Männern der Ansar al-Islam in den Shinerve-Bergen.
Die Stadt und ihre Menschen trugen noch immer schwer an der Last jenes 16. März 1988 – jenes Tages, an dem Saddam Hussein die Stadt und ihre Menschen vergaste. Mehr als 5.000 Menschen starben damals. Halabdscha leidet bis heute unter den Folgen. In jenem Februar 2003 starrten die Menschen der Stadt angstbeseelt auf die Shinerve-Berge, wo die Männer Gottes ihre gottesfürchtige Terrorenklave ganz im Stil der afghanischen Taliban errichtet hatten. Etwa 700 kurdische Ansar-al-Islam-Kämpfer und 250 Terroristen der Al-Qaida führten dort ihr unbarmherziges Schreckensregiment. Unter ihnen Abu Musab al-Zarqawi, der Mann, der »als der Emir der Schlächter« seinen blutigen Ruf begründete. Zarqawi schickte seine menschlichen Bomben in die Stadt. Die brachten immer wieder Tod und Verwüstung.

Dort oben im Norden des Irak tobte Wochen vor dem Einmarsch George Walker Bushs und seiner »Koalition der Willigen« ein Kampf zwischen Kurden und Islamisten der Al-Qaida, die sich in den Bergen verschanzt hatten und nachts die Stellungen der Peschmerga angriffen. Auch der damals 18-jährige Dyari saß Nacht für Nacht in einem Unterstand aus Lehm, Steinen und Dung und starrte in die Dunkelheit. Obwohl Peschmerga bedeutet »die dem Tod ins Auge sehen«, hatte Dyari Angst. Denn er wusste, was seinem Freund Saban widerfahren war. Ansar al-Islam hatte ihn bei lebendigem Leib verbrannt. In den Unterständen und Bunkern auf den beiden Hügeln nahe der kleinen kurdischen Ortschaft Tapa Kapa kauerten in der Nacht zum 4. Dezember 2002 nur wenige Peschmerga. Viele Kameraden hatten Fronturlaub. Es war der Tag vor Id al-Fitr, dem Festtag am Ende des heiligen Fastenmonats Ramadan, in dem es Muslimen verboten ist, zu kämpfen. Der Angriff der »Krieger Gottes« überraschte die Peschmerga im Schlaf, um 4.20 Uhr am Morgen. Nach knapp drei Stunden war er vorbei. Die »Streiter Gottes« trieben 24 überlebende Peschmerga an den Rand der Straße, die von Khurmal nach Halabdscha führt. Dort lagen bereits 28 im nächtlichen Kampf getötete Peschmerga-Kämpfer nebeneinander aufgereiht. Dann begannen die Ansar-Kämpfer mit ihrer eigentlichen Arbeit. Die Streiter Allahs priesen ihren Gott, manche sangen, während sie mehreren Gefangenen die Kehle durchtrennten, um ihnen die Köpfe zu nehmen. Anderen schlugen sie mit Macheten den Schädel ein. Nachdem das Töten vorbei war, schnitten die »Heiligen Krieger« ihren Opfern Ohren, Nasen und Hände ab. Es ist ein ritueller Akt – auf diese Weise sollte den Opfern die Seele genommen werden.

Der Kampf an jenem 4. Dezember, das Abschlachten der

Gefangenen, ihre Verstümmelung, ist von Ansar-al-Islam-Leuten selbst auf Videofilmen dokumentiert worden. Auf ihnen ist zu sehen, dass nicht nur kurdische, sondern auch arabische Al-Qaida-Kämpfer an dem Massaker beteiligt waren. Die Videos wurden von Ansar noch am selben Tag ins Internet gestellt.[2]

Dyari war nach dem Krieg der USA, der Al-Qaida zu einem ungeheuren Aufstieg verholfen hatte, Peschmerga geblieben, war aufgestiegen, hatte studiert und war dann zu Asaisch gewechselt, dem Geheimdienst der irakischen Kurden. Ansar al-Islam und seine Angst hatten ihn nie mehr losgelassen. In den Jahren nach 2003 waren Ansar und seine Nachfolgeorganisationen unter der Führung von Abu Musab al-Zarqawi zur alles und alle bedrohenden Gefahr für die Menschen des Irak geworden. Ihr wahlloses Bomben und Töten war allgegenwärtig. Jeder musste Tag für Tag mit der Gefahr leben, auf dem Altar des Glaubens der gottesfürchtigen Terroristen geopfert zu werden. »Von Ansar al-Islam über Abu Musab al-Zarqawi bis hin zu Abu Bakr al-Baghdadi, das ist eine durchgängige Linie, die zieht sich wie ein roter Faden durch. Sie inszenieren eine exzessiv und öffentlich zelebrierte Gewalt. Es ist eine sehr spezielle Form der Kommunikation, die die Dschihadisten betreiben. Sie wollen, dass die Welt bis in die letzten Einzelheiten hinein sieht, wie sie ihre Form der Gewalt ausüben. Das erzeugt Angst, Panik, Terror. Hier und im Westen. Und es funktioniert.«

Dyari hatte uns von den Sklavenmärkten in Mossul und an anderen Orten, die unter der Herrschaft von ISIS standen, erzählt. »Das sind richtiggehende Sklavenmärkte, auf denen die Ware gesichtet, geprüft und dann nach dem Prinzip Angebot und Nachfrage ge- beziehungsweise verkauft wird. Die Ware«, er spuckte dieses Wort bitter aus, »die

Ware besteht aus jesidischen Frauen und Mädchen, aber auch aus christlichen. Aus kleinen Jungen und kleinen Mädchen. Je jünger die Frauen, desto teurer, Jungfrauen erzielen einen höheren Preis. Die Preise liegen zwischen 12 Dollar und 300. Ganz besonders begehrt sind kleine Jungen und Mädchen.« Dyari erzählte uns, dass aus den Golfstaaten, aus Saudi-Arabien, aus Kuwait »Aufkäufer« als Vertreter reicher Araber auftraten, um die Jungen und Mädchen zu kaufen. Die Knaben konnten Glück haben, würden unter Umständen »nur« als Kinder-Jockey gedrillt und eingesetzt werden. Die Mehrzahl der Kinder jedoch wird zur Befriedigung anderer Bedürfnisse gekauft. »Wir reden über Sex«, sagte Dyari müde. »Das ist big, big Business. Sexueller Missbrauch kleiner Kinder ist normal. Sechs, sieben Jahre alte Mädchen sind sehr begehrt. Ebenso kleine Jungen. Sie sind eine Ware, eine Sache, ein Gebrauchsgegenstand. Am Golf erzielen sie Höchstpreise.«

Kurdische NGOs, aber auch die kurdischen Sicherheits- und Geheimdienste versuchten, von ISIS geraubte kleine Kinder und junge Mädchen freizukaufen. Dyari erzählte uns, dass sie bis zum August etwa dreißig Kinder und Mädchen gegen sehr viel Geld ausgelöst hätten, was natürlich für ISIS ein Anreiz war, dieses Geschäft weiter am Leben zu erhalten. »Aber was sollen wir tun?«, fragte Dyari. »Sollen wir sie in den Händen von ISIS lassen? Diese Kinder sind zwei, drei, vier Jahre alt. Das sind Kinder, keine Sexspielzeuge.« Er sprach darüber, bemüht sich zu beherrschen. Er konnte es nicht.

Esther hatte uns gesagt, dass es dauern würde. Wir hatten also Zeit und besuchten den Erzbischof von Mossul. Amel Shimon Nona ist ein großgewachsener, sehr kräftiger

Mann mit Augen, die hinter seiner Brille nur noch traurig in die Welt blicken. Bischof Nona hatte bis zum Schluss in Mossul ausgeharrt, bis ihm unter abenteuerlichen Umständen im letzten Moment die Flucht vor ISIS gelungen war. Ich hatte seinen offenen Brief an die Menschen des Westens gelesen, und wir hatten uns verabredet. Der Erzbischof schien mir ein Mann deutlicher Worte zu sein.

»Unser heutiges Leiden ist ein Vorgeschmack darauf, was ihr Europäer und Christen in naher Zukunft erleiden werdet. Ich habe mein Bistum verloren. Die Räumlichkeiten meines Apostolates wurden von islamistischen Radikalen besetzt, die uns entweder konvertiert oder tot sehen wollen. Doch meine Gemeinde ist noch am Leben. Bitte versucht uns zu verstehen. Eure liberalen demokratischen Prinzipien sind hier nichts wert. Ihr müsst die Realität im Nahen Osten bedenken, denn Ihr heißt eine stetig wachsende Anzahl von Muslimen in Euren Ländern willkommen. Doch auch Ihr seid in Gefahr. Ihr müsst feste und mutige Entscheidungen treffen, auch um den Preis, Euren Prinzipien zu widersprechen. Ihr glaubt, alle Menschen seien gleich, aber das stimmt nicht: Der Islam sagt nicht, dass alle Menschen gleich sind. Eure Werte sind nicht die seinigen. Wenn Ihr das nicht schnell genug versteht, werdet Ihr zum Opfer des Feindes, den Ihr bei Euch zu Hause willkommen geheißen habt.«[3]

Erzbischof Amel Nona
Chaldäisch-Katholische Erzeparchie Mossul,
nun im Exil in Erbil
9. August 2014

Bischof Nona empfing uns freundlich, aber seine Stimme klang müde und resigniert. Sein Auto war jetzt sein Büro, nicht mehr seine Bischofsresidenz. »Man kann Ihren Brief so oder so lesen. Sie werfen dem Westen Naivität vor. Sie warnen ihn vor der muslimischen Gefahr, vor dem Muslim als solchen. Der sei eine Gefahr. Für den Westen. Seine Menschen. Sein Wertesystem. Ist der Muslim also eine Gefahr an sich? Der Muslim als Feind?«

Amel Nona wehrte ab. »Nein, natürlich nicht. Die allermeisten Muslime wollen nichts anderes als Sie und ich. Friedlich miteinander leben. So leben sie auch. Ganz ohne jeden Zweifel. Aber im Westen wird die Gefahr, die von ISIS, von Salafisten, von Dschihadisten ausgeht, immer noch sträflich ignoriert. Sie im Westen sind zu naiv. Der Islam, die Scharia, propagiert teilweise ganz andere Werte. Die sind nicht immer mit den Werten des Westens kompatibel.« Aus der Sicht des Bischofs befindet sich der Islam in einer tiefen Krise. Seit Jahrhunderten schon. »Der Islam hat ganz ohne jeden Zweifel ein ungeheuer spirituelles, theologisches, humanistisches Potential. Nur: Das wird nicht genutzt. Es liegt brach«, erklärte er. Daraus sei eine Krise entstanden, die an vielen Muslimen nicht spurlos vorbeigegangen sei und sie anfällig mache für Ideologen und Demagogen, die die Grundlagen der Religion des Islams auf ihre Weise interpretierten. »Die Folgen sehen Sie hier. Diese Folgen werden Sie im Westen irgendwann auch spüren. In Europa gibt es schon heute ein unaufhörlich wachsendes dschihadistisches Potential, das den Westen hasst. Der Westen weiß keine Antwort auf diese Bedrohung, und bis heute kommt aus dem Islam heraus keine Antwort auf diese Gefahr. Was sich hier entwickelt hat, wird sich weiter ausbreiten, wird nicht an Euren Grenzen haltmachen. Es ist schon längst bei Euch angekommen und wuchert bei Euch weiter.«

Für den Bischof liegt eine der Ursachen an der »Krankheit des Islam«. Der verharre seit Jahrhunderten im Stillstand, sei im Dogma erstarrt, im Griff nur rückwärtsgewandter Theologen, deren Denken sich in den Weiten des Mittelalters verloren habe. Mit ein Grund für die kulturelle, soziale, wirtschaftliche und politische Malaise der islamischen Welt. Die würde jetzt von Islamismus und Dschihadismus vor sich hergetrieben. »Natürlich ist ein Islam ohne Islamismus denkbar«, meinte der Erzbischof. Dann machte er eine Pause und fuhr resigniert fort: »Theoretisch. Es stellt sich aber die Frage, ob ein Islam, der sich einem Prozess der Aufklärung unterwirft, vergleichbar der Aufklärung, der sich das Christentum und das Judentum haben unterwerfen müssen, überhaupt noch Islam genannt werden kann! Ich weiß es nicht«, sagte er. »Das sind Fragen, die aus dem Islam heraus gestellt werden müssen. Ebenso wie die Antworten auf diese Frage nur aus dem Islam heraus gegeben werden können.« Für Amel Nona war eines klar. Ein Islamismus ohne Islam würde schlicht nicht existieren. Deshalb war für den Bischof die strikte Trennung zwischen Islam und Islamismus, auf der so viele nichtmuslimische Experten im Westen ständig beharrten, nicht nachvollziehbar. »Die Islamisten können sich sehr gut auf die Grundlagen des Islams berufen. Auf den Koran, die Sunna, die Hadithe. Die Grundlagen des Islams bieten ihnen die Legitimierung ihres Handelns. Es ist richtig, dass man genau diese Grundlagen auch anders lesen kann, sie in ihren historischen Kontext stellen, sie zeitgemäß lesen und interpretieren«, erklärte er. »Also ist ein Islam ohne Islamismus natürlich denkbar. Theoretisch. Wünschenswert wäre er sowieso. Nur zeigen

Sie mir die islamischen Theologen, zeigen Sie mir die islamischen Würdenträger, die islamischen Intellektuellen, die islamischen Imame, die diesen Islam ohne Islamismus vordenken, ihn predigen und propagieren. Es gibt sie nicht. Ich höre sie nicht, ich sehe sie nicht im Irak, in den islamischen Ländern. Die wenigen, die es gibt, müssen im Exil leben, in der nichtislamischen Welt diesen schönen neuen Islam denken und predigen. Und wissen Sie, warum? Würden sie diesen Islam hier im Irak oder in welchem islamischen Land auch immer predigen, sie würden sterben, sie würden getötet werden.« Der Schoß ist fruchtbar noch, aus dem dies kriecht. Nichts anderes meinte der chaldäische Bischof, den man nicht als christlichen Fundamentalisten bezeichnen kann.

Dann erzählte er, was in Mossul passiert war. Am Abend des Pfingstmontag 2014 hatte sich ISIS der Stadt genähert, worauf die Soldaten und Polizisten Hals über Kopf die Flucht ergriffen, ohne auch nur einen einzigen Schuss zur Verteidigung der Stadt abgefeuert zu haben. Der Bischof sprach darüber, wie die sunnitischen Nachbarn reagierten. »Das waren unsere Freunde, unsere Nachbarn. Wir haben uns immer gegenseitig unterstützt und geholfen, unsere Kinder haben miteinander gespielt, wir haben uns an den Feiertagen gegenseitig besucht. Muslime kamen zu Christen, Christen gingen zu Muslimen. Oft genug haben wir die hohen Feiertage gemeinsam verbracht, miteinander gegessen, gefeiert. Aber dann hat ISIS Mossul eingenommen, und es waren unsere muslimischen Nachbarn, die die Terroristen zu unseren Häusern geführt haben.« In der Nacht, bevor ISIS Mossul eroberte, waren viele der sunnitischen Menschen auf den Straßen ihrer Stadt unterwegs und markierten die Haustüren ihrer Freunde und Nachbarn mit einem großen N. Der Buchstabe steht für Nassarah, der im Koran verwendete Begriff für Christen. Als die ISIS-Horden unter lautem Hupen in der Nacht zum 10. Juni 2014 in einem endlosen Pick-up-Korso durch die Straßen von Mossul fuhren, wurden sie von jubelnden Einwohnern der Stadt begrüßt. »Wir opfern unser Leben, für euch und für Allah geben wir unser Blut«, skandierten sie immer wieder inbrünstig.[4]

»Nicht ISIS hat uns die größte Wunde geschlagen. Die schmerzhaftesten Wunden haben uns unsere Freunde und Nachbarn zugefügt«, sagte der Erzbischof. »Wir haben lange Jahre in Frieden und in Freundschaft Tür an Tür mit ihnen zusammengelebt. Dann fiel es ihnen in jener Nacht sehr, sehr leicht, unsere Häuser zu markieren, sie auszuplündern und sich unseren ganzen Besitz anzueignen. Das war unmenschlich, und wir sind zutiefst enttäuscht von unseren Nachbarn. Es erinnert mich an das, was Deutsche mit ihren jüdischen Nachbarn und Freunden gemacht haben.«

In Mossul, erzählt er, war ein sunnitischer Mann über dreißig Jahre als Wachmann eines Frauenklosters angestellt. »Sie feierten mit ihm Hochzeiten, die das Kloster für die christlichen Gläubigen ausrichtete, er wohnte in einem Haus auf dem Grundstück des Klosters. Und noch bevor die Ordensfrauen die Flucht antreten konnten, fing der Wachmann an, das Kloster auszuräubern und lud den Anhänger seines Traktors mit Diebesgut voll. Das sind Vorfälle, nach denen wir unser ganzes Vertrauen in die Region verloren haben.« Er wirkte nachdenklich und enttäuscht zugleich. »Ich frage Sie, wo war der Aufschrei aus der islamischen Welt über das, was da geschehen ist? Haben Sie den Aufschrei der islamischen Autoritäten, der Theologen, der islamischen Gelehrten gehört, die diese Verbrechen gegen die Menschlichkeit und gegen jeden religiösen Glauben klar verurteilt haben? Nein. Sie nicht. Ich nicht. Es gab ihn nicht.« Nie hätte er erwartet, dass die offiziellen Religionsvertreter des Islams eine derart passive Haltung einnehmen würden. Er fragte sich, ob die Vertreter des Islams »diese Schandtaten tatsächlich gutheißen oder ob sie nur Angst vor den Tätern haben«.

Eine Frage, die er sich 2008 schon einmal gestellt hatte. Sein Vorgänger Paulos Faraj Rahho wurde 2008 in Mossul entführt. »Sie haben ihn getötet und seine Leiche auf eine Müllhalde geworfen«, erzählte der Erzbischof. »Für ISIS sind Menschen, die sich ihnen nicht bedingungslos unterwerfen, keine Menschen. Nur Müll.« Dann verabschiedete er sich und ging gebeugt seiner Wege.

Den Christen des Irak wurde durch ISIS die Zukunft genommen. ISIS diktiert, wer leben darf oder sterben muss. Das trifft Christen ebenso wie Jesiden, Schiiten wie Sunniten. ISIS sieht sich als Gottes Schwert, das unbarmherzig straft. Die Minderheiten des Irak haben ihren Glauben an ihre Zukunft im Irak ebenso verloren wie den an eine Zukunft des Irak. *Die Zeit* hatte im Juli 2014 den christlichen Politiker Jonadam Kanna zitiert: »Dies ist ethnische Säuberung, aber niemand spricht darüber.« Die Menschenrechtsorganisation Human Rights Watch warnte, der Islamische Staat scheine entschlossen, »alle Spuren von Minderheitsgruppen in den Gebieten unter seiner Kontrolle im Irak zu tilgen«[5].

Der Bischof hatte darüber gesprochen, dass ISIS dabei sei, eine Sklavengesellschaft aufzubauen, ganz im Einklang mit der islamischen Tradition und dem islamischen Recht. Der Sklavenmarkt unterliegt Angebot und Nachfrage. Erzielte ein Verkäufer im August 2014 noch bis zu 300 Dollar für eine Sklavin, bekam er im Oktober 2014 gerade noch 134 Dollar.[6] ISIS hatte bei seinem Eroberungszug durch den Irak Tausende jesidische und christliche Kinder, junge Mädchen und Frauen gefangen genommen und versklavt. Das große Angebot an Sklaveninnen drückte den Preis. Die Sklavinnen werden unter barbarischen Umständen gehalten. Die Menschen müssen unter ständiger Gewalt als Sklaven jede Arbeit verrichten, werden geprügelt, ausgepeitscht und unterliegen jeder denkbaren körperlichen Gewalt. Kleine Jungen und kleine Mädchen werden bevorzugt in die Golfstaaten weiterverkauft, wo für diese Art Ware ein sehr spezieller Mark existiert. Phädophile Saudis, Kuwaitis oder Kartaris zahlen auf dem Kindermarkt des ISIS Spitzenpreise für ganz besonders junge Kinder.[7]

Sklaverei hat es in den Ländern des Islams schon immer gegeben. Auch vor der Entstehung des Islams. Allerdings ist es falsch, wenn behauptet wird, der Islam sei angetreten, die Sklaverei abzuschaffen. Er hat sie übernommen, weitergeführt und über weit mehr als tausend Jahre als höchst profitablen Wirtschaftszweig institutionalisiert. Erst unter dem erheblichen Druck und massiven Zwang kolonialistischer Einflüsse wurde die Sklaverei in islamischen Ländern gegen den erheblichen Widerstand muslimischer Gelehrter langsam zurückgedrängt. Als im Osmanischen Reich 1854 auf Druck der europäischen Großmächte ein Edikt zum Verbot des Sklavenhandels erlassen wurde, kam es im Hidschas, unweit von Mekka und Medina, zum Aufstand. Der führende Gelehrte von Mekka gab eine Fatwa heraus, in der er die Türken zu glaubensabtrünnigen Apostaten erklärte und zum Dschihad gegen das Edikt aufrief. Die Sklaverei sei Teil des Dschihads, und der sei auf Ewigkeit mit dem Islam verbunden. Man kann den Koran, die Sunna und die Hadithe sehr wohl so lesen. Was in Saudi-Arabien bis 1963 auch der Fall war. Erst 1963 wurde die Sklaverei im Königreich offiziell abgeschafft. In Mauretanien dauerte es gar bis 2007, bis der Menschenhandel per Gesetz gegen den rasenden Widerstand der Geistlichkeit des Landes verboten wurde. Penibel achtete der mauretanische Gesetzgeber darauf, das Wort Sklaverei zu vermeiden.

Der Prophet Mohammed machte keine Anstalten, die Sklaverei abzuschaffen. Im Gegenteil. Mohammed hatte Sklaven, raubte Sklaven, kaufte und verkaufte sie, hielt sie als Konkubinen, vulgo Sexsklavinnen. Der muslimische Anthropologe und Psychoanalytiker Malek Chebel hat in seinem 2007 nur auf Französisch erschienenen Buch »L'esclavage en terre d'islam« gegen den heftigen Widerstand muslimischer Autoritäten die Geschichte der Sklaverei im Islam umfassend beschrieben und nüchtern analysiert. Die Haltung des Propheten Mohammed weist im besten Fall eine mehr als nur beträchtliche Ambivalenz zur Sklaverei auf. Die Versklavung von Muslimen ist verboten, die von Ungläubigen wird ausdrücklich legitimiert, das Verhältnis zwischen Herr und Sklave genau definiert. Allerdings wird die Freilassung von Sklaven als »ein gottgefälliges Werk« ausdrücklich empfohlen, auch wenn die Befreiung von Sklaven »kein starkes Leitmotiv« des Korans und keine Verpflichtung des Gläubigen darstellte, wie Chebel schreibt.[8] Dem Koran ist die Sklaverei, dem Zeitalter seiner Entstehung entsprechend, eine selbstverständliche Einrichtung. Er gibt den Gläubigen vor, wie er seine Sklaven zu halten und behandeln hat, unter welchen Umständen sie freizulassen sind, wie zu gebrauchen. Der Koran billigt dem gläubigen Muslim das Recht zu, über seine Sklavinnen sexuell zu verfügen. Die diesbezüglichen Verse (4:3 ; 4:24f; 23:6; 70:30) dienen den ISIS-Kämpfern heute als Rechtfertigung ihrer Frauen versklavenden Praxis.

Im Oktober 2014 taucht im Internet ein Video auf, das die Vorfreude einer Gruppe junger ISIS-Terroristen auf den Sklavenmarkt dokumentiert.[9] Ganz aufgeregt reden sie über das Kommende. Sie kichern und giggeln, lachen und albern herum, nur vordergründig vergleichbar kleinen Jungen in ihrer weihnachtlichen Vorfreude auf das neue rote Feuerwehrauto. Diese jungen ISIS-Killer suhlen sich in ihrer Erwartung auf Sex mit der Ware Frau. Das Video zeigt den in weiten Teilen der islamischen Welt krankhaft verqueren Umgang mit menschlicher Sexualität, die sich nur auf eines reduziert: die nur dumpf vor sich hin wabernde, geile Befriedigung ausschließlich männlicher Lust. Ist die Ware Frau benutzt, kann sie weiterverkauft oder anderweitig entsorgt werden, so die Normalität im Kalifat des Abu Bakr al-Baghdadi. »Jeder ist frei mit seinem Anteil zu tun, was immer er will«, stellt in dem Video ein junger ISIS-Kämpfer klar. »Wo ist mein jesidisches Mädchen«, hechelt ein mörderisches Bürschlein in die Kamera. »Heute ist Sklaventag, und ein jeder sollte was abbekommen«, freut sich ein anderer.

Die Nachrichtenseite Iraqi News veröffentlichte ein auf den 16. Oktober 2014 datiertes offizielles Dokument des ISIS, demzufolge ein einjähriges Mädchen auf dem dschihadistischen Marktplatz sexueller Begierden mit 134 Euro ganz entschieden mehr wert ist als eine ältere Frau zwischen 40 und 50 Jahren.[10] Deren Wert wird auf lediglich 33 Euro taxiert:

- Der Preis für jesidische oder christliche Frauen zwischen 40 und 50 Jahren ist 50.000 irakische Dinar (33 Euro)
- Der Preis für jesidische oder christliche Frauen zwischen 30 und 40 Jahren ist 75.000 irakische Dinar (50 Euro)

- Der Preis für jesidische oder christliche Frauen zwischen 20 und 30 Jahren ist 100.000 irakische Dinar (66 Euro)
- Der Preis für jesidische oder christliche Frauen zwischen zehn und 20 Jahren ist 150.000 irakische Dinar (100 Euro)
- Der Preis für jesidische oder christliche Frauen zwischen ein und neun Jahren ist 200.000 irakische Dinar (134 Euro)

»Drei Einheiten« stehen dem Kunden auf den Sklavenmärkten des neuen Kalifates zu. Mit Einheiten sind Sklavinnen gemeint. Interessenten aus den Golfstaaten, der Türkei oder aus Syrien können sich bei Bedarf und nachgewiesener Solvenz mit unbegrenzt mehr Einheiten eindecken. Ob das Dokument authentisch und tatsächlich von ISIS ist, ist schwer abzuschätzen, wie auch ein kundiger deutscher Nachrichtendienstler sagt. »Ich kann Ihnen derzeit nicht sagen, ob das Dokument eine Fälschung ist oder nicht. Was ich Ihnen aber auf jeden Fall sagen kann, ist, dass alle Informationen in dem Dokument ganz ohne jeden Zweifel zutreffen. Bis dahingehend, dass derzeit das Überangebot an Sklavinnen den Preis drückt.«[11]

Die Beraterin der kurdischen Autonomieregierung für Geschlechterfragen, Dr. Nazand Bagikhany, erklärt, dass der Missbrauch und die Vergewaltigung junger Mädchen und Frauen für ISIS eine Selbstverständlichkeit ist. »ISIS setzt Frauen und Mädchen systematisch physischer und sexueller Gewalt aus. Vergewaltigung und der Missbrauch als Sexsklaven folgen einem System. Für sie sind nichtmuslimische Frauen nur Vieh. Als solches werden sie gehalten, und wie Vieh werden sie auf die Märkte in Mossul und im syrischen Raqqa getrieben und mit Preisetiketten versehen, versteigert.« Dr. Bagikhany, die auch am Forschungszentrum für Genderfragen und Gewalt der Universität Bristol forscht, geht davon aus, dass der ISIS mindestens 2.500 jesidische Frauen entführt hat. Human Rights Watch und andere Hilfsorganisationen glauben, dass mindestens 7.000 christliche und jesidische Frauen als Sklaven von ISIS gefangen gehalten werden.

ISIS selbst macht kein Hehl aus der Wiedereinführung der Sklaverei. Im Gegenteil. Voller Freude und Stolz verkündet er am 13. Oktober 2014 in der vierten Ausgabe seines Internetmagazins »Dabiq« die »Wiederkehr der Sklaverei«. Entsprechend »der theologischen Entscheidungen des frühen Islam«. Explizit weist er darauf hin, dass die versklavten Frauen und Mädchen als »Konkubinen« gehalten werden. Den Behörden des ISIS seien, dem Beispiel des Propheten Mohammed folgend, zwanzig Prozent der Sklaven zur freien Verfügung übergeben worden. ISIS kann sich dabei auf den muslimischen Geschichtsschreiber Muhammad ibn Ishaq, geboren um 704, berufen. Der Biograph des Propheten hatte als Erster die Hadithe und Dokumente über das Leben des Propheten Mohammed zusammengestellt. Er beschreibt die Verteilung der gefangenen Frauen und Kinder des jüdischen Stammes Banu Quraiza als Sklaven, nachdem der Prophet den Männern des Stammes und jedem Jungen, bei dem die ersten Schamhaare sprießen, die Köpfe nehmen ließ. »Der Prophet verteilte den Besitz, die Frauen und die Kinder der Banu Quraiza unter den Muslimen. Er legte fest, welche Anteile an der Beute jeweils den Reitern und den Unberittenen zustanden, und behielt selbst ein Fünftel ein. [...] Die gefangenen Frauen und Kinder aus dem Fünftel schickte er mit dem Helfer Sa'd ibn Zaid in den Nadjd und tauschte sie gegen Pferde und Waffen ein. Eine der gefangenen Frauen, Raihan bint Amr, behielt der Prophet für sich selbst. Sie blieb in seinem Besitz, bis er starb.«[12]

Stolz führen die Autoren von Dabiq aus, getreu dem Vorbild des Propheten die restlichen Sklavinnen unter den Männern verteilt zu haben, die an den Schlachten gegen die Ungläubigen teilgenommen hatten und rechtfertigen sich. »Mehrere zeitgenössische Islamgelehrte sagen, dass das Ende der Sklaverei zu einer Zunahme von unzulässigen sexuellen Aktivitäten, Ehebruch und Unzucht geführt hat.«[13] Nach der Scharia ist Sex mit einer Sklavin erlaubt, mit einer Freundin nicht. Sklavinnen sind also eine wohlfeile Alternative, zumal für einen Mann, der sich keine Ehefrau leisten kann. Nach dieser Logik der Dschihadisten kann jeder Mann außerhalb der Ehe legalen Geschlechtsverkehr haben, leistet er sich die Ware Frau als Sklavin. Das Hausmädchen sexuell zu missbrauchen ist nach der Scharia tabu und nicht gottgefällig. Die Sklavin zu missbrauchen ist erlaubt – und gottgefällig dazu. Zwar lehnen mittlerweile die meisten islamischen Gelehrten die Sklaverei ab, dennoch gibt es angesehene religiöse Koryphäen, die sie nicht nur legitimieren, sondern vielmehr zwingend fordern. So kann sich ISIS bei der Wiedereinführung der Sklaverei als Allah wohlgefälligem Werk auf hochgeehrte und -geachtete religiöse Würdenträger im Königreich Saudi-Arabien stützen.

Ausgerechnet der Autor, der den Großteil der Lehrpläne für die Schüler und Studenten im wahhabitischen Königreich verfasst hat, ist ein unbedingter Verfechter der Sklaverei. Scheich Saleh ibn Fawzan ist eines der prominentesten Mitglieder des höchsten religiösen Gremiums, dem Höchsten Rat der Rechtsgelehrten Saudi-Arabiens. Scheich Fawzan verkündet öffentlich: »Sklaverei ist Teil des Islam«, und weiter, »Sklaverei ist Teil des Dschihad, und der Dschihad wird so lange bleiben, wie es den Islam gibt.« Pikant hierbei: Die von Fawzan verfassten Lehrpläne sind für alle saudischen Schulen bindend. Auch für die Schulen, die Saudi-Arabien im Westen unterhält und finanziert. So auch in Deutschland. Deutsche Kultusministerien können keinen Einfluss auf die Ausgestaltung dieser Lehrpläne nehmen. Auch wenn sie Sklaverei legitimieren und fördern.

Immer wieder erregt in Deutschland die König-Fahd-Akademie in Bonn-Lannesdorf Aufsehen. Die deutschen Behörden verdächtigen sie, im Kontakt mit Dschidadisten zu stehen. Und den Dschihad zu propagieren. Die Schule ist eine Anlaufstelle für Salafisten jeder Art, auch zu Al-Qaida-Sympathisanten. »Die Akademie, eine Schule des saudi-arabischen Staates für ausländische Kinder, war nach Erkenntnissen des Verfassungsschutzes aber auch Treffpunkt von Extremisten, die Verbindungen zu Al-Qaida unterhielten«, schreibt der *Bonner Generalanzeiger* 2011. »In der Moschee der Akademie wurde zum heiligen Krieg aufgerufen, wie Kamera-Aufnahmen belegten, dort wurden Spenden für das Terrornetzwerk gesammelt, dort, so stellten die Behörden fest, unterrichtete man die Schüler aber auch mit Büchern, die juden- und christenfeindliche Aussagen enthielten.«[14]

Zu einem mutmaßlichen Al-Qaida-Mitglied aus Ägypten, dem eine Beteiligung an den Terroranschlägen von Bali vorgeworfen wird, pflegte die Schule engen Kontakt. Bei der Durchsuchung einer Wohnung im Raum Bonn fanden die deutschen Ermittler 2010 Sprengstoff sowie Anleitungen zum Bombenbau. Ebenso ein handgeschriebenes Testament, das Dschihadisten üblicherweise abfassen, bevor sie sich in die Luft sprengen. Der Wohnungsinhaber steht im engen Kontakt zur Akademie, die zu hundert Prozent durch Saudi-Arabien finanziert ist.[15]

Esther hatte uns angerufen, und wir trafen uns dann später am Abend ausgerechnet im Deutschen Restaurant. Aus den Lautsprechern drang deutsche Volksmusik, im Hintergrund lief irgendein Fußballspiel. Am Nebentisch konferierten ganz unbefangen auf Englisch deutsche und kurdische Mitarbeiter einer deutschen NGO. Der wohl eigens aus Deutschland eingeflogene »Leader« referierte über irgendwelche »Gewinnmargen« und »Gewinnmaximierung« und den damit irgendwie verbundenen Einsatz von Hilfsgeldern. Wir waren nur kurz irritiert, aber diese eher seltsame Verquickung interessierte uns an diesem Abend nicht. Wir hatten den ganzen Tag nichts gegessen, aber Hunger hatten wir nicht, stocherten in unseren Salaten, den Bratkartoffeln und den Fleischstücken herum. Esther starrte in ihr Bierglas, es brauchte eine lange Zeit, bis sie das Reden anfangen konnte. »Ich glaube nicht, dass sie es schaffen wird«, sagte sie und jeder von uns wusste, was sie meinte. Dann sprach sie darüber, was Mariam ihr erzählt hatte.

Nachdem ISIS auch Mariams beide Schwestern auf die Pritsche des Pick-up-Truck geworfen hatte, waren Mariam und ihre Schwestern nach Mossul gefahren worden. Sie hatten die Mädchen in einer verrotteten Lagerhalle eingesperrt. Keine Toilette, kein Wasser, nichts. Nur nackter Betonboden, das Dach war mit Wellblech abgedeckt. Die Lagerhalle war vielleicht zehn Meter lang und fünf Meter breit. Mariam und ihre beiden Schwestern standen dicht an dicht gedrängt zwischen etwa einhundertfünfzig Frauen. Christen und Jesiden. Viele der jesidischen Frauen wimmerten vor Schmerzen. Sie hatten Mariam erzählt, dass sie von den

ISIS-Terroristen immer wieder als »Teufelsanbeter« beschimpft und geschlagen worden wären. Nie ins Gesicht, so hatte sie erzählt. In der kleinen Lagerhalle staute sich die Hitze ins Unerträgliche. Sie schrien nach Wasser und bekamen Schläge. Mit der Faust, mit Stöcken, mit Peitsche. Irgendwann hatte Mariam jedes Zeitgefühl verloren. Jedes Gefühl für Schmerz.

Nach ein paar Stunden kamen sechs ISIS-Terroristen und führten Mariam, ihre beiden Schwestern und zwei jesidische Frauen weg. Sie brachten sie in ein Haus, in dem hinter einem Tisch ein Imam saß. Links und rechts von ihm saßen zwei ISIS-Männer. Der Imam fragte Mariam, ob sie Christin sei. »Er hatte es mir nicht geglaubt, er hat gesagt, dass ich lüge, dass ich eine Jesidin sei. Ich habe ihn angefleht mir zu glauben, ich habe ihm die Gebete vorgebetet, aber er hat mir einfach nicht geglaubt«, hatte Mariam Esther erzählt. Die Schwestern weigern sich, zum Islam zu konvertieren, ebenso die zwei jesidischen Frauen. Sie werden bestraft. Mit Peitschen. »Zuerst haben sie meine kleine Schwester ausgepeitscht, ich weiß nicht, wie lange, es dauerte eine Ewigkeit, bis sie aufhörte zu schreien.« Danach nehmen sich die ISIS-Terroristen die anderen Frauen vor. Eine nach der anderen. Dann müssen sie sich einen Niqab mit einem Gitternetz überstülpen, werden nach draußen geführt. Auf der Straße stehen Hunderte Frauen, hintereinander aufgereiht. Alle im schwarzen Niqab gefangen, die Köpfe zu Boden gesenkt. Sie waren hintereinander an einer endlos langen Kette gefesselt. Mariam und die vier anderen mussten sich einreihen und wurden angekettet. Dann wurden sie unter dem Johlen und Geschreie, unter Verfluchungen und Beschimpfungen der Menschen am Straßenrand durch die Straßen Mossuls zum Badusch-Gefängnis geführt. Die

Frauen und Mädchen wurden ungeachtet ihres Alters einem Jungfrauentest unterzogen, und Mariam wurde Zeugin, wie sich hin und wieder der eine oder andere der ISIS-Männer einen Spaß daraus machte, ganz einfach eine Frau zu erschießen. Einfach so, weil es ihn wohl prächtig amüsierte. Denn sie lachten dabei. Wie kleine Kinder, die sich freuen. »Kein Tier verhält sich so«, sagte Esher, »kein einziges.«

Drei Tage ist Mariam im Badusch-Gefängnis eingesperrt, und am Abend des ersten Tages kommt der Erste. In der Nacht kommen weitere. So geht das drei Tage lang, Tag und Nacht. Mariam, so sagt das Esther, weiß nicht mehr, wie oft sie von gottesgläubigen Kämpfern vergewaltigt wurde. Am Abend des dritten Tages öffnet sich die Tür ihrer Zelle. Ein Wärter zerrt sie heraus, prügelt sie über den Zellenflur und stößt sie in einen Raum, in dem sich etwa zwei Dutzend Männer unterschiedlichen Alters befinden. Sie sieht ihre kleine Schwester inmitten der Frauen, die an der Wand des Raumes aufgereiht sind. Alle im Niqab. Das Gitterfenster ihres Umhangs ist hochgeklappt. Auf ihrer Brust ist ein Stück Papier angebracht. 500.000 irakische Dinar steht darauf. Mariam bekommt einen Zettel angeheftet. 100.000 irakische Dinar steht darauf geschrieben. Mariam ist keine Jungfrau mehr. Dann beginnt das Bieten. Die Bieter lachen und scherzen. Sie freuen sich an ihren Kommentaren.

Mariams kleine Schwester geht für 750.000 irakische Dinar weg. Im August 2014 erzielten Sklavinnen noch Höchstpreise. Mariams Preis bleibt konstant auf 100.000 irakischen Dinaren stehen. Ein alter Mann, weit über siebzig Jahre, nimmt sie mit. An diesem Tag sieht Mariam ihre kleine Schwester das letzte Mal. Auf ihre Frage, was mit ihr geschehe, kichert der Alte. »Saudi-Arabien«, sagt er nur. Die nächsten zwei Tage im Leben Mariams gleichen sich.

Prügel, Vergewaltigung, Prügel, Vergewaltigung. Der Alte brüstet sich, wie jung er noch sei. Als der Alte am dritten Tag das Haus verlässt, kann Mariam fliehen. An diesem Tag schützt sie der Niqab. Niemand kann ihr Gesicht sehen, das von den Faustschlägen des Alten entstellt ist. Niemand, so hofft sie, wird darüber Fragen stellen oder herausbekommen, dass sie eine entlaufene Sklavin ist. Sie irrt stundenlang durch Mossul, weiß nicht, wo sie ist, weiß nicht, wohin sie soll. Dann gibt sie sich auf. Kauert sich am Boden an eine Hauswand und wartet. Auf nichts.

Sie hat Glück. Der Zufall rettet sie. Ein Mann spricht sie an, nimmt sie mit. Mariam hat keine Angst mehr. Wovor denn auch, sie hat alles hinter sich. Zwei Tage später besteigen der Mann, seine Frau, zwei seiner Töchter und Mariam seinen alten Kleinbus. Die Frauen tragen alle einen Niqab. Sie fahren los. Sie passieren alle Kontrollpunkte von ISIS. Einfach so. Sie haben Glück. Der Mann war ein Sunnit und froh, so erzählte Mariam es Esther, dass ISIS die Armee aus Mossul vertrieben hatte. »Er hat mich gerettet.« Er bringt sie nach Erbil zur St. Joseph-Kirche, wo christliche NGOs sich um sie kümmern. Dort findet sie ihren Vater. »Aber der konnte ihr nicht helfen«, so meinte Esther. »Er weinte, aber nicht um Mariam. Sondern um sich, seine verlorene Ehre, darüber, dass Mariam Schande über ihn gebracht hat, durch dass, was ihr widerfahren ist. So ist das hier bei den Vätern, wenn ihre Töchter vergewaltigt werden, auch bei den christlichen Vätern.«

Dann meinte sie nur, sie glaube nicht, dass Mariam es schaffen würde. So weiterleben zu können. Wir hörten ihr zu. Wir waren verstummt. Was hätten wir auch sagen können.

Salafistische Verschwörer

»Hast du getötet?«

»Ja.«

»Hast du viele getötet?«

»Ja.«

»Wie viele hast du getötet?«

»Ich habe sie nicht gezählt, aber es waren viele.«

»Du hast Männer getötet. Hast du auch Frauen getötet?«

»Ja.«

»Hast du Kinder getötet?«

Er schweigt.

»Wie hast du getötet? Wo hast du getötet?«

Es ist eine heiße Augustnacht und ein deutscher Töter gibt Auskunft. Auf Schwäbisch. Neben ihm sitzt ein zweiter Deutscher und schweigt während der Stunden des Gespräches im Wüstensand auf dem Territorium des sogenannten Kalifats des ISIS unweit von Gwer, einem verrotteten Weiler etwa zwanzig Kilometer von Erbil entfernt. Beide sind ISIS-Terroristen und sie sind stolz darauf. ISIS hat Gwer erobert, ist von den Peschmergas und mehr noch von der kurdischen Terrororganisation PKK von dort wieder vertrieben worden, aber es gibt hier keinen klaren Frontverlauf. Gebiete werden erobert, gehalten, gehen verloren und werden wieder zurückerobert. Geschehnisse, die es nicht schaffen, im Westen Schlagzeilen zu produzieren. Die Lage ist unübersichtlich und mehr als nur konfus. ISIS führt seinen Krieg wendig und sehr flexibel, stößt vor und zieht sich zurück. »Es ist, als ob du einen nassen Fisch in Händen hältst«, hatte mir am Tag zuvor der Kommandant der PKK, Tekosher Zagros, in ihrem Lager in Makhmut erzählt. Die Männer und Frauen seiner Guerillatruppe dringen Nacht für Nacht tief ins ISIS-Land vor, überfallen Posten, töten ISIS-Terroristen und ziehen sich sofort wieder zurück. »Wir machen keine Gefangenen«, hatte er knapp erklärt, »ebenso wenig wie die.«

Die beiden deutschen ISIS-Männer sind gekommen, zwei vorher vereinbarte Termine hatten sie kurzfristig verschoben. Abu Hamza und Abu Ibrahim. Doch Abu Ibrahim wird in dieser Nacht nur drei Stunden stumm danebenstehen und sitzen, stehen und sitzen, was vielleicht etwas damit zu tun hat, dass er Tage später nach Kirkuk hineinfahren wird, um sich dort in die Luft zu sprengen. Wobei es schon verwundert, dass ISIS sich in diesem Fall nicht damit brüsten wird, dass Abu Ibrahim ein deutscher Staatsbürger ist. ISIS rühmt sich gern, dass deutsche, britische, auch französische, dänische oder Staatsbürger anderer europäischer Staaten sich zum höheren Ruhme Allahs in Syrien oder dem Irak in die Luft sprengen.

Sein Kampfgenosse Abu Hamza ist gebürtiger Schwabe kurdischer Herkunft und es mutet bizarr, ja beinahe surreal an, ihn inmitten der irakischen Wüstenei in warm sprudelndem Schwäbisch über das Töten von Männern und Frauen sprechen zu hören. Nur über das Töten von Kindern, darüber, ob er kleine Kinder getötet hat, darüber will er in dieser Nacht nicht sprechen. Über das Wo und das Wie seines Tötens zu reden fällt ihm hingegen nicht schwer. »Ich habe aus der ersten Reihe heraus getötet. In Syrien, im Irak. Ich habe sie erschossen, totgeschlagen, ihnen die Kehle durchgeschnitten«, sagt er und es ist nicht so, dass seine Stimme bei diesen Worten befriedigt, hasserfüllt oder sehr fanatisch klingt. Es ist ein Plaudern, eher beiläufig und gelangweilt.

»Wie ist das, wenn du einen Menschen tötest? Was ist das für ein Gefühl, wenn du Männern oder Frauen die Kehle durchschneidest?« Er schweigt. »Probier es selbst«, sagt er und lacht dann leise auf. »Warum lachst du?« Er wirft eine Coladose herüber. »Weil du immer dieselben Fragen stellst. Du hast vor fünfzehn Jahren serbische Killer, die im Kosovo muslimische Frauen und Kinder vergewaltigt und geschlachtet haben, dasselbe gefragt wie mich heute. Also bekommst du akkurat dieselben Antworten.« Abu Hamza hatte sich sachkundig gemacht, aber das war nicht verwunderlich, er hatte es im Vorfeld dieses Treffens angekündigt. »Warum bin ich heute hier?«, frage ich ihn. Er schnauft verächtlich. »Weil du ein nützlicher Idiot bist«, sagt er. »Ich habe deine Sachen gelesen. Ich weiß, wo du stehst, was du denkst, wie du schreibst. Mir ist das egal. Es interessiert mich nicht, wo du stehst, was du glaubst oder nicht. Ich rede, du schreibst und dadurch transportierst du meine Botschaft, machst sie öffentlich, schaffst Angst, latente Panik, Unsicherheit. Man nennt dies psychosoziale Effekte. Man könnte also sagen, dass du und Leute deiner Profession mein Geschäft besorgen.« Das sagt Abu Hamza in fast heiterer Gelassenheit und wischt den Einwand weg, dass sein Schlachten sich in nichts von dem der serbisch-orthodoxen Christen an Muslimen in der letzten Dekade des vergangenen Jahrhunderts unterscheidet. Die orthodoxen Schlächter waren mit derselben Motivation, derselben Begründung, derselben Begeisterung ins Morden, in ihren »Heiligen Krieg wider die Muslime« des Balkans gezogen, wie ISIS heute in den Krieg gegen die »Ungläubigen« zieht. Die einen beseelt vom Wunsch, im Kampf für das Kosovo, das »serbische Jerusalem«, im Namen ihres Gottes als Märtyrer zu sterben. Die anderen beseelt vom Kampf gegen die Ungläubigen und für das Kalifat im Namen ihres Gottes als Märtyrer zu sterben.

»Wenn Leute meiner Profession also euer Geschäft besorgen, warum habt ihr dann James Foley den Kopf genommen? Die Bilder seines Sterbens ins Internet gestellt?« Abu Hamza weiß natürlich, dass diese Frage kommen muss. »Im Wesentlichen aus drei Gründen«, sagt er. »Der erste ist sehr banal. Die französische Regierung zahlt Lösegeld für ihre Staatsbürger, die italienische, die Regierung der Schweiz, die spanische und selbstredend auch die deutsche Bundesregierung«, sagt er und amüsiert sich köstlich darüber. »Deine Regierung finanziert unseren Terror. Cash. Die USA zahlen keinen Cent Lösegeld. Auch deshalb musste er sterben. Der zweite Grund: Ihn zu töten, die Bilder ins Netz hochzuladen erzeugt weltweit eine ungeheure Angst, ein ungeheures Entsetzen, Lähmung. Panik. Man nennt dies psychologische Kriegsführung. Der dritte Prunkt: die USA wieder zurück in den Irak zu treiben. Das ist uns gelungen. In diesem Sumpf werden sie versinken. Blutig. Wir werden der Umma beweisen, dass die Luftangriffe der USA ins Leere laufen, dass sie schwach und ohnmächtig sind, dass sie ISIS nicht besiegen können. Die Bilder amerikanischer Flugzeuge, amerikanischer Soldaten, die muslimische Menschen im Irak und ganz sicher bald auch in Syrien töten, werden uns stark machen. Jede Bombe der Amerikaner, die im Irak Muslime tötet, treibt uns Tausende neuer Anhänger zu. Im Irak. In Syrien. Aus Europa, aus Deutschland, aus den USA.« Eine Logik, die so ohne weiteres nicht zu widerlegen ist. Zum Zeitpunkt unseres Treffens hatten die USA bereits

Stellungen im Irak bombardiert. Westliche wie nahöstliche Geheimdienste registrierten nach dem Beginn der Bombardements der ISIS-Stellungen in Syrien und im Irak einen rasanten Anstieg ausländischer Dschihadisten, die es in den Irak und nach Syrien trieb.[16]

Es hatte lange Monate, fast ein Jahr gedauert, den Kontakt zu Abu Hamza herzustellen. Unzählige Besuche in deutschen und österreichischen Moscheen, in der Schweiz und in Luxemburg. In Moscheen, in denen Salafisten nicht nur geduldet sind, vielmehr eine Heimat gefunden haben, auch wenn der eine oder andere Moscheevorstand genau darüber nicht recht glücklich war. Aber eine Moschee ist nun einmal für ausnahmslos alle muslimischen Gläubigen offen. Sie ist nicht nur ein Raum des Gebets, sondern ebenso da für jedwede soziale Aktivität, für Kommunikation, miteinander reden, leben und eben auch beten. Deshalb ist es nicht zwingend richtig, eine Moschee, in der Salafisten beten, eine salafistische Moschee zu nennen. Was sicherlich auf die Berliner Al-Nour-Moschee sowie die Aachener Al-Rahman-Moschee nicht zutrifft. Beide Moscheen werden von deutschen Verfassungsschutzbehörden sowie nichtdeutschen Diensten beobachtet. Mit gutem Grund. Die ersten erfolgreichen mittelbaren Kontakte, die letztendlich nach einer langen Kette weiterer Kontakte zum Treffen mit Abu Hamza al-Almani führten, wurden in beiden Moscheen im Verlauf des Jahres 2013 geknüpft. Versprechungen wurden gemacht, Verabredungen geschlossen und wieder verworfen, Zusagen gegeben und wieder zurückgezogen. Es folgten Treffen in anderen Moscheen, dann erste unmittelbare Kontakte und Gespräche im sehr weiten Bereich sogenannter sozialer Medien ebenso wie in geschlossenen Räumen virtueller Untiefen des Internets. Es gibt ISIS-Menschen, die Meister in der Kunst der sicheren Kommunikation in geschlossen Foren sind. Was kein Wunder ist, befinden sich doch ausgewiesene IT-Fachleute in seinen Reihen. Es waren immer sorgsam abgeschottete Kontakte, denn über die Fähigkeiten der amerikanischen NSA weiß man bei ISIS sehr genau Bescheid. »Snowden sei Dank, möge Allah ihn segnen«, hatte Abu Hamza dies heiter kommentiert. Hinzu kommt, dass in den Reihen von ISIS eine mehr als nur erkleckliche Anzahl ehemaliger Geheimdienstmitarbeiter Saddam Husseins arbeitet, Leute, die ihre Profession recht gut beherrschen.

Abu Hamza sitzt in dieser Nacht im Schneidersitz auf dem Boden, den Rücken an den Reifen eines Toyota-Pick-up-Trucks gelehnt und beginnt irgendwann das Dozieren. Über die amerikanische Methode, Sarin zu produzieren. Spricht über Dimethylphosphonat und Thionylchlorid. Über Methylphosphonsäuredichlorid, Flusssäure und Methylphosphonsäuredifluorid und dass Isopropanol »das Ganze rund macht«. Davor hat er über Phosphorigsäureester und Methyliodid referiert und in rasender Geschwindigkeit ganze Diagramme chemischer Formeln in den Sand gezeichnet. Was kein Wunder ist, hat er doch fünf Jahre in Deutschland und in Großbritannien Chemie studiert und nach seinem Abschluss zwei Jahre lang als Chemiker gearbeitet. Abu Hamza al-Almani scheint zu wissen, worüber er da doziert. Auf die Nachfrage, worin die Bedeutung seines chemischen Vortrags bestünde, lacht er leise. »Das ist das, was euch erwartet. Ein Höllenfeuer auf Erden. Das ist das, was euren Sicherheitsbehörden schlaflose Nächte bereitet. Das ist das, was euren Geheimdiensten die schlimmsten Alpträume beschert.« Er deutet auf die Formeldiagramme. »Sarin«, sagt er. Sarin ist einer der tödlichsten chemischen

Kampfstoffe. Saddam Hussein hat ihn im ersten Golfkrieg eingesetzt – Zehntausende iranische Soldaten starben. Baschar al-Assad hat ihn am 21. August 2013 in al-Ghoutha, einem Vorort von Damaskus, eingesetzt – etwa 1.500 Menschen starben.

Tatsächlich treibt westliche Sicherheitsbehörden die Angst um, dass dschihadistische Terroristen eines Tages Sarin oder verwandte chemische Kampfstoffe einsetzen. Zumal sie wissen, dass Al-Qaida seit Jahren bemüht ist, in den Besitz chemischer Kampfstoffe zu kommen. In westlichen Sicherheitsbehörden gehen die Meinungen auseinander. Was einige befürchten, wird von anderen bezweifelt und als Alarmismus, als Panikmache abgetan. »Sarin können Sie nicht mal eben so in Mamas Küchenlabor herstellen«, sagt im Sommer 2014 ein deutscher Nachrichtendienstler und wiegelt ab. »Al-Qaida hat es immer wieder versucht, sie sind gescheitert. Die Versuche blieben in den Kinderschuhen stecken. Ihnen fehlen die Industrieanlagen, die Laboratorien, die Vorläuferprodukte, die Wissenschaftler. Ohne das können sie unmöglich einsatzfähige chemische Kampfstoffe herstellen.«[1] Magnus Ranstorp, Forschungsdirektor am Center for Asymmetric Threat Studies am Swedish National Defence College warnt hingegen vor den Möglichkeiten, die ISIS offenstehen. »Die eigentliche Schwierigkeit bei diesen Waffen besteht darin, dass sie ein effektiv funktionierendes Verteilungssystem brauchen, um viele Menschen zu töten. Diese absolut fürchterlichen Waffen zu produzieren ist für ISIS hingegen zweifellos möglich.«[2]

Abu Hamza al-Almani zuckt nur mit den Schultern. »So Gott will, wird es euch in ein paar Wochen, in ein paar Monaten, in einem Jahr treffen. Wir werden euch treffen. Ihr werdet es sehen.« Nur seine Augen sind zu sehen, sein Gesicht verbirgt er hinter einer schwarzen Sturmhaube. Er ist ganz in Schwarz gekleidet. Als er aufsteht, gibt er das Bild eines Ninja-Fighters ab und genauso sieht er sich, als Ninja-Krieger seines Gottes. Steht da und parliert über Tod und Teufel und die Qualen des Höllenfeuers, über Terror, Angst und Panik, die es zu verbreiten gilt. Als Rache für all das Leid, die Verfolgung der Muslime, ihr Sterben und Gemordetwerden durch den Westen. In Afghanistan, im Irak, in Syrien. Die Auflistung all der Orte dieser Welt, an denen die Muslime solcherart verfolgt, diskriminiert und unterdrückt werden, will kein Ende nehmen. Er will nicht hören, dass seit Jahr und Tag weltweit weitaus mehr Muslime durch muslimische Hand getötet werden als durch westliche. Abu Hamza al-Almani folgt einer Vision. Im schwäbischen Sprachfluss droht er Rache und Vernichtung all denen an, die für das Leid der Umma verantwortlich sind: den Menschen des Westens. Dann zitiert er Georg Büchner, ausgerechnet Büchner. »Friede den Hütten, Krieg den Palästen«, sagt er. Da klingt der Spott nicht mit, er trieft nur so aus seinen Worten heraus. »Nein, Krieg den Hütten, Krieg den Palästen! In diesem Krieg gibt es keine Zivilisten. Ihr alle, die Menschen im Westen, seid für den Mord an den Muslimen, für ihr Leid verantwortlich. Ihr seid es, die uns in Deutschland, in Frankreich, in Großbritannien, in Skandinavien, wo auch immer im Westen, Tag für Tag diskriminiert. Euer Rassismus macht uns unser Leben zur Hölle. Ihr seid es, die die Herrscher gewählt habt, die unsere Brüder und Schwestern, unsere Kinder ermorden mit Panzern und Granaten, mit Flugzeugen und Raketen. Ihr habt eure Herrscher mit eurer Stimme, euren Steuergeldern erst in die Lage versetzt, uns Muslime zu ermorden. Also ist jeder einzelne von euch verantwortlich. Jeder einzelne von euch ist zur

Verantwortung zu ziehen.« Dann kippt seine Stimme, er richtet sich auf, reckt in Salafistengeste den ausgestreckten Finger der rechten Hand hoch und fällt in einen melodischen Betgesang.

»Wahrlich, der Baum des Zaqqūm ist die Speise des Sünders. Wie geschmolzenes Kupfer wird er in ihren Bäuchen brodeln, wie das Brodeln kochenden Wassers. Ergreift ihn und zerrt ihn in die Mitte des Höllenbrands. Dann gießt auf sein Haupt die Pein des siedenden Wassers. Koste! Du meintest doch, der Erhabene, der Würdige zu sein. Siehe, dies ist nun das, woran ihr zu zweifeln pflegtet.«[3] So zitiert er aus seinem Koran und fährt fort: »Diejenigen, die nicht an unsere Zeichen glauben, die werden wir im Feuer brennen lassen: Sooft ihre Haut verbrannt ist, geben wir ihnen andere Haut, damit sie die Strafe kosten. Wahrlich Allah ist allmächtig, Allweise.«[4]

Abu Hamza al-Almani lässt sich wieder zu Boden nieder, nickt bestätigend mit dem Kopf. »Natürlich hat dein Sicherheitsexperte recht – und irrt sich dennoch«, sagt er und betont spöttisch den Begriff Sicherheitsexperte. »Al-Qaida hat es versucht. Al-Qaida ist daran gescheitert, und zwar aus genau den angeführten Gründen. Aber der Islamische Staat ist nicht Al Qaida. Wir haben das, was wir brauchen. Wir haben die notwendige Hardware. Wir haben die notwendigen Vorläuferprodukte. Wir haben die wissenschaftliche Expertise. Es ist nur eine Frage der Zeit, bis wir chemische Kampfstoffe selbst hergestellt haben. Einsatzfähige.«

Dann spricht Abu Hamza al-Almani offen darüber, was westliche Sicherheitsdienste mehr als nur ins Grübeln bringt. »Wisst ihr, ob Baschar al-Assad tatsächlich sein gesamtes chemisches Waffenarsenal offengelegt hat? Wenn ja, wäre er ausgesprochen dumm, und Baschar al-Assad ist nicht dumm. Ihr könnt nicht wissen, ob wir nicht doch das eine oder andere Depot in Syrien erobert haben, in dem chemische Kampfstoffe gelagert waren.« Tatsächlich bezweifeln westliche Geheimdienste, aber auch Mitarbeiter der UN-Organisation für das Verbot chemischer Waffen (OPCW), dass Baschar al-Assad sein gesamtes Chemiewaffenarsenal offenbart hat – die chemischen Waffen und Kampfstoffe, all die Vorprodukte, die es braucht, um chemische Massenvernichtungswaffen herzustellen. »Wo sind die chemischen Kampfstoffe von Muammar Gaddafi geblieben?«, fragt der deutsche Gotteskrieger. »Wurden sie wirklich alle gefunden und entsorgt? Wo sind die Vorläuferprodukte, die es in Libyen in Hülle und Fülle gab. Wirklich alle vernichtet?«, fragt er süffisant und spielt damit auf sehr konkrete Ängste westlicher Geheimdienste an. Libyen hatte 2004 die Chemiewaffenkonvention unterzeichnet, wonach Entwicklung, Herstellung, Besitz, Weitergabe und Einsatz chemischer Waffen verboten sind. Was Muammar al-Gaddafi nicht daran hinderte, sein chemisches Waffenarsenal munter weiter auszubauen.

Nach dem Sturz des libyschen Diktators waren westliche Geheimdienste entsetzt. Nicht nur über den Vertragsbruch Gaddafis, vielmehr über das Ausmaß seiner chemischen Hochrüstung – und darüber, dass einige der Lagerstätten, die sie nach dem Zusammenbruch der libyschen Diktatur im Land inspizierten, leer geräumt waren. »Wir haben Lagerstätten und Waffendepots gefunden, die vollkommen leer waren. Unsere Untersuchungen haben ergeben, dass dort chemische Waffen, Kampfstoffe und Vorläuferprodukte gelagert waren. Die sind spurlos verschwunden. Niemand weiß, wohin«, konstatiert ein UN-Mitarbeiter nüchtern. »Wir müssen davon ausgehen, dass ein Teil des verschwundenen Arsenals frei vagabundierend in die falschen Hände geraten ist.« Den Mann treibt nicht so sehr die Sorge, dass Terrororganisationen wie ISIS in den Besitz chemischer Waffen gelangen. Die seien für terroristische Anschläge nicht sonderlich zu gebrauchen. Im Gegensatz zu chemischen Kampfstoffen. »Wenn sie bereit sind selbst zu sterben, dann können sie in geschlossenen Systemen eine ganze Menge mit chemischen Kampfstoffen töten. Stellen Sie sich die dann folgende Massenpanik vor.«[5]

Abu Hamza, der deutsche Dschihadist, zählt die Möglichkeiten von ISIS genüsslich an den Fingern seiner Hand ab. »Erstens: Wir haben am 11. Juni die Muthanna-Anlage bei Bagdad erobert. Die Sarin-Reste sind nicht mehr zu gebrauchen. Das Senfgas hingegen sehr wohl.

Zweitens: Wir können uns aus den syrischen und libyschen Beständen bedienen. Drittens: Der Islamische Staat ist in der Lage, chemische Kampfstoffe selbst herzustellen. Wie schon gesagt, wir haben die Hardware, die Vorläuferprodukte, die Expertise.« Dann zückt er sein Smartphone und zeigt mehrere Videoclips. Zu sehen sind großzügig ausgestattete Laborräume. Aufnahmen aus der Universität in Mossul. Die dortige Universität hat eine große chemische Fakultät mit einer Laborausstattung, die alles aufweist, um in chemischen Prozessen chemische Kampfstoffe zu extrahieren. »Das ist eine Laborausstattung, mit der man durchaus einige Kilogramm Sarin herstellen kann. Nichts, womit man flächendeckend einen Krieg führen kann. Aber genügend Kampfstoffe, die man ohne jedes Problem in der U-Bahn in Berlin, in einem Kino in München, in einem Hotel in Hamburg oder wo auch immer sonst anwenden kann«, sagt Abu Hamza. »Und ich bin nicht der einzige Chemiker. Wir haben genügend Chemiker, Biologen, Ingenieure aus ganz unterschiedlichen Ländern in unseren Reihen.« Tatsächlich bestätigt Nazhat Hali, der Leiter des gemeinsamen Geheimdienstes der beiden kurdischen Parteien PUK und KDP, dass die kurdischen Dienste harte Beweise dafür hätten, dass ISIS »für sehr viel Geld aus Pakistan zwölf pakistanische Wissenschaftler eingekauft hat. Biologen und Chemiker.«[6] Der pakistanische Wissenschaftsbetrieb ist dafür berüchtigt, dass viele seiner Wissenschaftler dschihadistischen Überzeugungen folgen. In Mossul, in Tikrit, Falludscha und in der syrischen Millionenstadt Rakka, die von ISIS kontrolliert wird und zur Hauptstadt ausgerufen wurde, befinden sich neben gutausgestatteten chemischen Labors auch chemische Industrieanlagen und Fabriken, Krankenhäuser, in denen gutausgebildete Wissenschaftler durchaus einsatzfähige chemische Kampfstoffe herstellen können. Das lässt aus einer abstrakten Gefährdung eine sehr konkrete werden. Ist das Alarmismus?

Dr. Ralf Trapp gilt weltweit als eine Koryphäe auf dem Gebiet chemischer Waffen und chemischer Kampfstoffe. Der Berater der mit den Vereinten Nationen assoziierten Organisation für das Verbot chemischer Waffen, OPCW, berät auch Regierungen und kann die Gefahr nicht abwiegeln. Im Gegenteil. »Wenn bestimmte Voraussetzungen gegeben sind, kann eine Gruppe wie der ISIS natürlich absolut tödliche chemische Kampfstoffe wie beispielsweise Sarin in begrenzten Mengen herstellen. Das in relativ kurzer Zeit. Die sind dann einsetzbar – für terroristische Zwecke. Sie brauchen eine entsprechende Hardware, also Laboratorien mit chemischen Produktionsausrüstungen und den erforderlichen Mitteln zum Schutz durch Vergiftungen mit dem Kampfstoff. Sie brauchen die Vorläuferprodukte und entweder ausgebildete Chemiker oder Techniker, die in einem

Chemiewaffenprogramm gearbeitet haben und erfahren sind.«[7] Beispielsweise im syrischen oder irakischen oder libyschen Chemiewaffenprogramm. All dies hat ISIS zur Verfügung. ISIS hat in seinen Reihen sehr gutausgebildete Chemiker, die zudem in Chemiewaffenprogrammen gearbeitet haben. In Syrien, in Libyen und in denen des Saddam Hussein. »Die meisten der Wissenschaftler und Techniker aus dem Chemiewaffenprogramm des Saddam Hussein sind heute sicher zu alt«, erklärt Ralf Trapp. »Aber eben nicht alle. Sie brauchen nicht sehr viele erfahrene Chemiewaffenexperten, um beispielsweise Sarin herzustellen. Haben sie das Laboratorium und die entsprechenden Vorläuferprodukte, dann können sie einige Kilogramm Sarin in kurzer Zeit herstellen. Die Probleme, vor denen sie dabei stehen, sind lösbar und beherrschbar. Der effektive Einsatz des Kampfstoffes ist allerdings eine weitere Herausforderung und braucht sowohl entsprechende Erfahrungen beim Waffendesign als auch beim Einsatz selbst.« All dies hat ISIS.

Für Abu Hamza ist es keine Frage, chemische, biologische oder radiologische Massenvernichtungswaffen gegen die »Ungläubigen« einzusetzen, und die verortet er zuallererst im Westen. »Ohne den Westen, ohne die USA und Europa hätten sich die Diktatoren in der arabisch-islamischen Welt niemals so lange an der Macht halten können. Niemals hätten sie die Muslime so grausam und so blutig unterdrücken können. Ihr habt die Muslime nicht nur mittelbar, sondern noch viel schlimmer unmittelbar unterdrückt und ermordet. Ihr seid seit Jahrzehnten im Krieg mit uns, und natürlich ist es unsere heilige Pflicht, in diesem Krieg gegen euch jede Waffe einzusetzen, die uns zur Verfügung steht.« Dann zitiert er eine Fatwa des saudischen Religionsgelehrten Nasir al-Fahd. Der islamische Gelehrte ist einer der einflussreichsten dschihadistischen Kleriker des Königreiches. Al-Fahd unterliegt derzeit in Saudi-Arabien wegen seiner dschihadistischen Predigten, in denen er immer wieder die Herrscherclique des Königreiches angreift, einem eher kommoden Hausarrest. In einer Fatwa legitimiert er unmissverständlich den Einsatz von Massenvernichtungswaffen. »Wenn die Muslime die Kufar, die Ungläubigen, nicht anders besiegen können, ist der Gebrauch von Massenvernichtungswaffen erlaubt, auch wenn sie alle getötet werden und sie und ihre Nachkommen vom Erdboden verschwinden. Schaut man sich die amerikanische Aggression gegen die Muslime und ihre Länder während der letzten Jahrzehnte an, dann kommt man zu der Schlussfolgerung, dass es nach dem Prinzip der Gegenseitigkeit erlaubt ist, sie mit Massenvernichtungswaffen anzugreifen. Einige Brüder haben die Zahl der muslimischen Verluste berechnet. Sie kommen zu dem Schluss, dass mehr als zehn Millionen Muslime durch die Amerikaner direkt und indirekt getötet wurden. Die Anzahl der Länder, die sie mit ihren Bomben verbrannt haben, ist nicht mehr zu zählen.«[8]

Die Fatwa Nasir al-Fahds stammt aus dem Jahr 2003 und rückte erst 2014 wieder ins Bewusstsein der Öffentlichkeit, als das angesehene US-Magazin *Foreign Policy* den Fund eines »Endzeit-Laptop« vermeldete. Der war zu Beginn des Jahres einer moderaten syrischen Rebellengruppe in die Hände gefallen. Auf dem Computer befand sich Datenmaterial in der Größenordnung von 146 Gigabyte. 35.347 Dokumente in 2.367 Ordnern, abgefasst in Französisch, Englisch und Arabisch. Neben Anleitungen zum Bombenbau, Autodiebstahl und konspirativem Verhalten fanden sich Baupläne für biologische und chemische Waffen. Auf neunzehn Seiten fasst ein tunesischer Staatsbürger die Anleitung zum Bau biologischer Waffen zusammen und erklärt, wie man aus infizierten Tieren beispielsweise Beulenpesterreger extrahieren kann und waffenfähig macht. Der Verfasser hat an zwei tunesischen Universitäten Chemie und Physik studiert und kämpft in den Reihen von ISIS. »Der Vorteil biologischer Waffen«, schreibt er, »besteht darin, dass sie billig sind und sehr viele menschliche Opfer kosten.« Und weiter: »Benutze kleine Granaten mit dem Virus und werfe sie in geschlossene Gebäude wie Metro-Stationen, Fußballstadien oder Vergnügungszentren«, heißt es in dem Dokument. »Am besten nahe einer Klimaanlage. Man kann das auch für Selbstmordattentate benutzen«.

Abu Hamza ist diese Fatwa des saudischen Klerikers Nasir al-Fahd nicht nur lediglich eine Anleitung, vielmehr »eine Verpflichtung. Der komme ich nach. Das ist meine Pflicht Allah gegenüber«, sagt er in dieser Nacht. Fabuliert da wer? Übt sich da jemand nur in psychologischer Kriegsführung? Will da einer bloß Panik und Angst erzeugen? Nur eine Drohkulisse aufbauen, ohne jede Substanz? Panik und Angst, hat er vorher doziert, seien »wesentlicher Teil der terroristischen Kriegsführung. Natürlich bin ich ein Terrorist«, sagt er und klingt sehr zufrieden dabei.

»Du wähnst dich im Besitz der allein glückselig machenden Wahrheit«, gebe ich ihm zurück. Er schüttelt den Kopf. »Nein«, sagt er, »ich wähne mich nicht. Ich bin es. Ich nehme den heiligen Koran so, wie er geoffenbart worden ist. Buchstabe für Buchstabe, Wort für Wort. Das ist mir aufgegeben worden.« Dann zitiert er einen Vers aus dem Koran nach dem anderen. Es sind die blutigen, die nicht nur als Anleitung zu Mord und Terror gelesen werden können, dies vielmehr legitimieren. Abu Hamza ist mit nichts zu erreichen, hält man mit anderen Versen seines heiligen Buches dagegen. Verse, die Gegenteiliges propagieren. »Wenn du auch deine Hand gegen mich ausstreckst, um mich zu erschlagen, so werde ich doch nicht meine Hand nach dir ausstrecken, um dich zu erschlagen. Ich fürchte Allah, den Herrn der Welten.«[9] Eine Aufforderung zum Gewaltverzicht, die Abu Hamza nicht gelten lassen will. Nach dem Prinzip der Abrogation würde diese Forderung durch später geoffenbarte Verse aufgehoben. Der Koran, die Sunna, die Handlungsweise des Propheten, die Hadithe, die Überlieferungen über die Aussprüche und Handlungen, die Scharia. Das und nur das sind die vier Eckpfeiler seines Lebens, an denen Abu Hamza sich ausrichtet. Demokratie sei mit dem Islam und den Gesetzen der Scharia hundertprozentig unvereinbar, sagt er. »In der Demokratie herrschen Menschen über sich selbst. Menschen formulieren Gesetze für Menschen. Das ist eine Sünde wider Allah. Wer Demokratie propagiert, predigt also Sünde und den Abfall vom Glauben und muss den Gesetzen der Scharia entsprechend bestraft werden. Darauf steht der Tod«, sagt Abu Hamza. »Der Koran lehrt uns, dass sich der Mensch den Gesetzen Allahs bedingungslos unterwerfen muss. Nichts anderes heißt Islam. Nur Allah gebührt die Herrschaft über den Menschen.«

In der Welt und Glaubenssicht des Deutschen Abu Hamza al-Almani ist das selbstpropagierte Kalifat des ISIS-Anführers Abu Bakr al-Baghdadi in seinen derzeitigen Grenzen nur der Anfang. Überall dort, wo jemals Muslime geherrscht haben, muss »natürlich mit Feuer und Schwert, durch die reinigende Kraft des Höllenfeuers, die Herrschaft der Muslime wieder errichtet werden, die Wiedereroberung von al-Andalus natürlich inbegriffen«. Sein Fernziel: das globale Kalifat. Was Abu Hamza treibt? Glaubt man seinen Erzählungen, sind es nicht irgendwelche Umstände alltagsrassistischer Art, keine Ausgrenzungserlebnisse, keine Diskriminierungen. »Ich bin als Deutscher, als Schwabe geboren worden und als solcher aufgewachsen, mein kurdisch sein gehörte dazu. Und nein, ich bin nicht integrationsgescheitert, war nie kleinkriminell«, meint er heiter. Er kennt die ganzen sozialpsychologischen Zuordnungen dieser Art. »Träumt weiter«, sagt er, »das muss in eurer Angst vor uns etwas ungemein Beruhigendes haben. All die mehr als 1.400 Brüder und Schwestern, die aus Deutschland in den Islamischen Staat gekommen sind, so zu klassifizieren. Sozial abgehängt und dumm, gerne mit Drogenvergangenheit und kleinkriminell, irgendwie am Leben gescheitert. Ihr werdet euch umschauen. Wir kommen zurück.«

Seine Eltern? Mittelschicht, kein Prekariat. Gläubig, wenngleich nicht sonderlich. »Mich hat Allah in meiner Seele berührt«, meint er, »danach war mein Leben ganz anders.« Er skizziert seine Herkunft knapp und vage, achtet peinlich darauf, seine Identität zu schützen. Beim allerersten direkten Kontakt hat er auf die Frage, wie er zu nennen sei, nur mitgeteilt, dass das unerheblich sei. »Ich kann dir einen Namen nennen, es wird auf jeden Fall ein falscher sein. Such dir also selbst einen Namen aus.« Abu Hamza weiß seine Identität und Herkunft zu verschleiern, hatte bereits in der langen Phase der Kontaktaufnahme sicher kommuniziert. Seit Sommer 2012 kämpft er in seinem Heiligen Krieg, zunächst in Syrien in den Reihen der Jibhat al-Nusra, bevor er im Januar 2013 zu ISIS wechselte. »Dem Islamischen Staat gehört die Zukunft«, sagt er, »IS ist multinational und multi-ethnisch zugleich. Wir haben die kolonialistischen Mauern und Grenzen niedergerissen, die Sykes-Picot vor hundert Jahren aufgebaut haben.« Der britische Diplomat Mark Sykes und der Franzose François George-Picot hatten am 16. Mai 1916 die kolonialen Interessengebiete ihrer Länder im Nahen Osten definiert. Als »Kranker Mann am Bosporus« wurde der Zustand des Osmanischen Reiches seit dem frühen 19. Jahrhundert in Europa treffend persifliert. Das osmanische Kalifat würde das Ende des Ersten Weltkrieges nicht überstehen. Für die europäischen Kolonialmächte galt es, sich aus der Konkursmasse des Kalifats zu bedienen. Aus den künstlich gezogenen Grenzen des Sykes-Picot-Abkommens wuchsen in der Folge künstliche Staaten, eine der Ursachen für deren permanentes Siechtum in den folgenden Dekaden.

Für Abu Hamza hat der unaufhaltsame Niedergang der arabisch-islamischen Welt zwei Ursachen: zum einen eine mehr als hundert Jahre während Verschwörung der kolonialistisch-imperialistischen Mächte, der ungläubigen westlichen Welt gegen den Islam. Zum anderen hätten sich allzu viele Muslime vom wahren Glauben abgewandt. Diese wieder zu den Grundlagen des »Islam zurückzuführen, und sei es mit Gewalt«, dafür sei ISIS angetreten. »ISIS ist kompromisslos dabei, die Vision des Kalifats Realität werden zu lassen. Die Welt steht auf dem Kopf. Es ist Zeit, sie wieder auf die Füße zu stellen. Das ist kein Traum. Der Islamische Staat kontrolliert schon jetzt ein zusammenhängendes Territorium, und es wird mit jedem Tag größer und sicherer. Wir stehen erst am Anfang.« Tatsächlich haben weder die regionalen Mächte des Nahen Orients noch der übermächtige Westen eine Antwort auf die Bedrohung gefunden, die am 10. Juni 2014 so scheinbar aus dem Nichts heraus zunächst die Region überrollt hat. »Mein Dschihad«, sagt Abu Hamza al-Almani, »ist kein lokal oder regional begrenzter. Er ist global.«

Was mehr als nur folgerichtig ist, denn in einem Ziel sind

sich die zeitgenössischen Strömungen der Salafiyya einig. Sie eint die gemeinsame Vision einer Welt, in der eines fernen Tages, so Gott will, alle Menschen sich am Vorbild der frommen Vorfahren bzw. Altvorderen orientieren: dem Propheten Mohammed, seinen Gefährten sowie den ersten zwei Generationen seiner Anhänger nachzueifern. »Ich bin euch der beste Salaf«, zitiert die anerkannte Hadith-Sammlung von Mohammed al-Buchari den Propheten Mohammed. Das Ziel der Salafiyya besteht darin, allen Menschen den Weg zum wahren Glauben zu zeigen, auf dass sie ihn finden, ihm folgen und den Islam als allein glückselig machende Religion anerkennen und annehmen. Das, so sehen das die Anhänger der Salafiyya, ist der ihnen von Allah auferlegte Auftrag. Wohlweislich den Islam nach der Definition der Salafiyya zu verbreiten. Was die Sache jedoch schwierig macht, denn: Die Salafiyya ist mitnichten eine homogene Bewegung – im Gegenteil. Sie ist die konservativste Strömung innerhalb des Islams, in der sich Anhänger finden, die eine Vereinbarkeit von Islam und Moderne suchen, andere, die sich auf Ibn Taimiya, einen der theologischen Vordenker des Dschihadismus berufen. Auf den Theologen des 14. Jahrhundert beruft sich der dschihadistische Terrorismus. Seine Anhänger negieren nicht nur die Moderne, sondern verurteilen auch jede Weiterentwicklung der islamischen Theologie und der religiösen Praxis, die sich nicht strikt an die buchstäblichen Vorschriften des Korans hält, so etwa Traditionen bestimmter Rechtsschulen oder den Sufismus. Was sich nicht in den Grundlagen des Korans und der Sunna wiederfindet, kann heute nicht akzeptiert werden. Die erbittertsten Vertreter dieser Ausrichtung sind die Wahhabiten; die Bezeichnung »Salafisten« gilt speziell für nicht-saudische Wahhabiten, die sich nicht explizit auf den Gründer des Wahhabismus, auf Muhammed bin Abd al-Wahhab berufen möchten. Um die Einheit und Einzigartigkeit Gottes dreht sich jedes salafistische Denken.

Die vielfältigen theologischen Entwicklungen, die der Islam über Jahrhunderte durchlaufen hat, werden von den Salafisten nicht nur ignoriert, sie werden als Abweichung und Verfälschung der unverfälschbaren göttlichen Offenbarung verdammt. Eine Anklage, die gegen einen Muslim gerichtet, den sehr schnell in die Nähe der Apostasie rückt – und die Scharia, das islamische Recht, kennt darauf nur eine Strafe: den Tod.

Grob gesagt, lässt sich die zeitgenössische Salafiyya in Deutschland in drei Strömungen unterteilen: in eine quietistisch-pietistische, der jedwede politische Betätigung ein Gräuel ist, die Gewalt ablehnt; eine politische, die jede Gewalt zumindest vordergründig ablehnt; eine dschihadistische, der die Gewalt eine conditio sine qua non ist.

Der Weg des deutschen Abu Hamza ist der Weg der Gewalt, und das stellt deutsche Sicherheitsbehörden vor unlösbare Aufgaben. Sie wissen ganz einfach nicht, wie viele Menschen in Deutschland ebenso wie Abu Hamza bereit sind, für ihren Glauben zu kämpfen und zu morden. Ebenso wenig können sie wissen, ob und wenn ja wie viele quietistisch-pietistische Salafisten sich als politisch gewordene Salafisten wiederfinden, um zu guter Letzt als überzeugte dschihadistische Salafisten ihren Weg zu beschreiten. »Die Zahlen, die ich Ihnen heute nenne, sind nächste Woche schon obsolet«, sagt im November 2014 ein deutscher Verfassungsschützer im Gespräch und stützt sich zur Verdeutlichung erst recht auf Zahlen. 2011 gingen deutsche Verfassungsschützer von etwa 3.800 Salafisten in Deutschland aus. »Dass wir jetzt bis zum Ende des Jahres von mindestens 8.000 Salafisten ausgehen müssen, hat sich damals niemand vorstellen können. Jeder, der 2011 diese Prognose in den Raum geschmissen hätte, wäre der Panikmache beschuldigt worden. Zudem ist nicht jeder Salafist ein Terrorist, allerdings ist jeder islamische Terrorist ein Salafist.«[10] Niemand aus dem Bereich der Sicherheitsbehörden kann zuverlässig sagen, wie viele der 8.000 Salafisten sich für den Terror entscheiden. »Auch wenn wir derzeit vernünftigerweise nur von einer abstrakten Gefährdungslage sprechen können, weil wir keine konkreten Hinweise auf geplante Terroranschläge haben, heißt das nicht, dass keine konkreten Terrorpläne existieren.«

Deutschland ist das Land in Europa, in dem nach dem fulminanten Erfolgszug von ISIS im Irak der dschihadistische Zweig der Salafiyya den stärksten Zuwachs verzeichnet. »Nach dem 10. Juni und dem Fall Mossuls registrieren wir eine rasant steigende Zahl von Reisenden aus Deutschland zu ISIS«, sagt ein deutscher Verfassungsschützer. »Aus keinem Land in Europa reisen derzeit so viele Salafisten in den Heiligen Krieg«, und weiß keine Erklärung dafür. »Ich weiß es einfach nicht, ich kann nur spekulieren.«[11] Nachdem ISIS weite Teile des Irak erobert hatte, registrierten deutsche Behörden ein Anschwellen des dschihadistischen Pilgerzugs in den Irak und nach Syrien. Bis zum Sommer 2014 vermeldeten die Sicherheitsbehörden, dass sich etwa 450 Deutsche in den Reihen von ISIS und deren dschihadistischer Konkurrenz, der Jibhat al-Nusra, befänden und machten inoffiziell kein Geheimnis daraus, dass die Dunkelziffer weitaus größer sei. »Wir können schlicht und ergreifend nicht alle auf dem Radarschirm haben«, meinte ein deutscher Verfassungsschützer im Sommer 2014. »Die offiziellen Zahlen spiegeln nur die hellsichtigen Fälle wider.«

Im November 2014 bestätigt sein Kollege die Zahlen, die die *Frankfurter Allgemeine Sonntagszeitung* im Oktober veröffentlichte. 1.800 Salafisten seien in Wirklichkeit aus Deutschland in den Irak und nach Syrien ausgereist. »Wir müssen die offiziellen Zahlen mit dem Faktor vier multiplizieren, um eine realistische Zahl zu erhalten«, zitiert das Blatt einen Verfassungsschützer. »Ich bekomme Woche für Woche neue Namen von Leuten auf den Tisch, die ausgereist sind«, erklärt im November mein Gesprächspartner, »von denen ich noch nie etwas gehört habe. Die noch nie auffällig geworden sind. Wie kann ich die auf dem Schirm haben?« Den Verfassungsschützer treibt vor allem eine Sorge um: »Letztendlich ist das alles nur ein dschihadistisches Erbsenzählen. Ob es 1.800 sind oder ›nur‹ 400 oder gar nur 300. Das ist letztendlich uninteressant. Ebenso wie die Frage, ob all die, die zurückkehren, tatsächlich Terroranschläge verüben oder nicht. Nicht jeder, der zurückkommt, kommt zurück, um einen Terroranschlag auszuführen. Macht das die Sache besser? Nein«, sagt er. »Sie erinnern sich an den ›Deutschen Herbst‹ 1977«, sagt er weiter. »Ein Dutzend RAF-Terroristen hat ein ganzes Land in Geiselhaft genommen. Die Morde an Buback, an Ponto, die Entführung von Schleyer und der Lufthansa-Maschine – danach war diese Republik eine ganz andere. Was glauben Sie, wie diese Republik sich erst verändern wird, wenn wir hier einen dschihadistischen Herbst erleben.« Er befürchtet eine Wiederholung »des Mumbai-Szenario in Deutschland«.

»Sie brauchen nur zehn Dschihadisten, die nicht nur keine Angst vor dem Tod haben, ihn vielmehr lieben. Die sterben wollen. Kalaschnikows. Handgranaten, ein paar Bomben. Eine Gruppe verschanzt sich im Kempinski in Berlin, nimmt Geiseln, erschießt wahllos andere. Vor laufender

Kamera. Eine zweite Gruppe dringt in eines der großen Kinos am Potsdamer Platz ein. Dasselbe Szenario. Wirft mit Chlorgasbomben um sich. Eine dritte hält wahllos auf die Besucherschlange vor dem Reichstag. Eine weitere stürmt in den Hauptbahnhof ein. Was glauben Sie, wie viele Tote wir haben, Verletzte. Das Ganze vor den Augen der Welt. Unsere Polizeibehörde ist für ein solches Szenario nicht ausgebildet.« Ein Horrorszenario, das durchaus realistisch und kaum zu verhindern ist, erklärt der Verfassungsschützer. »Dafür brauchen Sie keine 1.800 deutsche Dschihadisten, die nach Syrien pilgern. Zehn reichen, und Sie haben einen dschihadistischen Herbst und danach eine ganz andere Republik.«

Der Alptraum eines dschihadistischen Herbstes ist der Traum des Abu Bakr al-Baghdadi. Einer, der durchaus Realität werden kann. Abu Bakr al-Baghdadi, der Führer des ISIS, heizt diese terroristische Entwicklung in Deutschland wie auch in anderen westlichen Staaten an. Auf allen Internetkanälen und in allen sozialen Netzwerken trommeln seine Anhänger aus Syrien und dem Irak heraus. Individuell durchgeführte Aktionen sollen ein Klima der Angst und Verunsicherung schaffen. »An diesem Zeitpunkt des Kreuzzuges gegen den Islamischen Staat ist es wichtig, dass Angriffe in allen Ländern stattfinden, die der Allianz gegen den Islamischen Staat angehören«, schreiben die Autoren in »Dabiq«. In dem 56-seitigen Magazin kündigen die Gottesterroristen die weltweite Ausdehnung ihres Terrorfeldzugs an. Niemand soll sich mehr sicher fühlen können. »Insbesondere in den USA, in Großbritannien, in Frankreich, Australien und Deutschland. Mehr noch, die Bürger dieser Kreuzfahrer-Nationen sollen überall angegriffen werden, wo man auf sie trifft.« Wahlloser Terror, gegen den Sicherheitsbehörden machtlos sind, der niemals zu verhindern ist. »Jeder Muslim soll aus dem Haus gehen, einen Kreuzzügler finden und ihn töten«, fordern die »Dabiq«-Autoren ihre Leser auf. Ein Töten, das unbedingt mit ISIS in Verbindung gebracht werden muss, da sonst »die Kreuzzügler-Medien diese Angriffe nur als zufällige Morde abtun« würden. Es war nicht die erste Drohung dieser Art. Schon im Sommer hatte der offizielle Sprecher des ISIS, Mohammed al-Adnani, den Bürgern des Westens mit Tod und Terror gedroht. Niemand solle sich sicher fühlen können. »Ihr seid nicht mal in euren Schlafzimmern sicher«, hatte Al-Adnani den Bürgern jener Staaten gedroht, die sich am Kampf gegen den IS beteiligen.

Deutsche Sicherheitsbehörden nehmen Drohungen dieser Art ernst. »Das sind nicht nur wüste Drohungen, die von weit her nach Deutschland schallen«, bemerkt ein bundesdeutscher Verfassungsschützer. »ISIS kann sich auf funktionierende Netzwerkstrukturen in Deutschland stützen.« So enttarnte die Bundesanwaltschaft in Karlsruhe im Oktober 2014 bei einer bundesweit durchgeführten Razzia ein professionell agierendes Netzwerk von ISIS. Die Durchsuchungen richteten sich gegen fünfzehn mutmaßliche Unterstützer des ISIS, vier Verdächtige wurden verhaftet. In Aachen der 40 Jahre alte Deutsch-Marokkaner Mounir R., der 38-jährige Tunesier Kamel Ben Yahia S., der 28-jährige Russe Yusup G. sowie in Bonn der 31 Jahre alte Libanese Kassem El R. Die vier Verhafteten hatten, so die Erkenntnisse der Ermittler in Deutschland, ein Logistiknetz für ISIS aufgebaut. Sie sammelten Kleider und Geld und rekrutierten Kämpfer für ISIS. In von den Ermittlern abgehörten Telefonaten erklärte der Kopf der Gruppe, der Tunesier Kamel Ben Yahia S.: »Wir haben Zweigstellen in Deutschland, die dem Islamischen Staat im Irak und in Syrien untergeordnet sind. Wir kümmern uns um viele Tausende Familien.«[12] Der Tunesier brüstete sich damit, dass er auch künftig zur Unterstützung der Kämpfer und deren Familien von ISIS Gelder bekomme.

Die Werber und Rekrutierer können sich in Deutschland wie in ganz Europa auf offen auftretende salafistische Gruppen stützen. Fassungslos und verblüfft, geradezu hilflos, als sei das Problem des Salafismus vom Himmel gefallen, reagierten die bundesdeutsche Öffentlichkeit und Sicherheitsbehörden 2011. Den recht vielen bundesdeutschen Ermittlern und Verfassungsschützern schien zehn Jahre lang die Tatsache entgangen zu sein, dass Osama Bin Laden und jeder der Attentäter des 9. September 2001 ausnahmslos Salafisten waren – und daraus auch nie ein Hehl gemacht hatten. Aber auch arrivierte Experten und Islamwissenschaftler hatten das Phänomen der Salafiyya weitgehend ignoriert. Die Fachliteratur dazu fällt mehr als nur sehr spärlich aus.

Der Kölner Prediger Ibrahim Abou-Nagie hatte sich mittels eines genialen PR-Coups der deutschen Öffentlichkeit schlagartig ins Bewusstsein gerückt. Angefangen hat alles vor Busch's Dampfbäckerei & Café im rheinischen Neuss, wo Bruder Abou-Nagie 2011 zum ersten Mal aufschlug, um Gottes Wort kostenlos unter das deutsche Volk zu bringen. Das war sogleich entsetzt, dabei machte Bruder Nagie doch nur das, was Gott ihm auferlegt hatte und das deutsche Grundgesetz ihm garantiert: sein Recht, Allah zu preisen. Man darf so etwas Religionsfreiheit nennen. Die mediale Aufregung war groß und hält bis heute an, was Bruder Nagie freuen wird, schuf die doch erst seinen fulminanten Erfolg. Der Betreiber der Internetplattform »Die Wahre Religion« organisierte 2011 die kostenlose Verteilung des Korans in Deutschland, Österreich und der Schweiz. Seine Intention: 25 Millionen Exemplare des Korans an jeden Haushalt kostenlos zu verteilen. Sein Ziel: Werben für den Islam – und für den Heiligen Krieg, die dschihadistische Variante, die tödliche. Das jedenfalls vermuten Verfassungsschützer, die Ibrahim Abou-Nagie »für den gefährlichsten salafistischen Rattenfänger in Deutschland halten«.[13] Bundesdeutsche Passanten in Fußgängerzonen über einhundert deutscher Städte begegneten den frommen Werbern für die Botschaft der »Wahren Religion« eher irritiert, oft genug in scheuer Verlegenheit oder zaghaft fragend. Die Politik forderte schnell und erwartbar, von hilfloser Hysterie geprägt, die Kampagne zu verbieten. »Selbstverständlich ist es legitim, legal sowieso, den Koran öffentlich zu verteilen. Ebenso wie die Thora und das Neue Testament. Wir haben hierzulande Religionsfreiheit«, sagt ein Verfassungsschützer. »Das Problem besteht darin, dass Sie schwerlich einen Katholiken oder Juden finden werden, der sich nach einer Bibel-Kampagne in sein Auto setzt, um sich am Ku'Damm oder wo auch immer in die Luft zu sprengen.«

Freundlich treten die Werber des Ibrahim Abou-Nagie auf, zuvorkommend und ausgesprochen höflich preisen sie landauf, landab mit sanfter Stimme die Vorzüge der »Wahren Religion«. Sie wissen in beredten Worten über die Barmherzigkeit des Islams zu sprechen, seine Toleranz und die Gnade, die dem widerfährt, der den Weg zu Allahs Offenbarung findet. Liebevoll ist die Anrede, »Bruder« und »Schwester« wird schnell genannt, wer stehen bleibt an einem der Verteiltische, die mittlerweile in Dutzenden deutscher Städte zu finden sind. Christen, Atheisten, gar Juden werden friedlich umworben. Doch der salafistische Prediger

Ibrahim Abou-Nagie soll, das jedenfalls behaupten deutsche Ermittler und Staatsanwälte, auch anders können. Der fromme Prediger ist omnipräsent. Als YouTube-Seelsorger im Internet, bei Islam-Vorträgen, auf Versammlungen kündigt er den Ungläubigen Höllenstrafen im Jenseits an. Jedoch nicht nur dort, vielmehr auch im Diesseits. Davon jedenfalls war die Kölner Staatsanwaltschaft überzeugt und erhob 2012 Anklage gegen Abou-Nagie wegen öffentlicher Anstiftung zu Straftaten und Störung des religiösen Friedens. Der salafistische Prediger legitimiere Gewalt, rufe gar zur Vernichtung Andersgläubiger auf. Die Staatsanwälte scheiterten mit ihrer Anklage ebenso wie ihre Kollegen in Darmstadt, die ihre Ermittlungen gegen Ibrahim Abou-Nagie wegen der Anstiftung zum Mord an einem Islamkritiker einstellen musste. Die Staatsanwälte hatten schlicht gepfuscht. Getrieben eher von medialer Hysterie als von staatsanwaltschaftlicher Akribie, kamen ihnen zudem auch noch die Beweise abhanden. Hatten sich ganz einfach so in Luft aufgelöst. So hatte Abou-Nagie laut Anklage, die für den 30. Januar 2012 vor dem Amtsgericht terminiert war, auf YouTube verkündet, »dass derjenige, der nicht bete und dazu dreimal aufgefordert« werde, getötet werden müsse, was das gute Recht eines jeden gläubigen Muslim sei. Der zuständige Oberstaatsanwalt Wulf Willuhn, gerade erst im Amt, stellte unmittelbar vor dem Gerichtstermin fest, dass es nichts zu beweisen gab. Die strafrechtlich relevanten Sätze des Bruder Nagie, sie hatten sich, alhamdulilah, Gottlob und wie Gott will, und Mā schā'a Llāh auf den Weg gemacht, ins Nirgendwo, waren nicht mehr auf der Beweis-CD. Wie denn das? grübelten nachfolgend die Experten des BKA recht lange und fanden keine Erklärung für den wundersamen Beweisentzug. Der Prozess platzte. Derweil tourt der mit Allahs Hilfe davongekommene Abou-Nagie durchs Land, präsentiert sich als Märtyrer, geplagt vom staatsanwaltschaftlichen Verfolgungswahn der Ungläubigen und verteilt weiterhin brav die göttliche Offenbarung.

Die ehemalige Leiterin des nordrheinwestfälischen Verfassungsschutzes Mathilde Koller äußerte sich 2012 zur Stoßrichtung der Kampagne: »Ziel ist es, Konversionen zum Islam salafistischer Prägung herbeizuführen und damit diese Form des religiös motivierten Extremismus in Deutschland weiter zu verbreiten.«[14] In Österreich, Deutschland und der Schweiz hat die eigens gegründete »Lies!«-Stiftung bislang mehr als 1,4 Millionen Exemplare des Korans verteilt. Wie viele Exemplare via Internet verschenkt wurden, ist schwer abzuschätzen. Mittlerweile verteilen die frommen Brüder der »Wahren Religion« ein ganzes »Merchandising«-Arsenal salafistischer Utensilien. Entsprechend bedruckte T-Shirts, Banner, Rucksäcke und Plakate werden unters Volk gebracht. Eine eigens entwickelte App koordiniert inzwischen die bundes- und europaweite Logistik der Verteilungsaktion.

Ibrahim Abou-Nagie hat seine Kampagne 2014 internationalisiert. In bislang dreizehn europäischen Staaten wird der Koran auf Französisch, Russisch und gar Serbokroatisch verteilt. Wer das Ganze finanziert? Ibrahim Abou-Nagie wohl kaum. Der deutsche Staatsbürger palästinensischer Herkunft ist nach einer unverschuldeten, weil finanzamtlich bedingten Insolvenz seiner Firma für selbstklebende Folien derzeit kaum in der Lage, die Aktion aus seiner eigenen Schatulle zu finanzieren. Die Millionen-Euro-teure Kampagne wird, so behaupten die Initiatoren, aus Spenden muslimischer Gläubiger finanziert. Deutsche Verfassungsschützer gehen davon aus, dass die Kosten von

frommen Spendern aus Saudi-Arabien, Katar und den Golfstaaten finanziert werden. Ein Erfolg ist die Kampagne
allemal. Ein durchschlagender, glaubt man einer reprä-
sentativen Studie des Umfrageinstituts Info GmbH im Jahr
2012, für die 1.011 Deutschtürken über 15 Jahre befragt
wurden. 20 Prozent der 15- bis 29-Jährigen finden die
»Lies!«-Kampagne »sehr gut«, 43 Prozent finden sie »eher
gut«. 34 Prozent der Befragten in dieser Altersklasse gaben
an, sie würden »wahrscheinlich« oder »ganz sicher« für die
Aktion spenden.[15]

Deutsche Ermittler und Verfassungsschützer sehen einen
unmittelbaren Zusammenhang zwischen der »Lies!«-Kam-
pagne und dem Anschwellen der dschihadistischen Salafiyya in Deutschland. »Die Kampagne hat einen ungeheuren Mobilisierungseffekt unter jungen Muslimen ausgelöst.
Die Kampagne wirkt wie ein Magnet. Wir wissen, dass einige derer, die noch vor ein paar Wochen hinter den Vertei-
lungstischen standen, sich heute in Syrien und dem Irak
aufhalten. Und das ist alles, nur kein Zufall«, sagt ein deutscher Ermittler im Gespräch. Tatsächlich sind im Internet
Videos aufgetaucht, in denen ISIS-Terroristen zu sehen sind,
die Rucksäcke mit dem Aufdruck »Lies!« trugen.

Die Erkenntnisse deutscher Ermittler werden von ISIS bestätigt. Am 19. Juli 2014 hat sich in Bagdad ein Dschihadist
mit einer Autobombe in die Luft gesprengt. 54 Menschen
sterben an diesem Tag. Der ISIS-Kämpfer trägt den Kampf-
namen Abu Qaqa. Sein tatsächlicher Name: Ahmet C. aus
Ennepetal im Ruhrgebiet. Der ehemalige Gymnasiast hat
noch im Frühjahr 2014 in der Fußgängerzone von Wupper-
tal höflich älteren Damen den Koran in die Hand gedrückt.
Einer gemeinsamen Studie des Bundeskriminalamtes sowie
des deutschen Verfassungsschutzes zufolge, hat sich jeder

Fünfte der nach Syrien oder in den Irak Ausgereisten durch die »Lies!«-Kampagne radikalisiert. Die Behörden hatten die Biographien von 378 Dschihadisten analysiert, die sich am Dschihad in Syrien beteiligen. Die Verteilungskampagne ist nach dem Freundeskreis, Moscheegemeinden sowie Internetpropaganda der wichtigste Radikalisierungsbeschleuniger. Ebenso wie das Vorbild dschihadistischer Lichtgestalten wie Abu Usama al-Gharib – so der Kampfname des in Wien gebürtigen Mohammed Mahmoud. Der strahlt mit seinem pausbäckigen Mondgesicht in die Kamera, während hinter ihm die Torsi halbnackter enthaupteter Männer liegen. Glücklich und zufrieden wirkt er nach seinem gottgefällig vollbrachten Werk.

Mohammed Mahmoud ist nicht nur angekommen, er ist aufgestiegen in die Führungsriege des ISIS.[16] Davon jedenfalls gehen westliche Geheimdienste aus. Der Österreicher hat mit dem deutschen Denis Cuspert alias Deso Dogg alias Abu Tahla al-Almani die mittlerweile in Deutschland verbotene salafistische Gruppe Millatu-Ibrahim gegründet.[17] Der 29 Jahre alte Mahmoud kann auf eine lange terroristische Karriere zurückschauen. 2003 absolvierte er in einem Trainingscamp des »Emir aller Schlächter«, dem jordanischen Dschihadisten Abu Musab al-Zarqawi, im Irak seine Ausbildung zum Handwerker des Terrors. In Österreich wurde der Gründer der »Globalen Islamischen Medienfront« 2008 wegen Bildung und Förderung einer terroristischen Vereinigung zu vier Jahren Gefängnis verurteilt. Jahrelang hatte die Terrororganisation offen mit dem Heiligen Krieg gegen alle Ungläubigen gedroht und ihnen Tod, Terror und die Vernichtung propagiert.

Nach seiner Freilassung übersiedelte Mahmoud nach Deutschland, wo er schnell in die Führungsriege des dschihadistischen Salafismus aufrückte und an der Seite von Ibrahim Abou-Nagie aktiv an der »Lies!«-Kampagne teilnahm. In salafistischen Propagandavideos bekräftigt er seine uneingeschränkte und ungebrochene Unterstützung für den Dschihad. *Spiegel-TV* gegenüber äußerte sich Mahmoud 2012 ganz offen: »Ich habe mit der österreichischen Kultur gar nichts am Hut. Vielmehr ist zwischen mir und denen – sei es in Österreich, in Deutschland oder die EU oder egal wer oder Amerika – zwischen mir und ihnen Feindschaft und Hass. Für immer. Entweder ich siege über sie oder ich schlachte ihre Köpfe ab.«[18]

Das niedersächsische Landesamt für Verfassungsschutz veröffentlichte 2012 die direkte Verbindung von Mahmoud und der »Lies!«-Kampagne des frommen Predigers Ibrahim Abou-Nagie: »Am 20. April 2012 erschien ebenfalls auf der Internetplattform YouTube ein Video des Salafisten Mohammed Mahmoud alias Abu Usama al-Gharib mit dem Titel ›Koran Verteilung – Frohe Botschaft‹. Darin äußert sich MAHMOUD lobend über den Erfolg des ›LIES!‹-Projekts: ›Deutschland gehört [zu] den stärksten Ländern militärisch und wirtschaftlich. Und was hat Deutschland erschüttert? Was hat Deutschland zum Zittern gebracht? … Was hat Deutschland, alle Experten, alle Verfassungsschützer und alle Polizei usw. in Bereitschaft stehen lassen? Ein Koran. Allahu Akbar!‹«

Mohammed Mahmouds Beteiligung geht über eine nur verbale Unterstützung der Koran-Kampagne weit hinaus. Mahmoud organisiert sie mit, beteiligt sich vor Ort an ihr und ist, so schreiben die Verfassungsschützer, bereit, sie mit ausnahmslos allen Mitteln zu verteidigen. Die Verfassungsschützer schreiben in ihrem Bericht: »Weiterhin erklärt MAHMOUD, dass er und seine Organisation, Millatu-Ibrahim, das ›LIES!‹-Projekt nicht nur moralisch, sondern auch qua Tat unterstützen werden. Er und seine Mitstreiter verstünden sich als Verteidiger der Koran-Aktivisten und Prediger, die diese Aktion unterstützen. Wörtlich heißt es: ›Was uns, Millatu-Ibrahim, angeht: Wir werden diese[s] Projekt unterstützen. Bis zum Tod. ... Und ich sage das zu jedem Bruder, der einen Infostand macht. Hast du Angst, Bruder? Angst ist keine Schande. Ruf an, wir beschützen dich. Das ist unsere Rolle. ... Wir, ich persönlich und jeder von Millatu-Ibrahim und seine Familie, stehen zuerst, bevor einem ABOU-NAGIE nur ein Haar gekrümmt wird. Sollte je ein Kafir [Ungläubiger] sich trauen ihm ein Haar zu krümmen, walahi [bei Gott], wir werden ihn alle bis zum letzten Atemzug verteidigen. Bis der Kopf fliegt. Aus!«

»Mein Dschihad«, hatte Abu Hamza al-Almani im Wüstensand gesagt und den Bruder Mohammed Mahmoud gerühmt, der zu diesem Zeitpunkt noch in kommoder türkischer Haft saß. »Mein Dschihad ist kein lokal oder regional begrenzter. Er ist global«, und dann hinzugefügt: »Bis der letzte Kopf fliegt.«

Der deutsche Kämpfer

Wir kannten uns seit mehr als drei Jahrzehnten, waren gute Freunde gewesen und sie war mir mehr als nur einmal im Verlauf von Recherchen, bei denen es um das Spannungsfeld zwischen wirtschaftlichen Geschäften und politischen Entscheidungen ging, sehr behilflich gewesen. Dass sie das konnte, war ihrem Beruf geschuldet. Als Wirtschaftsjuristin einer global agierenden Kanzlei kannte sie sich auf dem internationalen Parkett solcherart privatwirtschaftlich eingefädelter Politgeschäfte bestens aus. Dass sie mir half, war unserer Freundschaft geschuldet, aber viel mehr noch der Tatsache, dass sich unter der scheinbar abgeklärten Schale der ausgebufften Anwältin ein weicher, ein moralischer Kern verbarg. Der verhinderte, dass sie ihre Grenzen bei solcherart Geschäften nie überschritt und mir bei Bedarf neben Akteneinsicht weitere Hilfestellung gab.

Natürlich wusste sie, dass sie und ihr Mann keinerlei Schuld an all dem hatten, was ihr, ihrer Familie und anderen, ihr vollkommen unbekannten Menschen weit, weit weg durch ihren Sohn widerfahren war. Aber genauso natürlich fühlte sie sich dennoch schuldig. Eine Schuld, die an ihr nagte, und die sie langsam, aber sicher von innen her auffraß. Ihr Sohn war namens und im Auftrag seines Gottes zum Mörder geworden, davon musste sie nach allem, was zu vermuten war, ausgehen, auch wenn er es in den Gesprächen im Sommer 2013 mit ihr stets abgestritten hatte.

»Warum? Warum? Was habe ich falsch gemacht, was hätte ich anders tun können, um all das zu verhindern?« Diese Fragen trieben sie in den Jahren seiner Abwesenheit zwischen 2008 und 2013 wieder und wieder um und ließen sie nicht mehr los. Warum? Kein einziges der so gern bemühten sozialpopulistischen Erklärungsmodelle traf auf ihn zu. Er hatte alles gehabt. Ein angenehmes Elternhaus, bestes Bildungsbürgertum, Verständnis, Liebe, Erziehung auf Augenhöhe, getragen von allumfassendem Respekt. Darauf hatte sie wie ihr Mann immer sehr viel Wert gelegt, und bei zweien ihrer Kinder hatte das ja auch gefruchtet. Warum also nicht bei ihm? Was also hatte ihn weggetrieben, in die Abwesenheit, ins dumpfe Glaubensdunkel, hinein ins Morden, hin nach Wasiristan in die Arme der Al-Qaida, um dann am Ende in Syrien zu guter Letzt bei ISIS anzukommen?

»Abwesenheit«, so nannte sie das. Ein seltsames Wort. Aber dann hatte er sie angerufen. Nach fünf Jahren der Ungewissheit, des Wartens. Jahre, in denen er sich nie gemeldet hatte, keine Nachricht übermittelt, kein Lebenszeichen von sich gegeben hatte. Jahre, in denen sie und ihr Mann, ihr zweiter Sohn und die Tochter nie wussten, wo er war, ob er überhaupt noch war, was er tat. Obwohl sie natürlich mehr als eine Ahnung hatten davon, auf welchem Weg er sich befand. Für gelegentliche Fragen von Freunden, Bekannten, der weiteren Verwandtschaft in diesen Jahren, wo er sei, wie es ihm ginge, was er mache, hatten sie eine Sprachregelung gefunden. Es gehe ihm gut, er lasse grüßen, habe sich wieder gefangen, seine islamische Episode hinter sich gelassen, »er studiert jetzt in den Staaten, es gefällt ihm dort, er will ein paar Jahre dortbleiben«. Dürre Antworten, die mechanisch klangen, wie einstudiert und nicht jeden überzeugten.

Aber sie konnten damit leben, auch wenn der eine oder andere Besucher sich gelegentlich die Frage stellen mochte, was für ein seltsam angespanntes Leben das war in diesem Haus. Die ständige Anspannung war zu spüren, war immer greifbar.

Dann kam im Sommer 2013 sein Anruf. Aus heiterem Himmel. Ob sie ihm helfen wolle, ob sie ihm helfen könne. Er wolle zurück, aber nicht nach Deutschland. Er käme nicht mit leeren Taschen. Sie hatte mich angerufen und um Rat gefragt. Ich hatte ihr abgeraten. Sie hat ihm dann geholfen.

Später, als alles geregelt war und sie wusste, dass sie ihren Sohn niemals wiedersehen würde, trafen wir uns im Mai 2014 noch einmal. Der Verlauf der vergangenen Monate und die daraus gewonnene Einsicht hatte sie von innen her altern lassen, weit mehr als die Jahre zuvor. Die fünf Jahre der Unsicherheit, in denen sie nicht wusste, wo er war, wie es ihm ging, ob er noch lebte, was er trieb, all das hatte an ihr genagt, sie langsam zermürbt. Dennoch hatte sie es in diesen fünf Jahren nach außen hin geschafft, den Anschein von Normalität aufrechtzuerhalten. Natürlich war dem Bekannten- und Freundeskreis die Wandlung des damals 14-jährigen Sohnes nach 2001 nicht verborgen geblieben. Das ließ sich nicht verhindern. Hin und wieder gab es in diesen Jahren Fragen, mahnende ebenso wie besorgte. Sie wusste immer zu antworten. Eine schwärmerisch frömmelnde Phase sei das nur, zugegeben, etwas ungewöhnlich, zumal in diesen Zeiten nach 9/11. Aber das ginge vorüber, es sei halt seine Art der Rebellion. Eine Phase, durch die sie alle, die Familie, gemeinsam durchmüsse, er werde sich schon wieder finden. Vernünftig werden. Ganz sicher. Besser fromm, als rechtsradikal oder Neonazi zu sein. Die

Freunde, die Nachbarn hielten sich dann zurück, in eher verlegener Höflichkeit.

Auffällig gibt er sich nicht in diesen Jahren. Nicht nach außen. Trägt nie diese wallende Kleidung, dieses gehäkelte Käppchen, diese Gebetsperlenschnur – und Bärte, nun ja, Bärte tragen andere auch, auch wenn die mit Religion nun wahrlich nichts am Hut haben. Seine Lehrer, seine Mitschüler, sie alle nehmen es hin. Seine Entdeckung des Glaubens aus dem Nichts heraus und dann auch noch ausgerechnet der Islam mag wohl etwas schrullig sein. Aber Sorgen braucht man sich wirklich nicht zu machen an dieser humanistischen Bildungsstätte im Süden Deutschlands. Denn aufdringlich, gar renitent ist er nie, nicht fordernd aggressiv, nie polemisiert er. Wenn er über seine Wandlung spricht, dann unaufgeregt, glatt, konturlos, sanft und sehr besonnen noch dazu. Im Übrigen ist man doch offen nach allen Seiten an dieser Lehranstalt, dem Toleranzgebot zudem verpflichtet.

Natürlich gibt es am Anfang Frotzeleien, Versuche, ihn zu provozieren, das prallt an ihm ab, ganz souverän. Nach ein paar Wochen ruft ihm niemand mehr Osama hinterher. Im Gegenteil, sie hören zu, wenn er in Arbeitsgruppen seinen Glauben referiert. Er doziert nicht, redet vielmehr eher plaudernd und sehr klug dazu über seine neue Religion. Nie zeigt er jene Salafistengeste, den ausgestreckten rechten Zeigefinger, salbungsvoll nach oben hin gereckt. Islam heißt Frieden und Barmherzigkeit und Toleranz, darüber weiß er zu reden, und wie er das so sagt, man mag es nicht bestreiten. Er lässt sich auf Gegenrede ein, hört Widerworte, sucht die dann zu entkräften. Die Leistungen in der Schule stimmten. Schule war für ihn immer ein Spaziergang, das Lernen macht ihm keine Mühe, vielmehr offensichtlich Spaß. Das hat etwas von Gier an sich. »Das erste Wort der Offenbarung lautet ›Lies‹«, sagt er einmal in diesen Jahren von einem Lehrer vor versammelter Klasse darauf scherzhaft angesprochen. »Lesen heißt lernen. Sie sehen also, ich befolge nur die Gebote Allahs, wie sich das gehört.«

Nur einem stößt das alles bitter auf, einem Freund, einem muslimischen dazu. Der glaubt nicht, freut sich vielmehr seines Lebens. Mit viel Disco, Bier und ganz viel Spaß mit jungen Mädchen. Sie kennen sich von Kindesbeinen an. Die Eltern sind befreundet, der Vater von Mohammed ärztlicher Kollege seines Vaters. »Er spielt ein Spiel«, beharrt Mohammed irgendwann, »und er spielt es gut.« Er ist der Einzige, mit dem die Mutter offen spricht. Mohammed warnt, sein Vater ebenso. Die Mutter will nicht hören, vielmehr weiter hoffen, kann nicht verstehen, wehrt ab.

Mohammed warnt ihn immer wieder, spricht von Lust- und Lebensfeindschaft seiner Religion, klagt über Bigotterie und Verlogenheit, wirft dem Glauben, in den er hineingeboren wurde, religiös bedingten Rassismus vor, schimpft und wütet wider »dieses dumme mittelalterliche Religionsgespenst, das dich zerstören wird«. Es sind Diskussionen, Streitereien, geführt mit all der Verve und Wut, zu der die beiden Jugendlichen fähig sind und die schließlich zum Bruch der Freundschaft führten. »Wir haben damals gestritten, mit Worten bis aufs Blut gekämpft, wie das wohl nur 16 Jahre alte Jungen können«, erinnert sich Mohammed heute. »Die Eltern haben mir leidgetan, das tun sie auch heute noch. Mein Vater hat mit ihnen geredet, damals und in den Jahren danach immer wieder; ich habe mit ihnen geredet damals und später auch. Auch nachdem er gegangen war. Und wir wussten, wo er hingehen würde. Aber wie wollen Sie einem Vater, einer Mutter erklären, dass das

Böse keinen Grund braucht, böse zu sein? Und er war böse, einfach nur böse, abgrundtief. Das habe ich erst später, viel zu spät, erkannt. Der Schein, den er vor sich hertrug, entsprach noch nicht einmal in Ansätzen seinem Sein.«

Der Schein hielt nach außen vor. Bis zum Schluss.

Nach innen trug er nicht. Von Anfang nicht. Monat für Monat, Jahr für Jahr ein Doppelspiel. Dr. Jekyll and Mr Hyde. Eloquent, durchaus charmant in der Schule, lebt er zu Hause anders. Er wechselt die Rolle, treibt Eltern wie Geschwister in die Endlosschleife häuslicher Diskussionen. Sinnlose Streitereien zwischen der Mutter, dem Vater und dem Sohn über Sinn, aber mehr noch über Unsinn von Religion und Glaube. Diskussionen auf Augenhöhe wollen die Eltern. Die Streitkultur missrät zum Dauerstreit. Der wird zum Kampf gegen- und aneinander vorbei. Er hatte sich unter das Joch seines neuen Glaubens begeben, sich freiwillig dessen Ge- und Verboten bedingungslos unterworfen. Es bleibt nicht aus, dass er versucht, Eltern und Geschwistern dasselbe Korsett überzustülpen. Da wird er fordernd drängend, wird zum Religionstyrann der Schwester gegenüber, als die das Schminken und gar Flirten für sich entdeckt. Die Folge: Sie rastet aus, das führt zu heftigen Auseinandersetzungen zwischen den Geschwistern. Sein Bruder und noch mehr die Schwester schleudern ihm ihre ganze Verachtung seiner neu gefundenen Religion gegenüber ins Gesicht. Archaisch sei die, dumm, barbarisch und im tiefsten Mittelalter gefangen. Geschrei, Gebrüll, nach außen sorgsam abgeschottet. Die Fassade hält noch, während innen die Familie auseinanderbricht.

Sie wusste irgendwann, dass er ihr und ihrem Mann, der ganzen Familie entglitten war. Erlebte, wie er härter wurde, unduldsamer, spürte seine zunehmende Wut. Geballte, nur mühsam unterdrückte Aggression, die in seinen Reden immer stärker und zielgerichteter wurde. Gegen die anderen, die Heuchler, die Scheinheiligen, die Ungläubigen, die Juden, die Amerikaner, gegen Schwule und Lesben. Es entstand ein Niemandsland, ein ödes Land zwischen der Familie und dem gläubig gewordenen Sohn. Es wuchs und wurde größer, ebenso ihre Ängste davor, was möglicherweise mit ihm geschehen würde, worin er sich zu verirren drohte.

Aber in manchem hatte er ja doch recht. Der sinnlose Krieg in Afghanistan, die Intifada, der Gazastreifen und Ariel Scharon, der verbrecherische Krieg im Irak, die Folter in Abu Ghraib, Guantánamo, die Hetze gegen Muslime, deren alltägliche Diskriminierung, der ganz normale Rassismus den Migranten gegenüber: Das waren doch genau all die Themen ihres liberal-grünen Juste Milieus. Da trafen sie sich doch, sie, ihr Mann und ihr Sohn. Aber all das war doch gottverdammt noch mal kein Grund, sich im dumpfen Glauben zu verlieren. Sie sprachen dieselbe Sprache, benannten dieselben Konfliktthemen, sie waren sich doch einig in dem, was es zu verurteilen galt. Allein: Seine Antwort war Jubel, wenn vermeldet wurde, dass die Verlustzahlen westlicher Soldaten in Afghanistan und im Irak auf immer neue Höhen kletterten. Herzlos und kalt war dieser Jubel, erinnert sie sich. »Wie kann jemand, der das Leid der Menschen so inbrünstig beklagt, das Leid anderer Menschen so voller Befriedigung und Jubel in Kauf nehmen?«, wird sie im Mai 2014 noch immer fassungs- und verständnislos fragen.

Er hat Grund zum Jubel: Dscherba 2002 und Bali 2002, da ist er 15 Jahre alt; Madrid 2004, da ist er 17 Jahre alt; London 2005, da ist er volljährig. Die Kofferbomben im Regionalzug nach Aachen und nach Koblenz 2006, die Bombenbauer, die verachtet er. »Dilettanten«, kommentiert er verächtlich das Scheitern der beiden Libanesen, die in zwei Koffern versteckte Bomben nicht zum Detonieren brachten. Da erschrickt sie, sie fragt sich zum ersten Mal, ob das nicht doch mehr als nur Worte sind. Die Bundesanstalt für Materialforschung und -prüfung wird später feststellen, dass die Explosion der Bomben einen Feuerball mit einem Durchmesser von 15 Metern ausgelöst hätte. Im Umkreis von hundert Metern hätten umherfliegende Metallsplitter jedem Menschen mörderische Wunden gerissen.

Die Daten, die Orte dieser Anschläge markieren für sie seinen Weg, sein Ziel. Auch heute noch. Mein Gott. Was hätten sie anders machen sollen, können, müssen? Sie wusste nicht, was zu tun war. Rat oder Hilfe suchen. Sie doch nicht – und überhaupt, wo? Bei Behörden – und wer, wenn nicht sie, wusste, welcher Art Behörde das nur hätte sein können – niemals! Sie hatten einmal darüber geredet, sie und ihr Mann. Das war, als ihnen klargeworden war, dass er dabei war, das Stadium nur fromm zu sein, lediglich nur radikal zu reden, fünf Mal am Tag zu beten, zu fasten und all den »ganzen anderen Quatsch dazu« endgültig hinter sich zu lassen. »Wir müssen die Reißleine ziehen«, hatte ihr Mann gesagt. Nein, jetzt noch nicht, er würde sich fangen. Bestimmt. Er war klug, er war empathisch. Sicher, er gab sich radikal, aber schlussendlich doch wohl nur im Denken, im Fühlen, aber letztlich nicht im Handeln. Sie will sich das nicht vorstellen, kann es einfach nicht. Nicht in diesen Jahren. »Wo habe ich nur versagt?«, wird sie später immer wieder fragen.

Das war Anfang 2007, als er zum ersten Mal darüber sprach, nach Alexandria zu gehen. Um Arabisch zu lernen, die Sprache des heiligen Korans. Im Qortoba-Institute für arabische Studien. In Zürich hatte sie mich damals einmal über diese Schule ausgefragt, wollte Informationen über die Hintergründe dieses Institutes. Zu diesem Zeitpunkt gilt das Qortoba-Institute westlichen Sicherheitsbehörden schon längst nicht mehr nur als eine von vielen Sprachschulen für Arabisch Lernende. Auch nicht mehr lediglich nur als ein »Durchlauferhitzer auf dem Weg in den Dschihad«, vielmehr als eine »Relaisstation für Dschihadisten auf dem Weg in die Terrorausbildungslager des Globalen Dschihad in Pakistan und im Jemen. Da wird aktiv für den Dschihad getrommelt«, konstatiert ein deutscher Beamter nüchtern.[1] Das Institut ist eine salafistische Kaderschmiede, in der vorzugsweise Islam-Konvertiten und »wiedergeborene« Muslime aus westlichen Ländern mit einer strikten Ideologie auf ihren Weg in den Dschihad vorbereitet werden. Nicht auf den »großen Dschihad«, der den Gläubigen im Kampf gegen das Böse im eigenen Herzen auf seinem Weg hin zu Gott und zur inneren Läuterung und moralischen Vervollkommnung leiten soll. Vielmehr auf den »kleinen Dschihad« – und der meint nur eines: Krieg. Es sind reiche wahhabitische Gönner vom Golf, die diese dschihadistisch-salafistische Kaderschmiede finanzieren. Wahhabismus und Salafismus schreiten Hand in Hand einher.

Deutsche Ermittler gehen heute davon aus, dass zwischen 2001 und 2014 mindestens 250 Deutsche die Kurse dieser Schule absolviert haben. Und es gibt viele solcher Schulen. Nicht nur in den Ländern des Islams, auch in denen des Westens. Einige der deutschen Schüler fanden sich in pakistanischen Terrorcamps wieder, vermittelt von Lehrern und Predigern des Qortoba-Institute. Im Institut lernte Daniel Schneider, Mitglied der »Sauerland-Gruppe«, Arabisch und studierte den Koran. Der Saarländer Eric Breininger hatte laut Bundesanwaltschaft vor, hier Sprachunterricht zu nehmen. Der Saarländer hielt 2008 die ganze Republik für lange Tage in Atem und verhalf dem damaligen Präsidenten des Bundeskriminalamtes zu einer wahrlich unverhofften Sternstunde seiner Karriere. Breininger hatte sich aus den Ausbildungslagern in Wasiristan auf seinen Weg zurück nach Deutschland gemacht – um dort Anschläge zu verüben. Mit drei Begleitern reiste die Al-Qaida-Truppe in einem Mercedes über den Balkan Richtung Deutschland. Ein deutscher Zeuge wird später vor zwei BKA-Beamten ausführlich seine Begegnung mit der Dschihadistentruppe auf einem Rastplatz auf dem Balkan schildern.[2] Das BKA schätzt den Zeugen, von Beruf Kameramann, als »glaubwürdig« ein, der »detailliert und ohne Widersprüche«[3] seine Aussage macht. BKA Präsident Zierke ist aufs Höchste alarmiert, scheut keine Mühe, opfert Zeit, gar seinen Schlaf, sucht Mittel und Wege, Breininger habhaft zu werden und so Deutschland vor Schaden zu bewahren. Vergebens. Breininger, aufgeschreckt durch die öffentliche Fahndung, kehrt mit seinen Begleitern um. Zurück nach Wasiristan. In den Tod.

Pierre Vogel, der intellektuell auftretende Rattenfänger der deutschen Dschihadisten-Szene, der rhetorisch mehr als nur geschickt für den Dschihad trommelt und dabei die strafrechtlichen Klippen umschifft, gab sich im Qortoba-Institute kurzweilig seinen Studien hin. Ebenso wie der als Rapper mäßig erfolgreiche Denis Cusbert alias Deso Dogg, der 2014 als ISIS-Killer im syrischen Armageddon die Leichen der Gemordeten vor laufender Kamera jubilierend schändete. »Im Qortoba-Institute wurden über lange Jahre Kandidaten aktiv von Werbern angegangen, auf ihre Eignung geprüft und weiter nach Pakistan vermittelt. Ihnen wurden die Wege gezeigt, die Kontaktleute genannt, die

Reise nach Pakistan finanziert«, erklärt 2014 ein mit der Materie befasster ehemaliger deutscher Beamter und wusste detailliert, woher die Gelder flossen.[4] Gelder aus staatlichen wie substaatlichen Kassen des saudischen Königreiches, aus den Emiraten, aus prall gefüllten Stiftungstöpfen wie aus den Schatullen unermesslich reicher Privatiers vom Golf. In einer unheilvollen Mischung aus dschihadistischem Sendungsbewusstsein und machiavellistischen Kalkül wird aus der arabischen Halbinsel heraus von den engsten Verbündeten des Westens seit einem halben Jahrhundert mit Milliarden Dollars der Heilige Krieg gegen den Westen und seine Werte finanziert. Was dort sehr wohl bekannt ist, aber wohlweislich hingenommen wird. Zu groß ist die Abhängigkeit des Westens vom Öl.

Von Beginn an wurde das Qortoba-Institute wie unzählige andere Institute dieser Art weltweit vom saudischen Königshaus über eigens gegründete Stiftungen wie die »World Wide Association for Introducing Islam« (WWAII) gesponsert. 2005 wurde die Stiftung als Untergruppe der »Muslim World League« gegründet, nachdem die Vorläuferstiftung »Al-Haramain-Stiftung« von der EU 2004 auf ihre Terrorliste gesetzt wurde. Das Qortoba-Institute vergibt Stipendien an suchende Gläubige, Geld, das direkt vom saudischen Königshaus bereitgestellt wird. Der Generalsekretär der Stiftung »World Wide Association for Indroducing Islam« bedankte sich 2008 beim saudischen König sowie dem Kronprinzen für dessen persönliche Unterstützung.[5]

»Was kann man machen?«, hatte sie an jenem Tag 2007 in Zürich gefragt und kannte die Antwort. »Beten, hoffen, nichts. Er ist erwachsen, und manche Reisende kann man schlicht nicht halten.« Und so war er nach Alexandria gegangen. Als er nach drei Monaten wieder auftauchte, wusste sie, war er ihr ganz entglitten. Ein Reisender auf Abruf. Jemand mit einer Mission.

Im Januar 2008 verschwand er. Was blieb, war ein Zettel. »Ich bin weg, muss meinen Weg zu Ende gehen.« Mehr hatte nicht darauf gestanden. Kein Gruß, kein Wunsch, gar nichts. Wann immer sie, ihr Mann, die Kinder in den Nachrichten oder im Verlauf von Gesprächen bestimmte Worte hörten, vereisten sie innerlich. Pakistan, Wasiristan, Afghanistan, Al-Qaida, Dschihad, Bin Laden. Fünf Jahre lang. Bis zum frühen Sommer 2013. Dann kam der Anruf. Sie hatte mich angerufen und gefragt, ob ich mitkommen wolle. Ich wollte.

Als ich ihn dann sah, war ich verblüfft. Groß stand er da, hager und sehnig. Kein Jüngelchen mehr. Das ist er nicht, dachte ich. Kann unmöglich dieses schmächtige Kerlchen gewesen sein, das immer etwas blässlich um die Nase durchs Kinderleben gestapft war. Der immer etwas vorlaut, sich seiner Klugheit mehr als nur bewusst, zu provozieren gewusst hatte. Charmant und hin und wieder durchaus witzig gewesen war. Kann nicht dieses erstgeborene Prinzlein sein, auf das die Eltern doch so stolz gewesen waren. Er steht da, frisch rasiert mit dunklem Bartschatten, groß, kräftig, sehnig und sagt hallo. Einfach nur hallo.

Die Mutter hatte Angst gehabt vor diesem Treffen südlich der deutschen Grenzen. Hatte unendlich viele Fragen gehabt, hatte spekuliert, sich in Mutmaßungen verloren und war nicht zu beruhigen. Jetzt steht sie vor ihm, mühsam nur beherrscht, tippt ihn mit der rechten Hand ganz sachte an die Brust und fängt das Weinen an. Er steht da und es ist nicht auszumachen, ob das nur Pose ist. Das Cool sein und so lässig wirken. »Ist ja gut«, sagt er. »Ist ja gut«, und streicht ihr, mal eben so, kurz über die Schulter.

»Lass uns allein«, sagt er, und dann gehen sie. Stundenlang hin und her, her und hin, die immer selbe Wegstrecke, wohl dreihundert Meter auf, dreihundert Meter ab. Unterbrechen ab und zu diese Mechanik, setzen sich auf eine Bank. Er wirkt entspannt und sehr gelassen, die Mutter ergeht sich immer wieder in heftigen Bewegungen, streicht sich hektisch übers Haar, gestikuliert mit den Armen, den Händen. Dann stehen sie wieder auf, gehen hin und her, setzen sich, stehen wieder auf. Weit und breit ist kein Mensch unterwegs, darauf hat er, so scheint es, bei seiner Ortswahl gut geachtet. Ein Treffen unter strahlender Sonne, in schönster Hügellandschaft. Aus der Ferne sie beobachtend, drängt sich immer wieder die eine Frage auf: Was wohl die Geschichte dieses Mannes ist. Was in drei Gottes Namen ihn dazu getrieben hat, jährliche Winterurlaube in Kitzbühel gegen ein Terrorcamp in Pakistan zu tauschen. Sich den Taliban oder wem auch immer sonst noch anzuschließen und zu einem Handwerker des Todes namens und im Auftrag Allahs zu werden. Denn das wird man, geht man nach Pakistan und überlebt dort fünf lange Jahre lang.

Die Bedingungen für dieses Treffen hatte er und nur er allein diktiert. Bedingungen, die eines garantieren sollten: maximale Sicherheit und minimales Risiko für ihn. Er käme nicht mit leeren Taschen, das hatte er der Mutter so gesagt, und das ließ nur einen Schluss zu: Er meinte, etwas zu haben, was verkäuflich ist, um sich im Gegenzug etwas erkaufen zu können. Was sie in diesen Stunden besprechen und für sich behalten werden. Als er endlich aufsteht und kommt, da bleibt sie sitzen. Er lässt sich Zeit und schlendert herbei mit einer Körperhaltung und einem Gesichtsausdruck, die nichts als arrogante Verachtung zeigen.

»Du hast mich nie gemocht. Schon als Kind nicht«, meint

er und das soll gelangweilt klingen. Er fläzt sich ins Gras, den Oberkörper auf die Ellenbogen aufgestützt. »Stimmt.« Er nickt langsam mit dem Kopf. »Ich dich auch nicht«, lächelt er. »Dann passt das ja. Nur, warum bin ich hier?«, frage ich ihn. Er deutet mit dem Kopf in Richtung seiner Mutter. »Sie wollte es so«, sagt er. »Und wie geht's jetzt weiter?« Er lässt die Schultern zucken. »Ich will Sicherheit, und ich will eine Zukunft.« Liegt halb aufgerichtet im Gras und parliert darüber, wie er sich so seine Zukunft vorstellt. Heiter und sehr gelassen, mit der Selbstsicherheit desjenigen, der weiß, dass dies möglich ist. Dass sich ganz sicher irgendwo eine Instanz finden wird, die ihm etwas bieten kann.

»Sicherheit? Zukunft? Das kannst du haben. Die Zukunft im Knast in der Sicherheit einer Zelle. Die Telefonnummer der Generalbundesanwaltschaft in Karlsruhe findest du im Telefonbuch, die des Bundeskriminalamtes auch.« Er lacht, und zum ersten Mal klingt sein Lachen herzhaft echt und sehr authentisch. Er deutet wieder mit dem Kopf in Richtung seiner Mutter. »Weißt du, was sie sagen wird?«, meint er heiter. »Mein Junge, wird sie sagen, mein Junge wird keinen einzigen Tag im Gefängnis verbringen. Egal, was er möglicherweise zu verantworten hat.«

»Er ist ein Arschloch«, wird später bei einem Treffen ein mit seinem Fall Vertrauter sagen, »aber er ist unser Arschloch und viel wichtiger für uns, er ist eine wahre Schatztruhe.«[6]

Einen Tag später wird seine Mutter Wort für Wort genau das sagen, was der Sohn vorherzusagen wusste. Ausgelaugt und müde wird sie sein. Sie wird in den folgenden Tagen und Wochen in harten Verhandlungen alles einsetzen, was ihr zur Verfügung steht. Ihr ganzes Können, ihr in langen

Jahren erworbenes berufliches Verhandlungsgeschick in die Waagschale werfen, um dieses eine Ziel zu erreichen. Kein Knast für ihren Sohn. Sicherheit und Zukunft. Sie wird erfolgreich sein. »Ich weiß«, wird sie irgendwann später sagen, »ich weiß, aber er ist nun mal mein Sohn.«

Er steht an diesem schönen Sommertag auf, zupft sich Grashalme aus dem Hemd, klopft sich die Hose ab. »Lass uns gehen«, sagt er und beginnt das Reden. Und wie er so erzählt, wird das zu eines langen Tages düstere Reise hinein in dunkle Nacht. Er wird, meint er, auf jeden Fall für Monate, wenn nicht gar Jahre, in den Eisschrank gehen. So nennt er das, was ihn, zumindest in der ersten Zeit, im Zeugenschutzprogramm eines westlichen Staates erwarten wird. Welcher das sein wird, ist ihm egal. »Ich nehm alles, solange die Bedingungen stimmen«, meint er, »meine Bedingungen.« Dann skizziert er die Orte, an denen er Wissen erlangt, Erfahrungen gemacht, Kontakte geknüpft hat. Stuttgart, Freiburg, Aachen, Bonn, Essen, Hamburg, Berlin, München, Genf und Wien. Behauptet, über Netze und Strukturen Bescheid zu wissen, frühere wie aktuelle. Spricht über bosnische Gegebenheiten, über dschihadistische Netzwerke, im bosnischen Zenica, in Travnik, Sarajewo, die noch heute »mehr als nur aktiv sind«. Netzwerke aus dem Balkankrieg, die heute ISIS zur Verfügung stehen – und genutzt werden. Er erzählt über seine Erfahrungen in Alexandria, benennt Namen, Fakten, Zeitpunkte, Orte. Behauptet, all dies belegen zu können. Er beschreibt seinen Weg in den Dschihad über Istanbul, Teheran, Zahedan hin nach Quetta. Sein Ziel ist Wasiristan. Sein Traum: »Amis killen.« Der Frage, ob er sich seinen Traum erfüllt hat, weicht er aus und blickt eher mitleidig einher. Beweise liefert er nicht, was nicht verwundern kann. »Alles hat seinen

Preis«, meint er »und den kannst du nun wahrlich nicht bezahlen.« Er spielt und lockt und reicht gerade so viele Häppchen an, so viel nachprüfbare Fakten hinterher, um klarzumachen, dass er liefern kann.

Er weiß um seinen Wert, weiß auch, was ihm bevorsteht, weiß, dass wer immer ihm die Zukunft bieten kann, ihn zuvor auf Herz und Nieren prüfen wird. Ihn, den deutschen Talib, der nach seiner Ausbildung zum Streiter Allahs seinen blutigen Glaubenswahn fünf Jahre in Afghanistan und dann in Syrien ausgetobt hat, werden sie wie eine Zitrone ausquetschen. Er wird liefern müssen. »Da ist eine Menge Saft drin«, meint er. »Ich kann liefern. Es wird sich lohnen.« Ganz von sich und seinem Wert überzeugt, spricht er über sich in der dritten Person und deren Besonderheit. »Sie werden kein sozial-depressives bildungsfernes Arschloch bekommen«, lacht er zynisch auf. »Sieht man vom Arschloch ab, bekommen sie das Gegenteil.« Cool soll das klingen und cool klingt es, aber er verbirgt nicht, dass er müde ist und ausgelaugt. Aber dann lacht er wieder, gibt den Zyniker. Nein, sie werden ihn zu guter Letzt nicht wie eine leer gepresste Schale entsorgen. Im Gegenteil. Sie werden für ihn sorgen. Für seine Vernehmer wird er »Gold wert sein«. Deshalb werden sie immer für ihn da sein, ihn schützen und fürsorglich umhegen, wenn nötig für den Rest seines Lebens. Dafür wird die Mutter sorgen, im Jetset internationaler Juristen weiß sie komplizierte Deals einzufädeln – inklusive garantierter Straffreiheit und wohlversorgter Zukunft. So sagt er das und ist sich sehr sicher. Weshalb »die deutsche Kronzeugenlösung nicht eine Sekunde lang in Frage kommt«.

Es ist der Sommer 2013, in Syrien wütet ein blutiger Religionskrieg aller gegen alle, und er schlendert recht gelassen über schönste Blumenwiesen, auf denen es in Gelb und Rot, in Ocker bis ins Blaue hinein gar prächtig blüht und analysiert die syrischen Angelegenheiten, ihre Besonderheiten, die Akteure, die inner- wie die außersyrischen, beschreibt deren Zustände und Fähigkeiten, ihre Ressourcen und Planungen und prognostiziert den Verlauf der kommenden Monate. »ISIS«, sagt er, »ISIS hat eine Vision. Sie haben alles, was es braucht, um diese Vision in die Realität umzusetzen. Unbegrenzte Manpower, unbegrenzte finanzielle Ressourcen, unbegrenzter Waffennachschub.«

Was auf dieser Blumenwiese an diesem Tag im Sommer 2013 wie Erzählungen aus Tausendundeiner dschihadistischen Nacht klingen mag, ist ein Jahr später 2014 Realität geworden und stellt sich als sehr konkrete Bedrohung dar, die aus dem nahöstlichen Sumpf über Europa und Amerika bis hin nach Australien reicht. »Die Zeit der Behaglichkeit ist für euch endgültig vorbei«, meint er, und da zeigen sich zum ersten Mal so etwas wie Risse in der Schale, die er vor sich trägt. Da schwingt Nachdenklichkeit mit. »Osama ist tot. Der globale Dschihad, er fängt erst an. Alles, wovon Osama nur träumte, das will ISIS umsetzen, und sie werden es umsetzen. Ganz einfach, weil sie es können. Der globale Dschihad ist aus den Höhlenverstecken herausgekrochen. Jetzt ist er in der Welt. Ist der Geist erst aus der Flasche, bekommst du ihn nicht mehr herein. Versuch mal, Zahnpasta zurück in die Tube zu drücken. No way.«

Der westlichen Öffentlichkeit ist ISIS im Sommer 2013 vollkommen unbekannt. Den meisten westlichen Beobachtern und Experten ist der Name ein Begriff, viel mehr aber auch nicht. Wie auch, es ist nicht sonderlich viel und belastbares Wissen über die Organisation vorhanden. Die aber solches Wissen haben, sehen die von ISIS ausgehende Gefahr sehr wohl. Nur das Ausmaß der Gefahr, die Möglichkeiten von ISIS, die werden unterschätzt. Was westliche Geheimdienstler 2014 selbstkritisch zugeben. »Wir haben die Gefahr gesehen, sie aber für den Westen, für Europa bis auf weiteres nur als abstrakt eingeschätzt. Rückblickend gesehen, haben wir nicht versagt, wir haben ISIS aber auf jeden Fall unterschätzt«, so ein deutscher Nachrichtendienstler.[7]

Was ISIS so erfolgreich macht? Worin seine Anziehungskraft besteht? »Sein Erfolg«, stellt der Beamte nüchtern fest. »Im Erfolg«, hatte der Sohn seiner Mutter auf diese Frage im Sommer 2013 ebenso geantwortet und sich dabei auf Osama Bin Laden berufen. »Es liegt in der Natur des Menschen, dass er immer nur auf das Gewinnerpferd setzt. Nie auf ein Verliererpferd«, zitierte er den verstorbenen Terrorfürsten. »Auch wenn Osama das so vielleicht nie gesagt hat. Die Aussage an sich stimmt. Alles andere wäre auch verrückt, wider die Natur. ISIS ist 2012 in Syrien aktiv geworden. Seit diesem Moment sind sie auf der Gewinnerstraße. Ihr seht ISIS bisher nur als eine von vielen konkurrierenden dschihadistischen Gruppen an. Das ist euer Fehler. ISIS ist perfekt durchstrukturiert und organisiert. Sie denken und handeln strategisch, nicht bloß taktisch. Sie setzen ihre Ressourcen zielgerichtet ein. ISIS ist das neue Gesicht des globalen Dschihad, und das wird bleiben. Aus der Sicht des globalen Dschihad ist der Krieg gegen die USA in Afghanistan gewonnen. Politisch und militärisch. Auf diesem Feld gibt es also keine Schlacht mehr zu schlagen. Der Westen ist der Verlierer. Der Dschihad der Sieger. Er hat nach der UdSSR die zweite Supermacht, die USA, besiegt. Allein das hat ihm einen ungeheuren Schub verpasst, ihm eine neue Kraft gegeben. Die Dynamik des Dschihad hat sich verändert, seine Stoßrichtung sowieso. Das nächste Schlachtfeld des Dschihad ist jetzt Syrien. Dorthin werden nun alle Ressourcen umgeleitet. Die landen bei ISIS. Syrien ist viel näher am Westen gelegen als Afghanistan, viel leichter zu erreichen für jeden, den es aus Europa in den Dschihad und wieder zurück treibt. Die Wege aus Syrien zurück nach Europa sind einfach. Auf jeden, der auffliegt, fallen zehn, die durchkommen. Dieser Weg in den Dschihad ist für eure Dienste schlicht und ergreifend nicht mehr kontrollierbar, unmöglich zu überwachen«, sagt er, »ihr habt ein Problem.«

Wie er all das an diesem Tag so erzählt, sind das nicht die Worte eines Mannes, der sich in schwärmerischer Sehnsucht nach dem Martyrium im Auftrage Allahs verzehrt. So spricht keiner, den die Wonnen des Paradieses locken, keiner, der sich danach sehnt, im Kampf für seinen Gott zu sterben. Das sind die Worte eines 26 Jahre jungen Mannes, der kühl zu analysieren weiß, der recht nüchtern noch dazu über seinen Werdegang referiert und sich dabei amüsiert. »Ich habe nie in das eindimensionale Raster der Dienste gepasst. Bin nicht sozialdepressiv, nicht integrationsgescheitert, war nie kleinkriminell, geschweige denn bildungsfern.« Er lacht. »Meine Kindheit war schön, meine Erziehung gewaltfrei, die Eltern liebevoll, was will man mehr«, und wie er das sagt, ummantelt er sich wieder mit lockerem Zynismus. Was also schiefgegangen sei? »Nichts«, sagt er.

»Warum willst du raus, warum willst du aussteigen? Liebst du am Ende das Leben doch viel mehr als den Tod?« Er schnauft abschätzig. »Vor dem Tod kommt zuerst einmal das Leben. Alles hat seinen Anfang, alles hat sein Ende, und dieser Teil meiner Geschichte geht nun einmal zu Ende«, meint er nur.

Seine Geschichte nimmt ihren Anfang am Nachmittag des 11. September 2001 um 15 Uhr 15. Der 14-Jährige sitzt an diesem Tag in seinem Zimmer, langweilt sich über seinen Hausaufgaben. Im Hintergrund läuft der Fernseher. Als er realisiert, was da vor sich geht, starrt er wie gebannt auf den Bildschirm. Niemand kann ahnen, dass das der Moment ist, aus dem heraus aus einem Buben aus saturiertem Hause ein Handwerker des Todes im Auftrag Allahs wird. Einem, dem jährliche winterliche Freuden nahe Kitzbühel ebenso wie die ewig gleiche Sommerfrische unweit des Comer Sees »nachgeschmissen wurden«. Dem das Einserabitur »in den Schoß« fällt. »Zufall, shit happens, es hätte alles andere sein können. Ich denke nicht darüber nach, verschon mich also mit deiner Küchenpsychologie«, sagt er und benennt gelangweilt den Zustand dieser Jugendjahre: »Küchenpsychologisch betrachtet: Öde, Langeweile, Desinteresse, Überdruss. Such es dir aus. Schreib, er war innerlich eben leer.« Er unterscheidet bei seiner Analyse zwischen dem, was damals mit ihm geschah, und dem, was heute ist, wer er heute ist. Er spricht über sich wieder in der dritten Person. »Auf den 14 Jahre alten Jungen dürfte all das vermutlich zugetroffen haben. Oder auch nicht. In dem Alter kein Wunder. Zu viel Freilauf, zu wenig Orientierungspunkte, kein Fixpunkt. Zu viel Irgendwie. Zu wenig Konkretes, Greifbares. Kann sein, kann nicht sein. Was bringt das jetzt noch, außer küchenpsychologischen Erkenntnissen.«

Die Bilder der in New York fallenden Türme faszinieren, berauschen ihn. »Wow«, beschreibt er seine Reaktion von damals. »Das war ganz einfach nur faszinierend. Die Idee dahinter war in jeder Hinsicht perfekt. Das Ziel genial ausgesucht. Die zwei Türme, die die USA in jeder Hinsicht symbolisieren. Absolute Präzision in der Planung, der Organisation, der Durchführung. Meisterhaft.« Das schießt dem

Pubertierenden an diesem Tag 2001 durch den Kopf und fesselt ihn. Nimmt ihn gefangen. Immer wieder schaut er sich die Bilder an. Die faszinieren den 26 Jahre alten Mann dreizehn Jahre später noch immer. Die Toten, sie kümmern ihn nicht. Damals wie heute. Er bewundert »die ungeheure Leistung, die totale Zielstrebigkeit, die absolute Hingabe, die unendliche Erfüllung, die dahintersteht«.

Er forscht nach, was dem zugrunde liegt und findet die Antwort im Islam: »Gemeinschaft, Zusammenhalt, klare Inhalte, klare Regeln. Dem 14 Jahre alten Jungen fiel es damals wie Schuppen von den Augen. Kein Geschwafel, nichts Schwammiges. Du wirst gefordert, du hast einzulösen. Ohne Wenn und Aber.« Er liest sich systematisch in die religiösen Schriften des Islams ein, besucht Moscheen, spricht mit Gläubigen, mit Imamen. Als er die Winterferien 2001 bei Verwandten in Aachen verbringt, trifft er in der dortigen Rahman-Moschee auf reisende Wanderprediger der Tablighi Jamaat. Die gilt den meisten westlichen Experten als extrem konservativ ausgerichtete islamische Missionsbewegung, die Muslime zu den Ursprüngen des Glaubens zurückführen will. Gewaltfrei und vollkommen unpolitisch. Über diese Einschätzung kann er nur lachen. »Sie sind Wölfe im Schafspelz«, meint er. »Viel mehr als nur ein Durchlauferhitzer auf dem Weg in den Dschihad. Du musst noch nicht mal zwischen den Zeilen lesen, um zu verstehen, was ihr Ziel ist. Der totale Gottesstaat. Schau dir meine Biographie an, schau dir die Biographien von unzähligen Dschihadisten an. Unzählige haben bei Tablighi Jamaat angefangen. Gewaltfrei? Unpolitisch?« Er lacht.

Das Handwerk des Krieges lernt er während seines Wehrdienstes. »Es war eine bewusste Entscheidung, zur Bundeswehr zu gehen. Mein Ziel war Wasiristan. Die Bundeswehr hat mich dafür ausgebildet. Da geht man doch kein Risiko ein.« Niemand merkt etwas. Er weiß sich zu verstellen. Ebenso wie er die Kontakte zu knüpfen weiß, die er für seinen Weg nach Wasiristan braucht. Über Istanbul reist er nach Teheran. Von dort nach Zahedan im iranischen Balutschistan. In der dortigen Makhi-Moschee trifft er auf seinen Schleuser, der ihn über die Grenze nach Pakistan bringt. Die Kontaktdaten hat er in Deutschland bekommen. »Die Iraner wussten natürlich, dass die Makhi-Moschee ein Dreh- und Angelpunkt auf der Route war. Sie haben weggeschaut.« Pakistanische Instrukteure, ehemalige Offiziere des Inter Services Intelligence und frühere Mitglieder der SSG, der pakistanischen Special Service Group, bilden ihn in mobilen Lagern aus, für den Einsatz in Afghanistan und im Westen. Er lernt den Bombenbau, die Planung von Hinterhalten, die Vorbereitung von Selbstmordattentätern. »Das ganze Einmaleins des Terrors eben. Was das betrifft, bin ich wohl ein Naturtalent«, bemüht er sich salopp zu wirken, ohne den Stolz darauf verbergen zu können, Teil einer Elite, nicht des Fußvolkes gewesen zu sein. Früh fällt er den Instrukteuren auf, zeigt zu viel Talent, um als Selbstmordattentäter verheizt zu werden, wird zum Haqqani-Netzwerk weitergereicht. Das paschtunische Haqqani-Netzwerk ist mittlerweile eng mit Al-Qaida verwoben, kämpft aus afghanistan-pakistanischen Grenzgebiet gegen die westlichen Truppen in Afghanistan. Er beschreibt Hinterhalte, Überfälle, Kämpfe mit afghanischen und alliierten Truppen, benennt Orte und Zeitpunkte detailliert und lässt dabei die erste Person Singular penibel unerwähnt, deutet eigenes Handeln nur an. Dafür spricht er über andere und deren Tun und Qualitäten, über Leute wie ihn selbst, die aus dem Westen gen Wasiristan pilgern. Er offenbart ein geradezu enzyklopädisches Wissen, spricht detailliert über dschihadistische Reisende aus Deutschland, Österreich, der Schweiz und anderen europäischen Ländern. Achtet dabei penibel darauf, sich auf aufgeflogene Dschihadisten zu beschränken. Oder auf Tote.

Wie Eric Breininger. Der junge Saarländer war am 30. April 2010 unweit der Stadt Mir Ali in Wasiristan von pakistanischen Soldaten erschossen worden. »Stimmt nicht«, sagt er und bestätigt damit, was kurz danach schon pakistanische Quellen aus dem Sicherheitsbereich behauptet hatten. Die hatten sich darüber ausgelassen, dass nicht pakistanische Soldaten, vielmehr amerikanische Special Forces Eric Breininger gezielt gesucht, gezielt getötet hätten. Eine Geschichte, die nicht zu verifizieren war. Warum die pakistanische Armee dennoch die Verantwortung für den Tod Eric Breiningers übernahm? »Die Navy Seals agieren, wann immer sie wollen, wo immer sie wollen. Wenn wir das bekannt werden lassen, dann zerreißt das irgendwann dieses Land endgültig«, hatte einer meiner pakistanischen Gesprächspartner gesagt.

Der deutsche Dschihadist beharrt darauf, dass es amerikanische Einsatztruppen gewesen seien, die Breininger und drei weitere Dschihadisten an jenem 30. April getötet hätten. »Es gab damals einen förmlichen Waffenstillstand zwischen der pakistanischen Armee und uns. Nirgendwo gab es Kontrollen der Armee oder Straßencheckpoints. Das war eine der Vereinbarungen. Die Pakistanis haben sich daran gehalten. In diesen Tagen und Wochen war in dem Gebiet kein einziger pakistanischer Soldat unterwegs. Punkt.« Weiter will er nicht gehen, auf Nachfragen zu den genauen Reisewegen, die Unterstützer schüttelt er den Kopf und grinst. »Ich verschieße dir gegenüber doch nicht sinnlos mein Pulver«, meint er. Sein Wissen macht ihn für andere wertvoll, das weiß er. Er beschreibt ein System von Werbern, »Talentscouts«, die unauffällig im Westen leben und Kandidaten rekrutieren. »Die Werber sind keine finsteren Bärtigen in wallenden Gewändern. Das sind unauffällig sanfte Menschen, die kommen nicht fanatisch daher.« Rattenfänger für die Rattenlinie nennt er das heute.

»Bis zum Arabischen Frühling 2011 war das ein nicht abreißender Strom«, sagt er. Für westliche Dienste sei es unmöglich, alle, die da mitgeschwommen sind, nur »ansatzweise auf dem Schirm zu haben«. Er behauptet, über mehr als zweihundert deutsche und andere westliche Reisende Bescheid zu wissen, die während seiner Zeit in Pakistan die Ausbildungslager durchliefen. »Die wenigsten halten das Leben in Wasiristan aus. Sie zerbrechen an den gnadenlos harten Realitäten dort. Weicheier! Maulhelden! Das ist keine islamische Karl-May-Lagerfeuerromantik. In Deutschland vom Dschihad zu träumen und ihn in Wasiristan und Afghanistan zu führen, das sind zwei Paar Schuhe. Du wirst aus der Luft gejagt, du wirst auf dem Boden gejagt. Du lebst Tag für Tag, Stunde um Stunde, Sekunde für Sekunde im Wissen, dass sie nur eines wollen: dich töten.«

Tatsächlich sind amerikanische Einsatztruppen – aktive Special Forces sowie eigens aus diesem Grund ausgeschiedene – nicht nur in Afghanistan, sondern gerade auch in Pakistan am Boden zu Werke. Für gutes Geld heuern ehemalige Mitglieder der Special Forces bei privaten Sicherheitskonzernen an und werden dann oft genug von staatlichen Diensten eigens wieder angemietet, um solcherart privatisiert Operationen durchführen zu können, die staatliche Dienste eher nicht so gern durchführen. Bis heute und allen gegenteiligen Beteuerungen aus Washington und anderen Hauptstädten des Westens zum Trotz, wird diese Praxis gern ausgeübt. Der einzige Auftrag dieser Einsatzgruppen: »search and destroy« – suchen und töten. Sie verbreiten Angst. Darüber redet er. Über die Angst vor den Drohnen, die ständig am Himmel über Wasiristan kreisen. Barack Obama hat gleich nach seinem Amtsantritt 2008 den Drohnenkrieg gegen Al-Qaida und die afghanischen und pakistanischen Taliban intensiviert – und ist erfolgreich damit. Der Drohnenkrieg eliminiert die Führungsriege der Dschihadisten ebenso wie das Fußvolk. Das zermürbt und lässt Träume von im Paradies wartenden Jungfrauen schnell verblassen.

»Ich denke, ihr liebt den Tod so sehr, wie wir das Leben lieben. Woher dann diese Angst davor?« Er reagiert mit der abschätzigen Arroganz des vorgeblichen Profis: Daran glaube nur »das Kanonenfutter, die nützlichen Idioten, die man gebrauchen kann«. Sie seien gerade gut genug, »um im Westen durch permanente Verunsicherung eine Atmosphäre der Angst zu erzeugen. Nenn es psychologische Kriegsführung.« Dazu gehöre mitunter »eine bewusst sehr offen geführte Kommunikation. Natürlich wussten wir, dass Telefongespräche und Internetkommunikation abgehört wurden. Manchmal wollte man, dass mitgehört wird. Etwa wenn über Anschläge im Westen gesprochen wurde. So provozierst du Unsicherheit, Angst, Ungewissheit: Bomben sie oder nicht?« Aber die afghanischen Höhlen, die Ausbildungsstätten sind eben sehr weit entfernt von westlichen Metropolen. Die Wucht der Drohungen, die von dort aus wider den Westen, gegen Europa ausgestoßen werden, verpufft. Auf die Warnungen westlicher Dienste vor Terroranschlägen in Europa passiert: nichts. Die Angst vor dem Terror verblasst im Westen zunehmend. Die meisten Versuche, den Terror vom Hindukusch nach Europa zu exportieren, werden von westlichen Sicherheitsdiensten vereitelt oder scheitern oft genug schon an ihrer dilettantischen Planung.

Der globale Dschihad braucht spektakuläre Terroranschläge im Westen, er braucht sichtbare Erfolge und die bleiben aus. Die Dschihadisten tauschen sich aus, auch wenn die Kommunikationswege mühsam sind. Aus dem Jemen, aus Ägypten, Libyen, aus dem Kaukasus reisen Kuriere nach Pakistan. Aus dem Irak pilgern ständig Kuriere des Islamischen Staates im Irak (ISI), wie sich ISIS damals noch nennt, an den Hindukusch. Von Pakistan aus reisen Kuriere in die jeweiligen Staaten zurück. Überlegungen werden angestellt, Planungen durchgeführt, Strategien entwickelt – doch der globale Dschihad, so scheint es, tritt auf der Stelle. Ihre Terrorziele in Staaten des Westens sind weit entfernt und unerreichbar. Das Label Al-Qaida verblasst zunehmend, verliert seinen Schrecken.

Er spricht darüber, dass schon vor Jahren in »meinen Kreisen, nicht mit den Weicheiern«, sehr konkret über Anschläge auf den europäischen Bahnverkehr, über Attentate auf gut besetzte ICE-Züge in Europa gesprochen wurde. Tatsächlich versetzte im Sommer 2013 diese Drohung deutsche Sicherheitsbehörden in helle Aufregung. Sie können nicht wissen, ob es nur ein Bluff ist. »Das Einzige, was die Behörden mit Sicherheit wissen: Sie können solche Anschläge unmöglich verhindern.«

Er macht eine Pause. »Noch etwas wissen sie. Es ist verblüffend einfach, einen vollbesetzten ICE bei Tempo 250 entgleisen zu lassen. Wie auch immer. Stell dir das Szenario einmal vor: Am Dienstag entgleist zwischen Hamburg und Frankfurt ein ICE. Zwei Tage später ein TGV zwischen Paris und Marseille, noch einmal zwei Tage später ein ICE zwischen Mannheim und Hannover. Bei Tempo 250! Auf einen Schlag hast du tausend Tote und eine Woche rund um die Uhr Live-Berichterstattung. Wow! Einfach zu planen, einfach zu organisieren und kinderleicht durchzuführen. Was will man mehr?«

Sind das nur Phantasmagorien eines frustrierten Schwätzers aus Tausendundeiner Nacht? Terrorträume am Hindukusch, ohne jede Grundlage? Monate später wird ein westlicher Geheimdienstler mit Einblick in den Fall bestätigen, dass »wir wussten, dass darüber gesprochen wurde. Wir wussten, dass diese Planungen sehr konkret waren. Tatsächlich ist der Kerl ein Glücksfall für uns.«[8]

Im Frühjahr 2011 weiß er um das Ende seiner Zeit in Pakistan. »Die USA haben den Krieg um Afghanistan militärisch verloren. Was sollte ich da noch?« Im Nahen Osten tobt sich der Arabische Frühling aus. Anders als die meisten westlichen Experten weiß Al-Qaida um die ungeheuren Chancen, die sich dadurch im nahöstlichen Vorgarten Europas unverhofft eröffnen.

Es ist eine bunt durchmischte Truppe, die sich ab dem Frühjahr 2012 auf den Weg nach Syrien macht. Aus der syrischen Intifada gegen die brutale Diktatur des Baschar al-Assad ist zunächst nur ein Bürgerkrieg geworden. Al-Qaida-Chef Aiman al-Zawahiri weiß um die Möglichkeiten, die sich dem globalen Dschihad aus Syrien heraus eröffnen. Im Irak sind die Terrorbrigaden des Islamischen Staates im Irak (ISI) ungebrochen. Die brutale Unterdrückungspolitik des schiitischen Ministerpräsidenten Nuri al-Maliki ist gegen die Sunniten des Iraks ausgerichtet. Sie treibt die sunnitischen Stämme zunehmend in die Arme des ISI. Abu Bakr al-Baghdadi ist dabei, den Einsatz seiner Terrorbrigaden in Syrien vorzubereiten. In Kooperation mit Aiman al-Zawahiri sendet er zunächst unter der Führung seines engen Vertrauten Abu Mohammed al-Jawlani ein Vorauskommando nach Syrien, das das Terrain zunächst sondieren, Zellen bilden und Strukturen aufbauen soll. ISI, der Islamische Staat im Irak, hat beste Verbindungen in ganz Syrien, noch aus der Zeit des Krieges gegen die amerikanischen Truppen im Irak, als der ISI aus Syrien Waffen bezog, seine Kämpfer durch Syrien ungehindert mit der Unterstützung der syrischen Geheimdienste in den Irak einreisen konnten und der ISI zusammen mit syrischen Geheimdiensten in Syrien Ausbildungslager betrieb. Abu Bakr al-Baghdadi ist erfolgreich und verliert zugleich. Sein Vorauskommando kann in nicht geahnter Effizienz alte Strukturen und Verbindungen reanimieren, neue aufbauen und sich schnell als neuer, als dschihadistischer Akteur auf der syrischen Bühne etablieren. Sehr zum Verdruss des Abu Bakr al-Baghdadi. Denn der Mann, den er als Anführer des Vorauskommandos und als seinen Stellvertreter nach Syrien gesendet hat, macht sich gleichsam über Nacht selbständig, lehnt, kaum erfolgreich, die Vorherrschaft des Abu Bakr al-Baghdadi ab und gründet die Al-Nusra-Front. Abu Bakr al-Baghdadi hat sich mit Abu Mohammed al-Jawlani die Konkurrenz im eigenen Haus selbst gezüchtet.

In ihrem pakistanischen Rückzugsraum bereiten sich derweil Tschetschenen, Usbeken, Tunesier, Libyer, pakistanische Taliban ebenso wie westliche Dschihadisten auf ihren Einsatz in Syrien vor. Auch unser Arztsohn ist dabei. Auf zwei Routen kommen sie. Entweder über Belutschistan, den Oman und von dort in den Libanon oder die Türkei nach Syrien. Oder den einfacheren Weg aus den Stammesgebieten direkt nach Karatschi und dann mit dem Flieger über die

Türkei in das Bürgerkriegsland. »Das Ganze wurde und wird noch bis heute mit Wissen, Duldung und Unterstützung des pakistanischen Geheimdienstes von ehemaligen Offizieren des pakistanischen Geheimdienstes organisiert«, erklärt er. »Ich weiß, von wem ich meine Reisepapiere bekommen habe, und die waren mehr als nur gut. Wenn plötzlich Hunderte Kämpfer von Karatschi aus das Land verlassen, geht das nur mit Wissen und Unterstützung des ISI. Ich weiß, wer mir mein Geld und meine Instruktionen gegeben hat.« Westliche Dienste bestätigen, dass allein von 2012 bis Sommer 2013 mehr als fünfhundert Ausbilder, Instrukteure, Organisatoren und Kämpfer aus Pakistan in Syrien eingetroffen sind. »Pakistan entsorgt sein Taliban-Problem. Das hat dem Bürgerkrieg in Syrien eine ganz andere Qualität gegeben«, bestätigt einer aus der Gilde westlicher Geheimdienste und verkennt die eigentliche Intention der Drahtzieher und Organisationen dieser dschihadistischen Rattenlinie. Im pakistanischen Geheimdienst gibt es bis in die Spitze hinein starke Strömungen, die dem globalen Dschihad verpflichtet sind und ihn mit allem Nötigen bis heute unterstützen. Er spricht darüber, dass eine eigens zusammengestellte Einheit von »sehr gut ausgebildeten Mudschahedin mit nur einem Ziel nach Syrien geschickt wurde: dort eine Basis zu errichten, um von der aus in ganz Europa zuzuschlagen. Das sind richtige Profis. Denen unterlaufen keine Fehler wie der Sauerland-Gruppe oder anderen Dilettanten.« Mit dabei, so sagt er, sei ein sehr erfahrener französischer Agent, der in die Reihen des globalen Dschihad übergelaufen sei. Er nennt den Namen, den *nom de guerre*, sowie den richtigen. Die Information ist nachprüfbar. Sie stimmt. Den Namen zu veröffentlichen verbietet sich, aus Rücksicht auf die Familie.

Noch etwas in seinen Erzählungen stimmt. Es gibt diese Gruppe, die eigens nach Syrien gesandt, von dort aus in Europa zuschlagen soll. Sie hat einen Namen. Khorason-Gruppe, etwa 50 Al-Qaida-Terrorspezialisten, die eng mit dem genialen Bombenbauer Ibrahim Hassan al-Asiri zusammenarbeiten. »Dr. Sausi« ist der Experte für Sprengstoff und Bombenbau für Al-Qaida auf der arabischen Halbinsel. James R. Clapper, der Director of National Intelligence, erklärte: »Hinsichtlich der Bedrohung unseres Landes mag Khorasan eine ebenso große Gefahr wie der Islamische Staat darstellen«[9]. Die USA flogen in der Nacht zum 23. September 2014 massive Luftangriffe gegen mutmaßliche Ziele der Gruppe in der Nähe von Aleppo und versetzten die Heerschaar der Experten in Verblüffung. Denen war die Existenz der Gruppe bis zu diesem Tag vollkommen unbekannt. Syrien ist als Operationsbasis für Anschläge in Europa bestens geeignet. Die Wege dorthin sind kurz, einfach und sicher. Nach einem unkomplizierten Grenzwechsel von der Türkei nach Griechenland sind die Wege durch Europa grenzenlos offen.

Syrien eröffnet dem globalen Dschihad ganz unverhofft ungeahnte Möglichkeiten. »All das, wovon wir in Wasiristan letztendlich nur träumen konnten, all das kann ISIS jetzt aus seinem sicheren Territorium heraus realisieren. Nicht stümperhaft geplant, nicht dilettantisch organisiert und durchgeführt. Und Europa ist jetzt sehr, sehr nahe«, erklärt er nüchtern. »Die neue Basis des globalen Dschihad wird auf lange Jahre Syrien und der Irak sein.«

In Syrien ist die Hölle Alltag. Mit nur noch monotoner Stimme zeichnet er Bilder aus blutigster Hölle, schildert die schlimmsten Alpträume, die Realität geworden sind. Da bröckelt die Pose des abgeklärten Profis. Seine Augen verlieren ihren Ausdruck, wenn er über die blutige Agonie einer schier endlos währenden Terrornacht berichtet. Er ist in Homs, in Aleppo und an anderen Orten dabei. Er spricht über das Töten und Morden, und wie unter freudigem Lachen und lautem Lobpreisen Allahs unterschiedslos Männern, Frauen und Kindern die Kehlen durchgeschnitten wurden. Wie man ihnen die Köpfe nahm. Er beschreibt Vergewaltigungen junger Mädchen vor den Augen ihrer Eltern, wie man ihnen die Brüste absäbelte und wie lang so etwas dauert. Er erzählt, wie zwei pakistanische Instrukteure unter dem johlenden Beifall der umstehenden Menge zwei Knaben zunächst den Penis, dann die Hoden abschnitten und sich über deren Verbluten gar köstlich amüsierten.

Im Westen wird zu diesem Zeitpunkt nur die dschihadistische Al-Nusra als Akteur wahrgenommen. Als eine eigenständige Terrorgruppe, die mehr oder weniger eng irgendwie mit Al-Qaida verbunden ist. Nichts Genaues weiß man nicht. Im syrischen Dschungel haben westliche Beobachter und Dienste den Überblick längst verloren. »Al-Nusra«, erklärt er, »war ein Geschöpf von Abu Bakr al-Baghdadi. Der hat sich zu dem Zeitpunkt zwar noch öffentlich zu Aiman al-Zawahiri bekannt. Aber der war eben weit, weit weg vom Geschehen in Pakistan. Was al-Baghdadi sehr wohl bewusst war.«

Er kämpft am Anfang in den Reihen von Al-Nusra, wechselt dann zu ISIS. »Warum?« Er überlegt lange. »Syrien hat alles verändert. Das war nicht mehr mein Krieg. Das ist nicht mehr mein Krieg. Nicht so, nicht auf diese Art und Weise«, meint er knapp und dann zeigt er Aufnahmen, aufgenommen mit seinem Smartphone und weist auf die Besonderheit hin. Er hat die Szenen gefilmt.

Am 27. Mai 2013 schneidet in der syrischen Stadt Aleppo

im Hinterhof einer Moschee ein Mensch einem etwa fünfzehn Jahre altem Jungen zunächst die Kehle durch und dann den Kopf ab. Der Mörder reckt den abgeschnittenen Schädel unter dem wohlgefälligen Jubel von dreizehn bewaffneten Männern triumphierend in die Luft. Sieben weitere mit Kalaschnikows bewehrte Männer haben unterdessen eine Gruppe von dreizehn Menschen in Schach gehalten. Verwandte des Jungen. Fünf Männer, drei Frauen und fünf Jugendliche im Alter von vielleicht dreizehn, vierzehn Jahren. Sie werden an die Wand des Gotteshauses getrieben und dort erschossen. Eine Gruppe eher unbeteiligt wirkender Männer, offensichtlich pakistanischer Herkunft, betrachtet das Geschehen. Nach dem Mord verharren die Mörder im frommen Gebet. Die Videoaufnahmen werden später nach ihrer Auswertung westliche Analytiker alarmieren. Denn die Sprachanalyse der Videoaufnahme zeigt: Die Mörder kamen aus Europa. Aus Deutschland, Belgien, den Niederlanden. Die Bilder des Massenmordes an jenem 27. Mai in Aleppo sowie die umfassenden Aussagen des deutschen Dschihadisten sind zudem der erste harte Beweis dafür, was bislang in westlichen Geheimdienstkreisen nur als eine »begründete Spekulation« galt, die jedoch noch nicht bewiesen werden konnte: dass nicht nur pakistanische Taliban sowie Dschihadisten aus den Reihen der pakistanischen Terrororganisationen Lashkar-e-Jhangvi und Lashkar-e-Taiba zunehmend und in nennenswerter Zahl im syrischen Bürgerkrieg an der Seite sunnitischer Ableger von ISIS in Syrien kämpfen, töten und morden.

Was die Sache aus Sicht westlicher Dienste darüber hinaus so brisant macht? Auf den Videoaufnahmen konnten die Auswerter »zum ersten Mal drei Personen zweifelsfrei identifizieren«: ehemalige Offiziere der pakistanischen Armee, Mitglieder der pakistanischen Eliteeinheit SSG (Special Service Group), die in der Vergangenheit zugleich Mitarbeiter des pakistanischen Geheimdienstes ISI waren. Alle drei sind in den letzten Jahren immer wieder auf den Radarschirmen westlicher Dienste aufgetaucht. Zunächst »aus dem Hintergrund heraus nur als Kollaborateure, dann als Operateure – und für die Dienste viel alarmierender –, als professionelle Ausbilder westlicher Dschihadisten im globalen Dschihad«, wird später ein westlicher Sicherheitsbeamter in Straßburg im Gespräch erklären. »Das sind erfahrene Terrorprofis. Dass die jetzt in Syrien sind, gibt der Sache eine ganz andere Qualität.«

Westliche Dienste müssen nun in Syrien eine Wiederholung der Geschichte fürchten. Eine, die weitgehend vergessen ist: Zwischen 1992 und 1995 hatte der pakistanische ISI unter der Leitung des damaligen Director General Javid Nasir und im engen Zusammenspiel mit dem damaligen pakistanischen Botschafter in Deutschland, dem ehemaligen Leiter des ISI, General Asad Durrani, in Bosnien und im Kosovo eine umfassende terroristische Infrastruktur etabliert. Im Balkankrieg, in dem christlich-orthodoxe Serben die bosnischen Muslime zu vernichten suchten, wurden in ganz Bosnien dschihadistische Netzwerke gebildet. Al-Qaida-Kämpfer, pakistanische, afghanische, Mudschahedin, schiitische Hisbollah-Kämpfer, wahhabitische Saudis und Jemeniten eilten ihren bosnischen Brüdern zu Hilfe und kämpften mit entfesselter Wut gegen die Serben, nahmen denen die Köpfe, spielten mit ihnen Fußball, die Bilder darüber finden sich noch heute in den Untiefen des Internets. Die Serben fürchteten diesen Gegner. Der pakistanische Geheimdienst hatte in Zusammenarbeit mit dem iranischen Geheimdienst mit dem Wissen, unter den Augen und mit-

Duldung aller westlicher Dienste und deren Regierungen auf dem Balkan die dafür notwendigen Strukturen aufgebaut. Der damalige pakistanische Geheimdienstchef Javed Nasir, der aus seiner dschihadistischen Überzeugung nie ein Hehl gemacht hat, organisierte in enger Zusammenarbeit mit Al-Qaida den Nachschub auf den Balkan. Den menschlichen und den an Waffen. Panzerbrechende Raketen, Bazookas, Mörser und Raketen, Kalaschnikows, Landminen und Kleinwaffen aller Art. Finanziert mit Geld aus der Golfregion. Javed Nasir reiste zweimal auf den Balkan, um vor Ort die dschihadistische Hilfe voranzutreiben. Sein Nachfolger Javed Ashraf Qazi trieb den Export der dschihadistischen Strukturen nach Europa weiter voran.

»Was der ISI damals an Strukturen auf dem Balkan und in ganz Europa aufgebaut hat, existiert noch heute und ist voll funktionstüchtig«, erzählt der deutsche Überläufer. Worüber er sich nur in Andeutungen ergeht, offenbart Insiderwissen. Er spricht darüber, wie zwischen 1991 und 1995 der pakistanische Geheimdienst in Großbritannien etwa 250 dort lebende pakistanische Muslime anwarb, sie in Pakistan in Camps der dort agierenden dschihadistischen Harakat-ul-Mujahideen (HUM) ausbilden ließ, und dann in Bosnien einsetzte. Die britischen und amerikanischen Dienste waren informiert. Ihnen kam die Angelegenheit nicht ungelegen, wurden doch so die vorwiegend arabischen HUM-Kämpfer in Bosnien ausgetauscht. Deren balkanische Mordorgien hatten in Europa kurzfristig für Entsetzen gesorgt.

Das wohl prominenteste Mitglied dieser islamistischen Internationale: Omar Saidd Sheikh. Der junge Brite, dem seine Professoren an der elitären London School of Economics eine brillante Karriere prognostizierten, wurde in Bosnien von seinen pakistanischen Ausbildern radikalisiert –

und erlebte eine fulminante dschihadistische Karriere. Als Agent des ISI, als enger Weggefährte Osama Bin Ladens und als der Mann, der den Reporter des *Wall Street Journal* Daniel Pearl nach Karatschi lockte und dort entführte. Pearl wurde 2002 vor laufender Kamera der Kopf genommen.

»Was die Pakistanis damals auf dem Balkan aufgebaut haben, existiert immer noch und ist aktiv«, sagt der deutsche Dschihadist. Das sind Netzwerke, die ISIS jetzt nutzen kann und auch schon nutzt. »Nicht um einen deiner sozialdepressiven Reisenden zu schleusen. Bei Gott nicht. ISIS weiß seine Ressourcen zu schützen und klug einzusetzen. In der Zukunft.« Er steckt das Smartphone wieder ein. »Nein, das ist nicht mein Krieg«, wiederholt er sich. »Das ist nicht mehr dein Krieg? Du bist müde? Von was? Du hast getötet!« Er schüttelt den Kopf, aber das ist keine Verneinung – er weiß zu schweigen. »Niemand segelt fünf Jahre durch den Dschihad und hat dann noch saubere Hände. Wie ist das, wenn du tötest?« Er schnauft abschätzig. »Versuch es selbst«, meint er. Und es ist verblüffend, dass sich seine Antwort auf diese Frage mit der Antwort deckt, die ich ein Jahr später von einem jungen Kurden aus Schwaben hören sollte. Der sich Abu Hamza al-Almani nennende Kämpfer saß vor mir im Wüstensand auf dem Gebiet des »Islamischen Staates« nicht weit von Erbil und sprach über das Töten und Morden im Auftrag seines Gottes auf genau die gleiche Weise.

Er steht da. Auf dieser Blumenwiese. Schweigend. »Ich habe keine Erfüllung mehr«, sagt er. Dann beklagt er mit mechanisch klingender Stimme »die Bestie, die aus dem Menschen herausbricht, um sich wahllos auszuwüten«. Er verstummt. »Das ist nicht mehr mein Gott, und das ist es, was ich in den Eisschrank mitnehmen werde.«

Der Dschihad in Europa

Er liebte es zu singen. Französische Chansons. Wenn er nicht sang, dann folterte er. Danach schnitt der ehemalige Jurastudent Mehdi Nemmouche seinen Opfern die Gurgel durch. Das war seine Mission. Menschen zu foltern.

Der französische Staatsbürger algerischer Herkunft betritt am 25. Mai 2014 um 15.50 Uhr das Jüdische Museum in Brüssel. In der belgischen Hauptstadt lebt knapp die Hälfte der 42.000 Juden des Landes – und die haben Angst. Zu Recht. Einer 2013 erhobenen Studie der EU-Grundwerteagentur zufolge bezeichnen 77 Prozent der belgischen Juden den Antisemitismus im Land als ein »ernstes Problem«. Belgien liegt damit deutlich über dem europäischen Durchschnitt. Die Flämische Freie Universität Brüssel kommt 2011 in einer Untersuchung niederländischsprachiger Schulen der Hauptstadt zu dem Ergebnis, dass etwa 50 Prozent aller muslimischen Schüler eine antisemitische Grundeinstellung haben. Bei den nichtmuslimischen Schülern gilt das hingegen nur für 10 Prozent. Mehdi Nemmouche werden beide Studien unbekannt sein, ihn treibt nur eines: »Ich wollte Juden töten. Das ist mein Auftrag.« So erklärt ein belgischer Ermittler die Motivation des Mörders.[1] Nemmouche zieht seine AK 47 und erschießt ein israelisches Ehepaar, eine französische Praktikantin und einen Wachmann des Museums. Danach flieht er mit dem Wagen. Der Täter wird in Frankreich verhaftet und nach Belgien ausgeliefert.

Mehdi Nemmouche hat ein Vorbild. Den »größten Franzosen aller Zeiten«. Mohammed Merah, ein Al-Qaida-Mitglied, der im März 2012 ganz Frankreich in Angst und Schrecken versetzt und die Juden des Landes ins Entsetzen treibt. Zunächst tötet Merah am 11. März 2012 in Toulouse einen Soldaten, am 15. März in Montauban zwei weitere. Dann fährt der Mörder gegen acht Uhr am 19. März 2012 auf einem Motorroller vor das jüdisch-orthodoxe Collège Ozar Hatorah und feuert mit einer 9-mm-Waffe auf einen Lehrer, der mit anderen Erwachsenen und Kindern vor dem Gebäude steht. Dann betritt er die Schule, tötet den dreißigjährigen Rabbiner Jonathan Sandler, dessen zwei kleine Kinder sowie die achtjährige Tochter des Schuldirektors. Mohammed Merah flieht. Die französischen Behörden lösen die höchste Stufe des 1981 eingeführten Anti-Terrorplans Vigipirate aus. Sie fahnden nach ihm, finden ihn und belagern seine Wohnung in Côte Pavée, einem Stadtteil von Toulouse. Merah bezeichnet sich in den dreißig Stunden langen Verhandlungen mit der Polizei als muslimischer Mudschahid und Mitglied der Al-Qaida. Als französische Einsatzkommandos seine Wohnung stürmen, kommt es zu einer wilden Schießerei. Drei Polizisten werden verletzt, Merah wird von einem Scharfschützen erschossen.

Die europäische Öffentlichkeit ist angesichts der beiden Massenmorde im Süden Frankreichs und in Brüssel entsetzt, kann die beiden Taten jedoch nicht in einen Zusammenhang setzen. Europäische Sicherheitsbehörden tun dies sehr wohl. Nemmouche, das wissen die Behörden, ist ebenso wie Merah ein Salafist. Beide haben in Europa ihre salafistische Radikalisierung erlebt. Beide sind in Ausbildungslager gereist – Merah nach Pakistan und Afghanistan, Nemmouche nach Syrien –, haben dort ihre terroristische

Ausbildung erhalten und im Heiligen Krieg gekämpft. Um dann nach Europa zurückzukehren. Es kam zudem – wie heute feststeht – zu weitreichenden Pannen. Merah war zwar den Diensten bekannt, jedoch – es kümmerte sich keiner so richtig drum. Nemmouche kämpfte 2012 in Syrien in den Reihen des Al-Qaida-Ablegers, der Al-Nusra-Front, und schloss sich dann ISIS an. Um zu verschleiern, dass er aus Syrien anreiste, wählte Nemmouche seinen Weg zurück nach Europa über Malaysia, Singapur, Thailand nach Frankfurt.

Europa befindet sich im Fadenkreuz von Al-Qaida und ISIS. Der globale Dschihad, so die Erkenntnis der Behörden, ist in Europa angekommen, um sich dort auszutoben. Seine bevorzugten Opfer: »Soft Targets«, Männer, Frauen, Kinder. Ganz oben auf ihrer Zielliste: Juden und jüdische Einrichtungen. Einem europäischen Dienst liegen detaillierte Strategiepapiere und Handlungsanweisungen des ISIS vor, aus denen hervorgeht, dass ISIS-Kämpfer außerdem in Schulen, Kindergärten, in Kaufhäusern und überall dort, wo sich Passanten aufhalten, wahllos Attentate durchführen sollen. Mit Schusswaffen, mit Messern, mit Autos. PKWs sollen als Waffe genutzt werden, um in Menschenansammlungen zu rasen. Darüber hinaus sollen harte Ziele ausgespäht und angegriffen werden, also Regierungs- und andere öffentliche Einrichtungen. Ebenso Museen, Diskotheken, Züge, Flughäfen.[2] Aber noch etwas wissen die Behörden: Aus einer abstrakten Bedrohung ist eine sehr konkrete geworden, der die westlichen Sicherheitsbehörden hilflos gegenüberstehen: »Gehen Sie davon aus, dass jenseits aller veröffentlichten Zahlen bisher etwa 8.000 Salafisten aus Europa nach Syrien und den Irak zu ISIS gereist sind. Nach dem 10. Juni ist die Zahl richtiggehend explodiert.

Uns waren die meisten der Reisenden vollkommen unbekannt. Wir wussten absolut nichts über die. Es ist unmöglich, die Rückkehrer alle auf dem Schirm zu haben. Wie wollen Sie jemanden, von dessen Reise zu ISIS wir nichts wussten, von dessen Rückkehr wir nichts wissen, davon abhalten, morgen früh in seinen Wagen zu steigen, Gas zu geben und an der nächsten Bushaltestelle ein paar Leute umzufahren? Unmöglich. Und diese Leute haben noch ganz andere Möglichkeiten«, stellt ein europäischer Beamter nüchtern fest und verweist auf Kanada und Australien.[3]

Im kanadischen Montreal überfährt ein Salafist am 21. Oktober 2014 mit seinem Wagen zwei Soldaten auf dem Parkplatz eines Einkaufszentrums, einer der beiden stirbt. Zwei Tage später fährt ein Salafist mit seinem Wagen vor das Parlament in Ottawa, erschießt einen Soldaten und stürmt in das Regierungsgebäude. Der Mann wird erschossen, bevor er ein Massaker anrichten kann. In Australien können die Sicherheitsbehörden im letzten Moment eine blutige Anschlagsserie verhindern. ISIS-Salafisten wollen auf offener Straße eine Reihe Bürger entführen, sie enthaupten und Videos davon ins Internet stellen. Was sind das für Menschen? fragt sich die westliche Öffentlichkeit rat- und hilflos. »Das sind Menschen wie Sie und ich. Ganz normale Zeitgenossen, aus denen wann und warum auch immer, ich weiß es nicht, die Bestie im Menschen hervorbricht«, sagt ganz offen und sehr ratlos der westliche Beamte. »Vergleichen Sie das bitte mit dem Verhalten deutscher Männer und Frauen, die als KZ-Wärter ihren Dienst getan haben. Die meisten waren vor ihrem Dienstantritt vollkommen normale Zeitgenossen. Sie kamen aus allen Schichten der Bevölkerung. Es gibt kein Raster, kein Muster, das erklärt, wer besonders anfällig ist. Wenn wir glauben, dass wir ein

Erklärungsmuster gefunden haben, stoßen wir auf Leute, die nun wirklich nicht hineinpassen. Schulabbrecher, Abiturienten, Studenten, Hilfsarbeiter und Arztsöhne, sozial abgehängte, depressive oder integrationsgescheiterte ebenso wie vollkommen integrierte. Konvertiten und ›wiedergeborene Gläubige‹. Männer, Frauen. Es gibt kein Muster. Die einzige Gemeinsamkeit, die zu sehen ist: Ab einem gewissen Zeitpunkt ihrer Radikalisierung handeln diese Menschen vollkommen enthemmt. Wie Nemmouche.«

Der hatte sich in Syrien als Folterknecht des ISIS hervorgetan, ließ seinem hemmungslos gewordenen Sadismus und seinem rasenden Judenhass freie Bahn. Das belegen die Zeugenaussagen von vier französischen Journalisten, die zehn Monate lang als Geiseln des ISIS gefangen gehalten wurden. Nemmouche hatte sich als entfesselter Kerkerwärter gezeigt, sich mit geplanten Anschlägen in Europa gebrüstet und sich Tag und Nacht als Folterknecht hervorgetan. Die französischen Journalisten mussten der Hinrichtung eines jungen Russen zusehen. Für den, das wusste ISIS, würde kein Lösegeld bezahlt werden. Eine der französischen Geiseln, Nicolas Henin vom Magazin *Le Point*, schildert, wie Nemmouche immer wieder auf das verletzte Bein seines Kollegen einprügelt. Dann singt Nemmouche aus voller Brust französische Chansons. Henin selbst wird immer wieder von Nemmouche zusammengeschlagen. Dazwischen unterzieht Nemmouche ihn einem Quiz über eine in Frankreich beliebte TV-Sendung. Neben der Zelle, in der die Franzosen mit weiteren westlichen Geiseln gefangen gehalten werden, sind etwa 80 syrische Gefangene des ISIS. Nemmouche nahm sie sich vor: »Wenn Nemmouche nicht sang, dann folterte er«,[4] beschreibt Henin. »In den Nachbarzellen, wo die Syrer festgehalten wurden, löste das Erscheinen von Nemmouche Panik aus. Die Folterungen dauerten die ganze Nacht bis zum Morgengebet. Auf die Schmerzensschreie der Gefangenen folgte manchmal Gebrüll auf Französisch.« Nach den Folterungen kommt Nemmouche immer wieder zu Henin, schwelgt genüsslich in den Erinnerungen seiner Taten, ergeht sich in sadistischen Erzählungen. »Er sagte: Die Frauen, das ist lustig, zuerst vergewaltige ich sie, dann schneide ich ihnen die Gurgel auf. Nachher falle ich über die Babys her. Du kannst dir gar nicht vorstellen, welches Vergnügen mir das Köpfen von Babys bereitet.« Nemmouche ist von einem fanatischen Judenhass getrieben. »Die kleinen Jüdinnen würde ich auch gerne an den Zöpfen herumziehen, bevor ich sie umlege«, wünscht er sich. Mohammed Merah hatte eines der jüdischen Kinder, ein acht Jahre altes Mädchen, an den Haaren zu sich hochgezogen, bevor er sie erschoss. Die westlichen Geiseln müssen das Vaterunser fehlerfrei vorbeten, »um zu beweisen, dass sie keine Juden sind«.

Die deutschen Behörden sind alarmiert, stehen jedoch vor denselben Problemen wie ihre europäischen Kollegen. Die *Bild* zitiert aus einem vertraulichen Dokument deutscher Stellen, in denen die Gefahr durch Anschläge deutscher ISIS-Rückkehrer als »konkrete, tödliche Gefahr« bezeichnet wird.[5] »Europa ist im Fadenkreuz des ISIS-Terrors. Es ist nur noch eine Frage der Zeit, bis wir in Berlin, Frankfurt oder wo auch immer Anschläge erleben werden«, bestätigt ein deutscher Sicherheitsbeamter den Bericht des Blattes.[6] In dem Dokument heißt es weiter: »Durch die im Kampf gewonnene Erfahrung im Umgang mit Sprengstoff und Waffen stellen vor allem sie selbst in Bezug auf gewaltbereite Aktionen innerhalb Deutschlands ein unkalkulierbares Risiko dar. Von ihnen geht die größte Gefahr aus.« In

den Beneluxstaaten, im deutschsprachigen Raum, in Großbritannien, in Skandinavien ist ein Europa des Salafismus
entstanden, das nicht mehr kontrollier- und beherrschbar
ist. Die dschihadbeseelten Salafisten tauschen sich untereinander aus, sind sich gegenseitig behilflich, organisieren gemeinsam ihre Aktivitäten. Vordergründig harmlos wir-
kende wie Koranverteilungen, Seminare, Moscheevorträge
bis hin zu sozialer Betreuung für darbende fromme Brüder
und Schwestern, aber auch konkrete Handlungsanweisungen, wie der Dschihad in Europa durchzuführen ist.

Ist das nur blutige Traumtänzerei, nur ein gedankliches
Spielen mit Dschihad-Ideen, ein sich Suhlen im Was-wäre-
wenn? Gut möglich, denn niemand, der von der Propaganda zur Tat schreitet, wird dies vorher offen ankündigen.
Dennoch ist es frappierend, was am 1. August 2014 nach
dem Freitagsgebet in der Aachener Al-Rahman-Moschee
zwei junge deutsche Muslime von sich geben. Sie nennen
sich Masud und Ibrahim, 24 Jahre alt der eine, 22 Jahre der
andere, und was sie in ihren Gedankenspielen durchde-
klinieren, deckt sich fast bis ins Detail mit dem, was westliche Sicherheitsbehörden umtreibt. Das Mumbai-Szenario:
Sie sprechen darüber, natürlich nur im Konjunktiv. Was
wäre wenn, reden über die Möglichkeiten, die sich in Ho-
tels ergäben, in Zügen und auf Bahnhöfen und wie einfach
das doch alles umzusetzen sei, zu organisieren, zu koordi-
nieren und wie hilflos Behörden und Öffentlichkeit dem
Ganzen gegenüberstünden. »Lähmung, Angst, Terror?«,
fragt Masud, »wäre es nicht an der Zeit, dass ihr das auch
mal erlebt? Das, was die Muslime schon so lange erleiden
müssen, durch euch! Die Ungewissheit: passiert es, passiert
es nicht? Wann? Wo?« Die Opfer? »Kollateralschäden«, so
sagt das der, der sich Ibrahim nennt. »In gewisser Hinsicht

täten die mir sogar leid, aber andererseits, tun euch die muslimischen Frauen und Kinder, die vom Westen getötet wurden, leid? Ihr habt kein Mitleid mit Muslimen.« Da ist sie wieder, diese ständige Selbst-Viktimisierung, dieses fast genüssliche Suhlen in der permanenten Opferrolle. Man mag es nicht mehr hören, wird der Sache überdrüssig, kann sie jedoch schwerlich ignorieren. Die beiden sind höflich und freundlich und parlieren in der Domstadt recht gelassen und »nur theoretisch« über mögliche Taten. Nur: Wann überschreitet wer die Grenze zwischen Denken und Tat?

Mittlerweile haben sich in Europa ganze formelle wie informelle Netzwerke gebildet, deren Mitglieder im Europa des Schengen-Raumes ungehindert reisen können. Die darf man sich nicht als Organisationen vorstellen, sozusagen strukturiert, mit erstem, zweitem Vorsitzenden, Kassenwart und Schriftführer inklusive. Man findet sich, man kennt sich, weiß, wo und wie die richtigen Glaubensgenossen anzutreffen sind. Der Leichtigkeit des Ganzen kommen Sicherheitsbehörden schuldlos nicht mehr hinterher. Aus eher sehr banalen Gründen. Zu wenig Personal, zu wenig Geld, zu wenig unbedingten Rückhalt in der Politik und ganz entschieden nicht genügend Menschen, die ihrer Herkunft wegen ganz besonders gut geeignet wären, sich in solcher Art Gedankenwelt sicher zu bewegen.

Die Wege in den Dschihad des ISIS in Syrien und den Irak sind einfach zu beschreiten und unkontrollierbar. Über Land oder per Flieger. Ein Personalausweis genügt. Trotz modernster Technik ist die Anreise auch von europäischen Sicherheitsbehörden nicht zu verhindern. Mindestens zwei deutschen Salafisten, die mit einer Fußfessel kontrolliert werden sollten, gelang aus Hessen heraus die Reise in den Dschihad. »Die Rückkehr nach Europa ist ein Kinderspiel«, klagen westliche Ermittler. Vor allem für diejenigen, die in den unzähligen Ausbildungslagern, die ISIS mittlerweile für europäische Salafisten in Syrien und im Irak aufgebaut hat, für Anschläge in Europa ausgebildet werden. Dort werden sie in der Auswahl der Ziele, in der Taktik, im konspirativen Verhalten, in der Planung und Durchführung ihrer Rückreise nach Europa geschult. Von geheimdienstlichen Profis. Innerhalb der Reihen des ISIS finden sich viele Geheimdienstmitarbeiter, syrische wie irakische Agenten. Doch auch europäische Geheimdienstmitarbeiter bilden vor Ort für ISIS potentielle Attentäter aus. Ein französischer Geheimdienstoffizier, der eine beeindruckende Agentenkarriere vorzuweisen hat, wechselte vor zwei Jahren die Seiten und lief zu Al-Qaida über. Der Fall des Überläufers erschütterte nicht nur die französische Geheimdienstgemeinde, er versetzte auch deren westliche wie nahöstliche Partnerdienste in Panik. Denn der Geheimdienstoffizier nordafrikanischer Herkunft wusste über Taktiken und Strategien westlicher Dienste im Kampf gegen den globalen Dschihad bestens Bescheid. Darüber hinaus war der Mann aufgrund seines militärischen Hintergrunds ein Experte im Bombenbau, in Anschlagsplanung, in jeder Form des konspirativen Verhaltens. »Der Mann weiß, wie man einen Anschlag professionell plant, organisiert und ausführt«, sagt ein mit dem Fall vertrauter westlicher Geheimdienstmitarbeiter. Für den globalen Dschihad ist er ein Glücksfall. Für die Franzosen und für uns eine Katastrophe. Ein Worst-case-Fall.«

Das Ziel des Kalifats bestand und besteht darin, seine Macht universell auszuüben. Das Mittel, seine Ziele zu erreichen, ist der Terror. In Videobotschaften werden konkrete Anleitungen gegeben, wie der Terror in Europa ausgeübt werden soll.

In einem Filmclip, den ISIS im November 2014 ins Internet stellt, treten drei Franzosen auf. Das Video ist sieben Minuten lang und lässt keinen Raum für Zweifel: »Zwischen euch und uns ist Feindschaft und Hass für immer, so lange, bis ihr an Allah allein glaubt«, erklärt Abu Salman al-Faranci und fordert die Dschihadisten Frankreichs, die nicht nach Syrien oder in den Irak reisen können, auf, »innerhalb Frankreichs zu operieren«. Die drei Franzosen geben detaillierte Anweisungen: »Tötet sie, spuckt ihnen ins Gesicht und überfahrt sie mit euren Autos! Terrorisiert sie und erlaubt ihnen nicht zu schlafen vor Angst und Horror. Tut alles, um sie zu erniedrigen«, fordern Abu Salman al-Faranci und seine beiden Mordbrüder. Abu Maryam al-Faranci ergänzt, die Mudschahedin würden nicht zögern, »die Köpfe der Feinde des Islams abzuschlagen. Ihr werdet sogar Angst haben müssen, auf den Marktplatz zu gehen.«[7] Die französischen Behörden nehmen solche Drohungen mehr als nur sehr ernst.

Zuvor hatte ein Video ganz Frankreich gelähmt. Zwei der jungen Männer wurden von den französischen Behörden identifiziert. Maxime Hauchard (22) aus der Normandie und Michael dos Santos (22) aus dem Marne-Tal, östlich von Paris. Maxime Hauchard, der früher Kino so sehr geliebt hat, und Michael dos Santos, der doch ein so frommer Messdiener gewesen ist, sie stehen jetzt da und schneiden Männern im syrischen Wüstensand die Köpfe ab. Wer das Video angeschaut und in die Augen der beiden Schlächter gesehen hat, weiß, wie glücklich die beiden sind: beim Töten ihrer Opfer. Beide waren an dem Mord an dem US-Amerikaner Peter Kassig beteiligt, beide schnitten vor laufender Kamera syrischen Piloten, die der ISIS gefangen genommen hatte, die Köpfe ab. Nachbarn, Freunde und

Verwandte der beiden Killer sind fassungslos, sie finden keine Erklärung für die Wandlung ihrer Kinder, ihrer Freunde und Nachbarn. Vom »lieben Buben«, so ein Onkel Hauchards, zum Killer Allahs. Was ist da geschehen? fragt sich ganz Frankreich und kommt um eine Erkenntnis nicht mehr herum: Der europäische Dschihad ist eben nicht nur ein Problem, das aus Einwanderer-Ghettos herauswuchert. Er ist ein gesellschaftliches Problem, eines, das den Mittelstand nicht verschont. Mehr als zwanzig Jahre lang hat man in Frankreich wie in ganz Europa auch ein wohlfeiles Klischee gepflegt: das vom männlichen, testosteron-geputschten Jugendlichen aus dem Dunkel der Banlieue, der Migranten-Ghettos, der natürlich vaterlos, integrationsgescheitert, kleinkriminell, in Drogengeschäfte verwickelt, identitätslos geworden, sein Heil im Dschihad sucht.

In Deutschland hängt man diesen Klischees immer noch unbeirrt nach. Auf der Suche nach Antworten, aus welchen Schichten die europäischstämmigen heiligen Krieger des ISIS kommen, weiß der Präsident des Bundesamts für Verfassungsschutz Hans-Georg Maaßen gleich vier Antworten: »Männlich, muslimisch, Migrationshintergrund und Misserfolge in der Pubertät, in der Schule oder in der sozialen Gruppe.«[8] Vom Underdog zum Topdog. Das klingt recht griffig, hat sozusagen Schlagzeilenqualität und greift doch voll daneben. Selbstverständlich gibt es in Deutschland wie in Europa Tausende junger Menschen, auf die dieses Schema passt. Genauso gibt es in Deutschland wie in Europa aber Tausende junge Anhänger des Dschihad, auf die dieses Schema nicht passt. »Sie finden Männer und Frauen aus ausnahmslos allen Schichten der Gesellschaft. Unsere Klischees, was die Herkunft betrifft, versperren uns nur den Blick auf die Realität, und das ist allein schon bei der Prävention ein Hemmschuh«, meint dazu ein europäischer Ermittler im Gespräch in Berlin.

Verwundert muss Frankreich jetzt zur Kenntnis nehmen, dass ein Viertel der französischen Dschihadisten, die allein in Syrien kämpfen, Konvertiten sind, die bis zu ihrer Konversion keinerlei Bezug zum Islam hatten, ebenso wenig einen zu Armut, vielmehr Söhne und Töchter aus dem Bürgertum, der Mittelschicht, die ihr Heil im Islam suchen. Wie Maxime Hauchard. Der Sprössling einer typischen französischen Durchschnittsfamilie litt nicht an Schulversagen, der junge Mann hat Abitur. Ihn quälte auch kein Scheidungsdrama, die Eltern blieben zusammen. Die Mutter arbeitet im Öffentlichen Dienst bei der Familienkasse, der Vater ist leitender Angestellter eines Industrieunternehmens. Dem Sohn, ihm mangelte an nichts. Kein Einzelfall, von den 1.132 Franzosen, die den Sicherheitsbehörden namentlich als Dschihad-Reisende nach Syrien und den Irak bekannt wurden, sind 23 Prozent Konvertiten, erklärt der französische Innenminister Bernard Cazeneuve. »Das sind nur die, von denen wir zweifelsfrei wissen, dass sie in dschihadistischen Netzwerken innerhalb Syriens und des Iraks engagiert sind«, betont ein französischer Ermittler in Straßburg. »Gehen Sie davon aus, dass es mindestens doppelt so viele sind. Uns geht es genauso wie unseren europäischen Kollegen. Wir können die Anzahl derer gar nicht erkennen, die tatsächlich in den Dschihad ziehen. Viele erkennen wir erst dann, wenn es zu spät ist.« Wenn sie zurückkehren.

Im Juni 2014 verhafteten die Sicherheitsbehörden in Paris und in Südfrankreich vier Verdächtige, die ein Rekrutierungsbüro für den Dschihad betrieben. Im Mai 2014 verhaftete die Polizei in Straßburg sechs Rückkehrer aus

Syrien, die verdächtigt wurden, Anschläge ausüben zu wollen. Im März 2014 durchsuchte die französische Polizei das Apartment von Ibrahim B. in Mandelieu-La-Napoule in Südfrankreich. Sie fanden 900 Gramm des hochexplosiven bei Dschihadisten sehr beliebten Sprengstoff TATP und ein Gewehr. Ibrahim B. hatte als Dschihadist in Syrien gekämpft und plante in Südfrankreich einen Anschlag. Die französischen Dschihadisten zeichnen sich durch eines ganz besonders aus: ihre Brutalität. Übereinstimmend schildern ehemalige Geiseln des ISIS, aber auch ausgestiegene ISIS-Anhänger, dass sich die französischen ISIS-Terroristen durch einen »unbeschreiblichen Sadismus auszeichnen«. So eine ehemalige Geisel, die anonym bleiben will, im Gespräch mit dem Autor. »Sie haben eine Grausamkeit an den Tag gelegt, die man sonst nur aus Schilderungen von KZ-Häftlingen oder von Überlebenden der Lager des Pol Pot kennt.«

In der Schweiz verhaftete die Bundesanwaltschaft Ende März 2014 drei Iraker. Den mutmaßlichen ISIS-Anhängern wirft die Bundesanwaltschaft vor, in und aus der Schweiz heraus Anschläge geplant zu haben. Neben der Unterstützung des ISIS wird ihnen Gefährdung durch Sprengstoffe und giftige Gase in verbrecherischer Absicht, strafbare Vorbereitungshandlungen, Pornographie sowie Förderung der rechtswidrigen Ein- und Ausreise sowie des rechtswidrigen Aufenthalts vorgeworfen. Die Schweizer Behörden waren vom amerikanischen FBI auf die Spur gebracht worden. Der Hauptverdächtige lebt seit mehr als zehn Jahren in der Schweiz und war nie auffällig geworden. Im Gegenteil, der ehemalige Student war bestens integriert. Er soll einer schweizerischen Zelle der Terrortruppe IS angehört haben und wollte mit den beiden ebenfalls verhafteten Irakern Anschlagspläne des ISIS in Europa umsetzen. Das jedenfalls behaupten Schweizer Ermittler und stützen sich »auf Datenträger, auf denen sich Anweisungen für Terrorakte befanden«. Die habe der Beschuldigte aus der Türkei mitgebracht, wo er sich im Grenzgebiet zu Syrien aufgehalten habe. Ihre Vorwürfe stützen die Schweizer Ermittler auf Erkenntnisse von US-Geheimdiensten, abgehörte Telefongespräche und sichergestellte Kommunikation über Skype und auf Facebook

Die Schweiz hat sich seit Jahren nicht nur zum Ruhe- und Rückzugsraum für die unterschiedlichsten Dschihad-Organisationen entwickelt. In Genf, in Basel, in Sankt Gallen und auch im feinen Zürich wird aus salafistisch geprägten Moscheen und deren Umfeld heraus zum Dschihad aufgerufen. Mit Erfolg. Mindestens 80 Schweizer haben über die offenen Grenzen ihren Weg nach Syrien und in den Irak gefunden.

In keinem Land Europas findet die Twitter- und Facebook-Revolution des ISIS im Verhältnis zur Einwohnerzahl einen so enormen Widerhall wie in Belgien. Jahrelang konnte die dschihadistische Vereinigung Sharia4Belgium des Fouad Belkacem unbehelligt für den Heiligen Krieg Propaganda machen und dafür werben, aus Belgien einen Gottesstaat zu machen. In Spanien, Italien, Großbritannien gründeten sich Ableger der Vereinigung, die übers Internet und soziale Netzwerke ihre Anhänger warben. Mit durchschlagendem Erfolg: Mehr als 500 junge Männer und Frauen sind allein aus Belgien in den Heiligen Krieg gezogen. Erschüttert sahen die Belgier die Bilder des gerade einmal 13 Jahre alten Younes Abaaoud aus dem Brüsseler Stadtteil Molenbeek-St. Jean. Younes begleitete Anfang 2014 seinen 27-jährigen Bruder nach Syrien. Auf Fotos aus

Syrien sieht man den Jungen mit der Kalaschnikow in der Hand, mit gen Himmel ausgestrecktem Finger zeigt er den Salafistengruß. Fouad Belkacem ließ die Dschihadisten in den belgischen Ardennen vor ihrer Anreise ein dreitägiges Trainingsprogramm absolvieren, bevor er sie mit Geld ausstattete und ihnen die Informationen für den Grenzübergang und die richtigen Ansprechpartner gab.

Mittlerweile steht Belkacem in Belgien vor Gericht. Genüsslich grinsend, verfolgt er die Verhandlung und sonnt sich in seiner Rolle. Für die Ankläger ist er »die Spinne im Netz des belgischen Dschihad«, erklärt ein Ermittler. Die Behörden fürchten den Blowback aus Syrien, die Rückkehr der dort trainierten und endgültig fanatisierten ISIS-Terroristen. Sie sind gewarnt. Im Dezember 2013 fingen sie Drohungen gegen das Brüsseler Atomium und den Zentralbahnhof in Antwerpen ab. Die Spur führte zu Sharia4-Belgium. Im November wurden die Königsfamilie und zwei Politiker, die ein schärferes Vorgehen gegen islamistische Terrorgruppen und ihre Sympathisanten einforderten, mit dem Tod bedroht. Im September 2013 verhaftete die belgische Polizei in Vilvoorde Ismail Abdelatif Al Lal, einen Topfinanzier des globalen Dschihad, der aus Spanien heraus spanische und marokkanische Dschihadisten nach Syrien schleuste und bei mindestens drei Reisen potentielle Selbstmordattentäter begleitete. Der Haftrichter erklärte nach Prüfung der vorliegenden Beweise, dass »starke Hinweise vorliegen, den Dschihad zu Hause (in Europa) durchzuführen«. Finanziert wird die Reise belgischer Dschihadisten mitunter auch auf ganz besondere Weise. Die Sozialbehörden in Antwerpen und Volvoorde entdeckten im August 2013, dass 29 Dschihadisten, die in Syrien kämpften, ihre belgische Sozialhilfe über Konten aus der Türkei bezogen. Die Summe wurde pünktlich zum Ersten eines jeden Monats abgehoben.

Ebenso wie Belgien stehen die Niederlande vor einem massiven Problem mit Terrorkriegern. Zwei der in Belgien verhafteten mutmaßlichen Dschihadisten, die verdächtigt werden, dass sie im Sommer 2014 einen Terroranschlag auf das Gebäude der EU-Kommission ausüben wollten, stammen aus Den Haag. Die belgische Polizei hatte bei landesweiten Razzien mehrere mutmaßliche Dschihadisten festgenommen. Aus den Niederlanden sind nach inoffiziellen Angaben aus Sicherheitskreisen etwa 350 Männer und Frauen in den Irak und nach Syrien gereist.

Auch aus den skandinavischen Ländern strömen seit 2012 immer mehr junge Männer und Frauen in den Heiligen Krieg. Die Rückkehrer aus dem Irak und aus Syrien stellen für den norwegischen Geheimdienst die größte terroristische Bedrohung dar. Am 24. Juli 2014 lösten die Behörden die höchste Alarmstufe im Land aus. Vier ISIS-Terroristen, so die Erkenntnisse der Sicherheitsdienste, waren über Griechenland kommend auf dem Weg nach Norwegen, um dort ein Attentat zu verüben. Das Land und seine Sicherheitsbehörden, nicht anfällig für Panikreaktionen, befanden sich im Ausnahmezustand. Alle Polizeidienststellen waren in höchste Alarmbereitschaft versetzt. Polizisten und Sicherheitsbeamte, die im Urlaub waren, wurden eilends zurückbeordert. »Der PST [norwegische Sicherheitspolizei] hat Informationen erhalten, dass Leute mit Verbindungen zu islamischen Extremisten in Syrien planen, Anschläge in Norwegen durchzuführen«, erklärte die Leiterin des PST, Benedicte Bjoernland, öffentlich und fuhr fort, dass sie »die Anschläge innerhalb weniger Tage von jetzt aus« erwarte. Die Informationen, auf denen der Terroralarm beruhte, nannte sie »glaubwürdig«. Die britische und die US-amerikanische Botschaft riefen ihre Bürger zu erhöhter Wachsamkeit auf. Die norwegische Ministerpräsidentin verschob ihren Sommerurlaub. Der eigens einberufene Krisenstab verfügte eine Reihe von Sicherheitsmaßnahmen. Die beiden norwegischen Atommeiler wurden unter erhöhten Schutz gestellt, ebenso alle jüdischen Einrichtungen im Land. An den Grenzen wurden die Kontrollen massiv verstärkt, das Osloer Rathaus und der Königliche Palast für die Öffentlichkeit gesperrt. Der geplante Anschlag soll nach norwegischen Zeitungsberichten von ISIS beauftragt worden sein. Aus Norwegen sind nach Erkenntnissen der Sicherheitsbehörden mindestens 80 Norweger nach Syrien und in den Irak gereist. Ebenso viele reisten aus Schweden an.

Am 13. August 2014 kündigte der schwedische Geheimdienst eine Untersuchung an, nachdem während eines Telefoninterviews mit einem arabischsprachigen Sender ein Scheich Ahmed in der Talkshow »Su'al Jari« (Freche Fragen) Klartext geredet hatte: »Bis zum Tag, an dem wir sterben, werden wir mit dem Krieg gegen Schweden und Europa beschäftigt sein«, stellte der fromme Scheich klar. Er sei ein Mitglied des ISIS. Dann begann er Koransuren zu repetieren, mit denen Allah den Muslimen das Töten von Ungläubigen befohlen habe. Zwischen dem Talkmaster der Show, einem marokkanischen Muslim, der zum Christentum konvertiert ist, und seinem Anrufer entspann sich folgender Dialog: »Warum leben Sie in Schweden? Warum leben Sie in einem Land der Ungläubigen? Sie wissen, das ist *haram*, für Muslime verboten.« Die Antwort: »Das islamische Land ist Gottes Land und die ganze Welt ist Gottes Land.« Der Talkmaster hakt nach. »Sie beziehen Sozialhilfe vom schwedischen Staat, Sie nehmen alle Vorteile des schwedischen Staates, sein Geld in Anspruch.« Scheich Ahmed antwortet: »Nein, nein, das ist nicht das Geld des schwedischen Staates, das Geld kommt einzig und allein von Gott.« Das Gespräch zwischen dem Interviewer und dem Anrufer geht in eine Debatte über den Auftrag Gottes und über dessen Barmherzigkeit und Nachsicht über. Der Anrufer beharrt darauf, dass es Gottes Befehl sei, die Ungläubigen zu töten, um die Muslime vom Zweifel abzuhalten. »Ist das, was ISIS mit Ungläubigen macht, barmherzig?«, fragt der Interviewer. Die Antwort: »Der Zweck von ISIS ist es, die Ungläubigen auszumerzen.« Der schwedische Geheimdienst geht davon aus, dass der Anrufer kein Scherzbold war, vielmehr nehmen die schwedischen Sicherheitsbehörden den Anrufer ernst.

Nach Belgien ist das kleine Dänemark das europäische Land, aus dem, auf die Einwohnerzahl umgerechnet, die meisten Dschihadisten zu ISIS reisen. Offiziell wird derzeit eine Zahl von etwa 100 Kämpfern genannt, die es in den Dschihad getrieben hat. Inoffiziell bekommt man auf Nachfragen dieselbe Antwort wie in allen anderen europäischen Ländern. »Gehen Sie zumindest von der doppelten Anzahl aus, wenn nicht weit mehr«, erklärt ein Beamter. In Dänemark leben, das ergeben alle Umfragen der letzten Jahre, die glücklichsten Menschen der Welt und dennoch wuchert vollkommen ungehindert der dschihadistische Hass, breitet und lebt sich ungezügelt aus. Seit mehr als zwanzig Jahren strömen aus Ägypten, aus Saudi-Arabien, aus dem Jemen und Pakistan dschihadistische Hassprediger nach Dänemark – der Grund ist ein banaler. Dänemark hat das liberalste Einwanderungsgesetz Europas. Zudem gilt das Prinzip der freien Rede. Was ein Mensch denken kann, das ist sein gutes Recht, muss er auch ungehindert öffentlich sagen dürfen. Die Dänen sind zu Recht auf ihre Liberalität stolz. Prediger des Heiligen Krieges gibt es zuhauf in Dänemark. Eine der terroristischen Lehranstalten findet man in Aarhus, wo sich die Grimhoj-Moschee befindet. Deren Sprecher Fadi Abdallah macht aus seinem Herzen keine Mördergrube: »Wir Muslime schmachten immer für einen Islamischen Staat, wir können dem Islamischen Staat zwar nicht helfen«, aber immerhin, »wir können ihn unterstützen.« Mit Geld und Waffen kann der fromme Däne dem ISIS schwerlich helfen, für ihn werben, rekrutierten hingegen wohl. Fadi Abdallah zeigt sehr viel Verständnis. Er kann »verstehen, warum sie (ISIS) Menschen töten«. Die Gewalt des ISIS mag er zwar nicht unterstützen, sie aber als notwendig zu akzeptieren, damit hat der Sprecher der Moschee kein Problem.

Ein in der Grimhoj-Moschee sehr beliebter Prediger tritt in schöner Regelmäßigkeit dort auf: der dänische Imam Abu Bilal Ismail. Der Mann ist auch in Deutschland ein gerngesehener Gast. So in der Berliner Al-Nur-Moschee, einem Zentrum dschihadistischer Gelehrsamkeit. Am 18. Juli 2014 tritt der Prediger vor den Berliner Gläubigen auf. Die lauschen den Worten des Imam: »Die zionistischen Juden, diese Kriminellen, die Mörder der Propheten, die Blut vergießen, die Kinder töten, die Frauen zu Witwen verwandeln, die Häuser mitsamt ihren Bewohnern zerstören, oh Allah, zerstöre die zionistischen Juden, das ist kein Problem für Dich. Zähle sie und töte sie bis zum Letzten. Schone keinen einzigen von ihnen, lass den Boden unter ihren Füßen erzittern, lass sie schrecklich leiden. Zerstreue sie, überall auf der Welt verhalten sie sich tyrannisch und verbreiten Korruption. Oh Gott, bringe Qual über sie.«[9] Die Moschee ist gut gefüllt an diesem Tag, und es beschleicht einen, während man zuhört, ein leises Verwundern darüber, wie wohlgefällig die Worte des dänischen Predigers aufgenommen werden. Man geht dann besser und fragt nicht weiter nach, kritisch sowieso nicht, der arabische Übersetzer drängt zum Aufbruch. Abu Bilal Ismail gilt den dänischen Sicherheitsbehörden als einer, der seine Gläubigen dazu auffordert, nach Syrien zu pilgern. In den Dschihad. »Der Mann ist ein Rekrutierer, ein Gefährder sowieso«, erklärt ein Beamter im Gespräch. Naser Khader, ein muslimischer Abgeordneter im dänischen Parlament, räumt *Spiegel online* gegenüber mit den üblichen Vorstellungen auf. Die meisten dänischen Dschihad-Reisenden seien gut integriert, stammten aus der Mittelschicht, analysiert er und bringt einen interessanten Vergleich. »Es ist eine ähnliche Struktur wie bei den RAF-Terroristen oder den 9/11-Attentätern.«[10]

Im Juni 2014 stellen die dänischen Behörden Haftbefehle gegen vier Dschihadisten aus. Die hatten in einem Video die Fotos von sechs Männern veröffentlicht, im Fadenkreuz als Zielscheiben präsentiert: den früheren Geheimdienstagenten Morton Storm, den Anwalt Lars Hedegaard, der sich als Verfechter des Prinzips der absoluten freien Rede profiliert hat, den damals linksliberalen Politiker Naser Khader, den Imam Ahmet Akkari. Der war 2005 einer der Anheizer in der Kontroverse um die Mohammed-Karikaturen. Den Imam nahm ein dänisches Fernsehteam mit versteckter Kamera auf, als er gegen den Abgeordneten Naser Khader eine Morddrohung ausstieß. Falls der Gründer der Vereinigung »Demokratische Muslime« »Minister für Ausländer und Integration würde, sollte man dann nicht zwei Burschen hinschicken, um ihn und sein Ministerium in die Luft zu sprengen?!«. Imam Akkari entschuldigte sich später und bereute öffentlich. Ebenfalls auf der Todesliste der vier gesuchten

Dschihadisten: der frühere Premierminister Anders Fogh Rasmussen und der Cartoonist Kurt Westergaard. Anfang September 2014 verhaftet die Polizei den Präsidenten der islamischen Wohltätigkeitsorganisation »De Humanitaere Hjerter«. Der Mann soll zusammen mit zwei Frauen und einem staatenlosen Libyer Geld für den ISIS gesammelt haben. Die frommen Betreiber der islamischen NGO werben gern mit Postern, auf denen junge, schöne, verschleierte wie nicht verschleierte Muslima zu sehen sind, die sich beim sonntäglichen Picknick im Park rührend um die lieben Kleinen kümmern.

Die britische Hauptstadt London ist eines der wichtigsten Zentren in Europa, in denen der globale Dschihad Wurzeln schlagen konnte. Nicht umsonst prägten französische Sicherheitsbeamte in den neunziger Jahren für London den Begriff »Londonistan«, eine Zustandsbeschreibung, die heute noch immer ihre Gültigkeit hat. Fast jede der weltweit agierenden islamischen Terrorgruppen ist hier vertreten und agiert in relativer Offenheit, betreibt »Medienarbeit« und wirbt aus dem Umfeld unzähliger Moscheen heraus neue Anhänger. Ob palästinensische Hamas oder libanesische Hisbollah, Al-Qaida oder ISIS, die nigerianischen Boko Haram oder die somalische Al-Shabaab, Al-Qaida auf der arabischen Halbinsel, Abu Sayyaf aus dem philippinischen Archipel: Sie alle fanden und finden in London einen sicheren Tummelplatz, haben dort ihre Mittelsmänner und Anhänger, können ganz offen agieren und wissen sehr wohl, wo die Grenze ist zwischen Agieren und strafbewehrten Verhalten.

Die britische Autorin Melanie Phillips beschreibt in ihrem 2006 erschienenen Buch »Londonistan: How Britain is creating a Terror State within«, wie sich über lange Jahre hinweg in Großbritannien ein dschihadistischer Sumpf entwickeln konnte, der letztendlich zu den Massenmorden führte, bei denen am 7. Juli 2005 in der Londoner U-Bahn 56 Menschen starben. Etwa 700 wurden schwer verletzt. Melanie Phillips sieht die Ursachen für das ungehinderte Ausbreiten dschihadistischer Netzwerke in Großbritannien in einem falsch verstandenen Mulitkulturalismus, einem von weiten Teilen der Eliten betriebenen Kulturrelativismus, mangelnden Sicherheitskontrollen durch die Behörden und dem Verlust eigener kultureller Werte, den sie Großbritannien konstatiert. Zudem instrumentalisierten viele Muslime die Rolle des ewigen Opfers des Westens. Die Erklärungen für den fulminanten Niedergang der einstmals fast globalen islamischen Macht, das Scheitern und die unendliche Misere vieler muslimischer Staaten sind billig zu haben. Eine einzige alles umfassende Verschwörung des westlichen Imperialismus, des westlichen Kolonialismus, der christlichen Kreuzzüge, des Rassismus, der permanenten Diskriminierung, und natürlich dürfen die Zionisten nicht fehlen. Nirgendwo feiern die »Protokolle der Weisen von Zion« fröhlichere Urstände als in den muslimischen Ländern. Die zu lesen gehört sozusagen zum guten Ton. Ein Denken, aus dem ein kollektiver Minderwertigkeitskomplex fast zwangsläufig resultiert. Kein schlechter Nährboden für eine dschihadistische Befreiungstheologie. Einer, mit der man sich westlicherseits zunächst zu arrangieren suchte – indem man das Problem ganz einfach ignorierte.

Ähnlich den Deutschen haben die britischen Behörden über lange Jahre im Umgang mit dschihadistischen Terrorgruppen zu einem Quidproquo gefunden. Ihr bombt nicht bei uns, dafür lassen wir euch gewähren, so lange ihr Ruhe gebt. Ein Agreement, das bis zum 7. Juli 2005 anhielt. Dennoch ist Großbritannien und vor allem London nach wie vor ein Mekka für dschihadistische Bewegungen, in dem die Protagonisten beinahe ungehindert agieren können.

Einer der prominentesten Vertreter des Dschihad ist der britische Jurist und islamische Prediger Anjem Choudary. Der Führer der mittlerweile verbotenen Gruppierung Islam-4UK propagiert ganz offen und ungehindert seine Ziele: »Wenn wir mit ausreichend Autorität und Macht ausgestattet sind, dann sind wir als Muslime verpflichtet, die Ordnungsgewalt denen wegzunehmen, die sie innehaben, und dann die Scharia einzuführen«, sagt er dem amerikanischen TV-Sender CBN im August 2012.[11] Chaudary war in der Vergangenheit Anlaufstelle für Briten, die den Weg in die Ausbildungslager der Al-Qaida am Hindukusch suchten. Der Mann, der 2006 offen, wenngleich in juristisch unangreifbaren Formulierungen, dazu aufrief, den Papst zu ermorden, trommelt heute für den ISIS. »Ich glaube, dass die Welt Gott gehört und dass eines Tages das Vereinigte Königreich hoffentlich Teil des Islamischen Staates sein wird. Warum sollte ich nicht die Freiheit haben, ins Kalifat zu reisen und sehen, wie das Leben unter der Scharia dort ist?«[12] Dieser Reise unterwarfen sich bislang weit mehr als 500 Briten, einen von ihnen identifizierten die britischen Behörden als den Mann, der James Foley und drei weiteren westlichen Geiseln eigenhändig den Kopf abschnitt. Die Zahl 500 nennen die britischen Behörden seit Januar 2014 unverändert, tatsächlich dürften es weit mehr sein. Die nicht zu erfassende Dunkelziffer ist groß.

Der britische Botschafter in Washington warnte im August 2014 die Öffentlichkeit, dass sich bei einigen der mehr als 70 ISIS-Terroristen, die bei ihrer Rückkehr aus Syrien und dem Irak in Großbritannien verhaftet worden waren,

Anleitungen und Instruktionen fanden. Für »sehr spezifische Aufträge«. Die Rückkehrer sollten in Großbritannien Terrorakte durchführen. Schon im Januar hatte ein ISIS-Überläufer den britischen Behörden in seiner Vernehmung mitgeteilt, dass ISIS in Syrien spezielle Ausbildungslager unterhält, in denen Deutsche, Briten, Franzosen und andere Europäer eigens dazu ausgebildet werden, nach ihrer Rückkehr Terroranschläge in ihren Heimatländern auszuführen. Gut geschult, um Autobomben zu konstruieren und Selbstmordwesten zu bauen, sollen sie bestens indoktriniert in den europäischen Staaten losschlagen.[13] Die britischen Behörden nehmen die Informationen des Überläufers sehr ernst, ihre europäischen Kollegen ebenfalls. Dies zu einem Zeitpunkt, an dem westliche Politiker das Problem, so sie es denn als Problem überhaupt wahrnehmen, eher als ein regionales herunterspielen,.

Als einen »Terror-Hotspot« bezeichnet der ehemalige Offizier des amerikanischen Geheimdienstes NSA, John Schindler, Österreich.[14] Schindler war lange Jahre für den Bereich des Mittleren Ostens und für Südosteuropa zuständig. Die Hauptstadt Wien sei Dreh- und Angelpunkt für europäische Dschihadisten. Tatsächlich ist Wien ein idealer Zwischenstopp für ISIS-Anhänger. In der österreichischen Hauptstadt existiert seit Jahren eine stark wachsende Salafistenszene, die Stadt ist schon allein ihrer geographischen Nähe zum Balkan wegen eine wichtige Basis für Salafisten aus Bosnien. Seit den Balkankriegen in den 1990er Jahren gibt es eine enge Verbindung zwischen Dschihadisten in Österreich und Südosteuropa. Tausende Mudschahedin aus Afghanistan, Pakistan, Saudi-Arabien und anderen islamischen Ländern pilgerten damals über Österreich nach Bosnien, um ihren Glaubensbrüdern im Krieg gegen die Serben beizustehen. Finanziert mit Geld aus den Golfstaaten, organisiert vom pakistanischen Geheimdienst. Mit dem Wissen der österreichischen und europäischen Regierungen, sogar deren Duldung und Unterstützung.[15] Zehntausend bosnische Muslime flohen vor dem Krieg nach Österreich, blieben im Land.

Aus den in Bosnien immer noch vorhandenen dschihadistischen Netzwerkstrukturen heraus bildete sich in ganz Österreich eine starke salafistische Szene. In Wien werden in den Moscheen Kämpfer, Sachspenden und Geld für Syrien und den Irak angeworben. Die österreichischen Behörden sieht der ehemalige NSA-Offizier im Kampf gegen ISIS schlecht gerüstet, dass Österreich zu einem Terror-Hotspot werden konnte, verwundert ihn nicht. Im Gespräch mit der Onlineplattform OE24 attestiert er seinen Kollegen, dass »Österreichs Antiterrorgesetze nicht mit der steigenden Gefahr mithalten konnten. Das BTV (Verfassungsschutz) wird von den Problemen überwältigt. Sie brauchen mehr Mittel und Personal.« Aus Österreich sind bislang mindestens 250 Dschihadisten nach Syrien und in den Irak gereist. Nur etwa fünf bis zehn Prozent der Rückkehrer würden nach einer Wiedereinreise vermutlich Terrorakte begehen, schätzt Schindler. Aber fast alle würden Geld und neue Kämpfer in Europa rekrutieren.

Sie strahlen in die Kamera, lächeln und freuen sich. Hinter ihnen weht die schwarze Fahne des ISIS, und dann singen sie: »Sendet eine Botschaft zu den Kreuzzüglern aus Amerika: Euer Grab wird in Syrien sein, unser Staat ist siegreich.« Szenen aus einem Sommerlager, aufgenommen am 12. Juli 2014 in Syrien von Kameramännern des ISIS. Die da so froh und sehnsuchtsvoll ihre Parolen in die Kamera rufen, während sie ihre Waffen hin und her schwenken, sind zwischen vier und zehn Jahre alte bosnische Kinder, die von ihren Eltern ins dschihadistische Sommercamp des ISIS geschickt wurden. Die Kleinen rühmen begeistert »Abu Bakr al-Bagdhadi und seine Löwen«, ehren Gott mit ständigen »Allahu Akbar« und »der Islamische Staat immer bleiben wir«. Im Sommer 2014 sandte der kosovarische Geheimdienst ein ganzes Einsatzteam nach Syrien, um den Sohn von Pranvera Zena aus dem Gebiet des ISIS zu retten. Dessen Schicksal bewegte die Kosovaren. Den acht Jahre alten Erion hatte sein Vater sechs Monate zuvor mit nach Syrien genommen. Die agierten, als sei's ein Stück von Ian Flemming. Das Team war erfolgreich, brachte das Kind zu seiner Mutter zurück. Nicht der erste Versuch des kosovarischen Dienstes, nicht alle dienen der Rettung von Kindern, nicht alle gehen glücklich aus. Der kosovarische Geheimdienst versucht, ebenso wie alle anderen Geheimdienste, die Reihen des ISIS zu infiltrieren. Einige fliegen auf. Lavdrim Muhaxheri, ein kosovarischer Dschihadist, der in den Reihen von ISIS kämpft, postet stolz auf seiner Facebook-Seite ein Foto, auf dem er mit dem abgeschlagenen Kopf eines albanischen Agenten posiert. Aus dem ganzen Balkan strömen Hunderte Dschihadisten zu ISIS, oft mit ihren Familien.

»Es gibt auf dem Balkan viele Netzwerke des globalen Dschihad«, sagt ein westlicher Geheimdienstbeamter. »Das Problem ist, dass die Strukturen, die sich auf dem Balkan herausgebildet haben, sich ungehindert in ganz Europa ausbreiten können. In Bosnien, in Mazedonien, im Kosovo und in Albanien existieren seit zwanzig Jahren professionelle dschihadistische Netzwerke, und die strahlen in beide Richtungen aus. Nach Osten, aber eben auch nach Westeuropa. Hinzu kommt, dass es auf dem Balkan ungleich leichter ist, sich Waffen, Sprengstoff und alles, was man für Anschläge

braucht, zu besorgen.« Mehr als 1.000 Dschihadisten, so
die Schätzungen der Sicherheitsbehörden, sind seit 2011
nach Syrien und in den Irak gereist. Öffentlich aufgerufen
von Imamen in balkanischen Moscheen. So wirbt in Ca-
zinska Kraijna, im Nordwesten Bosniens, der salafistische
Imam Bilal Bosnic in seinen Predigten für den ISIS: »Die
Wahrheit und der Islamische Staat überleben jenseits vieler
Angriffe von denen, die verwirrt sind und die gegen die
Wahrheit kämpfen.« Nusret Imamovic, der Führer der
zweitgrößten wahhabitischen Organisation in Bosnien,
trommelt in Gornja Maocan für den Einsatz in Syrien und
dem Irak. Imamovic kämpfte als Freiwilliger in Syrien an
der Seite von Al-Nusra.

Die bosnischen Muslime waren immer stolz darauf, dass
ihr Islamverständnis sehr moderat war und in weiten Teilen
auch heute noch ist. Aber eben nur in weiten Teilen. Der er-
barmungslose Krieg der orthodox-christlichen Serben wider die bosnischen Muslime hat dem Dschihad auf dem Balkan Tür und Tor geöffnet. Die Tausenden Mudschahedin,
die nach 1992 auf den Balkan strömten und dort gegen die
Serben kämpften, von denen Tausende nach dem Ende des
Kriegs in Bosnien blieben, haben in Teilen des Landes das
Gesicht des Islams sehr wohl verändert. Es gibt in Bosnien
ganze Enklaven, in denen eine strikt salafistische Auslegung
des Islams gelehrt und durchaus gelebt wird. Protegiert und
finanziert aus Saudi-Arabien. Mehr als 500 Millionen
US-Dollar hat das Königreich zwischen 1992 und 2001
nach Bosnien gepumpt. Zum Bau von Moscheen, in denen
die erzreaktionäre Spielart des wahhabitischen Islams ge-
predigt wird. Hunderte bosnischer Imame wurden in Saudi-
Arabien in der extremistischen Auslegung des Islams ausgebildet und kehrten danach als Prediger nach Bosnien

zurück. »Der Balkan ist ein ideales Rekrutierungsfeld für den globalen Dschihad. Europa bietet ihm ideale Voraussetzungen, dort Ziele anzugreifen. Der Dschihad ist schon längst mitten in Europa angekommen. Wir haben bisher ganz einfach nur Glück gehabt. Sieht man von Madrid ab, sieht man von Frankfurt ab, sieht man von Toulouse ab, von Brüssel und von London«, sagt der Geheimdienstbeamte. »Alles Orte, an denen der Dschihad mitten in Europa schon zugeschlagen hat. Erinnert sich noch irgendwer daran? Nein. Aber das war erst der Anfang.«

Danksagung

Nichts mache ich lieber, als hier zu danken. All den Menschen, ohne die es dieses Buch nicht gäbe. Ellen Puschner und Joachim Schnitzler. Ihr habt mir eurer Haus auf Valentinswerder und viel mehr noch euer Herz ganz weit geöffnet. Bei euch das Manuskript zu schreiben hat das Buch erst ermöglicht. Mehr als nur tausend Dank!

Birgit und Ralf Büchler, und Moritz natürlich, und David, Rahel und Tristan, Christiane und Klaus, Silvia und Olaf, Tobias und Marius, Nina und Johannes, Milena und Laurenz. Einer darf natürlich nicht fehlen: Reinhard Traulsen. Ihr habt mich gut angetrieben. Danke.

Adriana Altaras und Wolfgang Böhmer, ihr habt mir wie selbstverständlich mehr als nur geholfen. Danke.

Danke an all die Menschen im Irak, die mir so sehr geholfen haben. Die meisten wollen nicht namentlich genannt werden. Das gilt auch für viele Quellen und Informanten aus sehr unterschiedlichen Bereichen, die aus guten Gründen nichts davon halten, namentlich erwähnt zu werden.

Vielen Dank natürlich an Jürgen Diessl bei Econ, der das Projekt ermöglicht hat.

Tausend Dank an meine Lektorin Silvie Horch, die Schwerstarbeit verrichtet und viele Fehler ausgebügelt hat.

Für die Fehler, die bleiben, bin ich selbst verantwortlich.

Eine fehlt noch. Die wichtigste. Danke für alles an meine Tochter Leilah.

Anmerkungen

Reise in ein terrorisiertes Land

1 Name geändert, ebenso Alter und Beruf
2 Interview mit zwei sunnitischen Zeugen in Tikrit. Beide wollen nicht beschrieben und benannt werden.
3 www.tagesanzeiger.ch/ausland/naher-osten-und-afrika/Je-mehr-Blut-desto-besser/story/21772457
4 Gespräch mit Nazhat Hali, Director of Parastin Agency, kurdischer Geheimdienst, im August 2014
5 Gespräch mit nachrichtendienstlicher Quelle A am 22. September 2014
6 Süddeutsche Zeitung, 9. 7. 2014; Irak-Einmarsch war die Ursünde

Von Al-Qaida zu ISIS

1 Zitiert nach: Dabiq, Die Rückkehr der Khilafah, erschienen August 2014
2 Ebd.
3 www.sueddeutsche.de/politik/2.220/kampf-gegen-is-viel-mehr-als-eine-terrormiliz-1.2144142
4 Zitiert nach: Dabiq, Die Rückkehr der Khilafah, erschienen August 2014
5 www.3sat.de/mediathek/?mode=play&obj=47310
6 www.3sat.de/mediathek/?mode=play&obj=47186
7 http://gimf-nachrichten.blogspot.de/2006/07/globale-islami-sche-medien-front_14.html

8 Dabiq, Die Rückkehr der Khilafah, erschienen August 2014

9 http://2001-2009.state.gov/p/nea/rls/31694.htm

10 www.cicero.de/berliner-republik/der-gefaehrlichste-mann-der-welt/37103

11 Gespräch mit einem deutschen Ermittler im März 2007 in Berlin

12 www.faz.net/aktuell/politik/audiobotschaft-al-qaida-keine-plaene-fuer-chemiewaffen-anschlag-in-amman-1159512.html

13 http://counterterrorismblog.org/2007/12/ansar_alsunnah_acknowledges_re.php

14 Unterlagen im Archiv des Autors

15 Gespräch mit Mitarbeitern des jordanischen GID in Amman im Januar 2005 und im Sommer 2014

16 BKA – Auswertungsbericht zu Ahmad Fadil Nazal al-Khalayleh alias Abu Musab al-Zarqawi, im Archiv des Autors

17 Ebd.

18 Dokumente, Briefe und weitere Unterlagen aus dem Fundus von Ansar al-Islam, seit 2006 im Archiv des Autors

19 Gespräch mit Mitarbeitern des jordanischen GID in Amman im Januar 2005 und im Sommer 2014

20 Unterlagen des irakischen Militärgeheimdienstes im Archiv des Autors

21 Gespräch mit Mitarbeitern des jordanischen GID in Amman im Januar 2005 und im Sommer 2014

22 Treffen mit einem Mitarbeiter des jordanischen GID im Sommer 2014

23 Gespräch mit einem deutschen Ermittler im Oktober 2014 in Berlin

24 www.theguardian.com/world/us-embassy-cables-documents/242073?guni=Article:in%20body%20link

25 www.spiegel.de/politik/ausland/sieben-jahre-nach-9-11-wie-gefaehrlich-al-qaida-wirklich-ist-a-576299-3.html

26 www.spiegel.de/politik/ausland/terrorismus-al-qaidas-agenda-2020-a-369328.html

27 Ebd.

28 www.nytimes.com/interactive/2014/10/14/world/middleeast/
us-casualties-of-iraq-chemical-weapons.html?hp&action=
click&pgtype=Homepage&version=Banner&module=span-
ab-top-region&region=top-news&WT.nav=top-news&_r=0

29 www.understandingwar.org/report/al-qaeda-iraq-resurgent

30 www.lrb.co.uk/v36/n16/patrick-cockburn/isis-consolidates

Diktatur folgt auf Diktatur

1 Kopie im Archiv des Autors

2 Telefoninterview mit zwei beteiligten Stammesältesten aus Baidschi am 20. 8. 2014. Beide wollen ungenannt bleiben.

3 19-minütige Audioansprache von Abu Bakr al-Baghdadi im Archiv des Autors

4 Gespräch mit nachrichtendienstlicher Quelle in Straßburg am 22.9.2014

5 Zammar-Entführung: USA baten Bundesregierung frühzeitig um Geheimhaltung; Spiegel Online, 4. 3. 2006

6 Gespräch mit einem BKA-Beamten im März 2006 und im Oktober 2014

7 Gespräch des Autors mit zwei deutschen Dschihadisten, die im Irak gekämpft haben im Oktober 2006 in Berlin

8 Gespräch mit einem ausgestiegenen deutschen Dschihadisten im Sommer 2013 an einem europäischen Ort

9 www.spiegel.de/wissenschaft/mensch/marodes-bauwerk-us-armee-warnt-vor-staudamm-katastrophe-im-irak-a-514382.htm

10 Gespräch des Autors mit zwei deutschen Dschihadisten auf dem Gebiet von ISIS im Nordirak im August 2014

11 www.joshualandis.com/blog/islamic-state-officially-ad-mits-to-enslaving-yazidi-women/

12 www.n-tv.de/politik/US-Luftwaffe-nimmt-erneut-IS-aufs-Korn-article13395691.html

13 www.youtube.com/watch?v=HdIEm1s6yhY

14 Interview mit einem an der Planung beteiligten Bundeswehr-Offizier am 11. 8. 2014

15 Gespräch mit einem deutschen Informanten in Erbil im August 2014

Land ohne Hoffnung

1 FAZ, 25. 12. 2013, Irak: Noch ein Anschlag

2 Die Welt, 29. 9. 2014, Clemens Wergin, CIA und IS: Obama betreibt Geschichtsklitterung

3 Gespräch mit einem Mitarbeiter eines nahöstlichen Nachrichtendienstes

4 www.armed-services.senate.gov/imo/media/doc/Flynn_02-11-14.pdf

5 Gespräch des Autors mit einem jordanischen Offiziellen im Herbst 2014

6 Gespräch des Autors im August 2014 mit einem engen Berater von Masud Barzani in Erbil

7 Gespräch des Autors mit nachrichtendienstlicher Quelle am 22. 9. 2014 in Straßburg

8 www.telegraph.co.uk/news/worldnews/middleeast/iraq/10948846/How-a-talented-footballer-became-worlds-most-wanted-man-Abu-Bakr-al-Baghdadi.html

9 thedailybeast.com/articles/2014/09/28/why-obama-can-t-say-his-spies-underestimated-isis.html?via = mobile&-source = twitter

10 http://flatworld.welt.de/2014/09/29/obama-betreibt-geschichtsklitterung/

11 Gespräch mit einem kurdischen Geheimdienstmitarbeiter im August 2014. Die Angaben werden unabhängig davon von sunnitischen Demonstranten bestätigt, die an diesem Tag in Hawidscha dabei waren.

Gefährliche Nachbarn

1 www.spiegel.de/politik/ausland/kobane-westen-versagt-in-syrien-gegen-is-islamischer-staat-a-995779.html
2 Gespräch mit einem Mitarbeiter des Auswärtigen Amtes in Berlin am 8. 10. 2014
3 Gespräch mit einem deutschen Regierungsbeamten am 22. 11. 2014 in Berlin
4 www.telegraph.co.uk/news/worldnews/middleeast/syria/11142226/Kurdish-female-fighter-in-suicide-attack-on-Isil-amid-fighting-for-key-Syria-town.html
5 Der Spiegel, Nr. 43/13. 10. 2014
6 Der Spiegel, Nr. 44/27. 10. 2014
7 Telefonat mit Sabah Karhut am 2. 11. 2014
8 www.washingtonpost.com/world/middle_east/islamic-state-fighters-are-threatening-to-overrun-iraqs-anbar-province/2014/10/09/34b302f0-84e4-4d73-b220-2d91161363e5_story.html
9 Gespräch mit einem französischen Diplomaten in Paris am 24. 11. 2013
10 www.bbc.com/news/world-middle-east-24823846
11 www.independent.co.uk/voices/comment/iraq-crisis-how-saudi-arabia-helped-isis-take-over-the-north-of-the-country-9602312.html
12 Ebd.
13 Gespräch mit dem Mitarbeiter eines westlichen Nachrichtendienstes am 22. 9. 2014 in Straßburg

Türkische Machtspiele

1 www.nadir.org/nadir/initiativ/isku/pressekurdturk/2014/32/15.htm; http://twileshare.com/uploads/NN.pdf
2 http://dialog-berlin.de/G%C3%BClen-Bewegung/thumann-tuerkei-wendet-sich-nicht-vom-westen-ab-sie-veraendert-sich-nur.html

3 www.welt.de/debatte/kommentare/article133236714/ Erdo-ğan-ist-der-grinsende-Spiessgeselle-des-IS.html

4 Ebd.

5 www.todayszaman.com/columnist/orhan-kemal-cengiz_350202_why-is-turkey-becoming-a-target-for-the-jihadists.html

6 http://edition.cnn.com/2013/11/04/world/europe/isis-gai-ning-strength-on-syria-turkey-border/

7 www.al-monitor.com/pulse/business/2014/06/turkey-syria-isis-selling-smuggled-oil.html

8 http://civaka-azad.org/der-brust-der-akp/

9 Zitiert nach: www.nadir.org/nadir/initiativ/isku/pressekurd-turk/2013/51/03.htm; Original in Türkisch: www.hurriyet.com.tr/yazarlar/25361801.asp

10 http://civaka-azad.org/der-brust-der-akp/

11 www.memrijttm.org/isis-militant-in-turkey-akp-gave-us-a-lot-of-assistance.html; www.aydinlikdaily.com/Detail/ISIS-Terrorists-Thank-AKP-For-Hospital-Treatment/3729

12 www.jpost.com/LandedPages/PrintArticle.aspx?id=369443#

13 www.theguardian.com/world/2014/jun/15/iraq-isis-arrest-jihadists-wealth-power/print

14 Gespräch mit Quelle B im Sommer 2014

15 www.theguardian.com/world/2014/jun/15/iraq-isis-arrest-jihadists-wealth-power

16 Gespräche mit Quelle B im Sommer 2014 und kurdischem Nachrichtendienstler in Erbil im August 2014

17 Gespräch mit einem Diplomaten in Zürich im Juli 2014

18 http://daserste.ndr.de/panorama/archiv/2003/erste8370.html

19 Ebd.

20 Gespräch in Genf im August 2014

21 www.treasury.gov/press-center/press-releases/Pages/tg1261.aspx

22 www.treasury.gov/press-center/press-releases/pages/jl2249.aspx

23 Gespräch in Genf mit UN-Mitarbeiter im August 2014

24 www.telegraph.co.uk/news/11156327/Al-Qaeda-terror-financier-worked-for-Qatari-government.html

25 www.thehindu.com/news/international/world/qatar-denies-funding-isis/article6347085.ece

26 www.nytimes.com/2014/07/30/world/africa/ransoming-citizens-europe-becomes-al-qaedas-patron.html

27 www.welt.de/politik/ausland/article133451058/Loesegeld-wird-als-Entwicklungshilfe-deklariert.html

28 Gespräch mit einem BND-Mitarbeiter im Herbst 2014

29 www.welt.de/politik/ausland/article134321523/IS-nimmt-eine-Million-Dollar-am-Tag-ein.html

30 www.faz.net/aktuell/feuilleton/kunst/kunstraub-und-terror-die-tempel-der-isis-13229696.html?printPagedArticle=true#pageIndex_2

Sklaverei im Kalifat

1 www.kath.net/news/47322

2 Aufnahmen und Dokumente darüber im Archiv des Autors

3 http://romanchristendom.blogspot.de/2014/08/i-have-lost-my-dioceseour-sufferings.html

4 www.pbs.org/wgbh/pages/frontline/rise-of-isis/

5 www.zeit.de/politik/ausland/2014-07/irak-christen-mossul

6 www.iraqinews.com/features/exclusive-isis-document-sets-prices-christian-yazidi-slaves/

7 Gespräch mit einem westlichen Diplomaten im August 2014 in Erbil; Gespräch mit einem »Makler« in Erbil

8 Malek Chebel, L'esclavage en terre d'Islam, Fayard 2007

9 https://de.screen.yahoo.com/top-news-heute/sklavenmarkt-preisliste-f%C3%BCr-jesidische-frauen-142419521.html

10 www.iraqinews.com/features/exclusive-isis-document-sets-prices-christian-yazidi-slaves/

11 Interview mit einem Nachrichtendienstler in Berlin, 6. 11. 2014

12 Ibn Ishaq: Das Leben des Propheten. Aus dem Arabischen von Gernot Rotter. Kandern 2004.

13 Internetmagazin des ISIS, Dabiq, 13. 10. 2014

14 www.general-anzeiger-bonn.de/lokales/bonn/die-spuren-al-kaidas-fuehren-nach-bonn-article254384.html

15 www.sueddeutsche.de/politik/bonn-koenig-fahd-akademie-unter-islamismus-verdacht-1.319540

16 Gespräch mit einem westlichen Nachrichtendienstler am 9. 11. 2014 in Paris

Salafistische Verschwörer

1 Gespräch mit einem deutschen Nachrichtendienstler am 17. 9. 2014 in München

2 ww.foreignpolicy.com/articles/2014/08/28/found_the_islamic_state_terror_laptop_of_doom_bubonic_plague_weapons_of_mass_destruction_exclusive und Telefonat am 24. September 2014

3 Koran Sure 40:43–50, zitiert nach: Die ungefähre Bedeutung des Al Qur'an Al Karim in deutscher Sprache. Aus dem Arabischen von Abu-r-Rida Muhammad ibn Ahmad ibn Rassoul. 12. Auflage August 2013. Herausgeber: Lies-Stiftung

4 Ebd.

5 Gespräch mit einem UN-Mitarbeiter in Zürich am 6. 10. 2014

6 Gespräch mit Nazhat Hali, Director of Parastin Agency, kurdischer Geheimdienst im August 2014

7 Interview am 7. 12. 2014

8 www.telegraph.co.uk/news/worldnews/middleeast/iraq/11064133/Islamic-State-seeks-to-use-bubonic-plague-as-a-weapon-of-war.html; vgl. http://ahlussunnahpublicaties.files.wordpress.com/2013/04/42288104-nasir-al-fahd-the-ruling-on-using-weapons-of-mass-destruction-against-the-infidels.pdf

9 Koran Sure 5:28, zitiert nach: Die ungefähre Bedeutung des

Al Qur'an Al Karim in deutscher Sprache. Aus dem Arabischen von Abu-r-Rida Muhammad ibn Ahmad ibn Rassoul. 12. Auflage August 2013. Herausgeber: Lies-Stiftung

10 Gespräch mit einem deutschen Verfassungsschützer am 9. 11. 2014 in Berlin

11 Gespräch mit einem deutschen Verfassungsschützer am 25. 11. 2014 in Berlin

12 Ermittlungsakte im Archiv des Autors

13 Gespräch mit einem deutschen Verfassungsschützer am 9. 11. 2014 in Berlin

14 www.faz.net/aktuell/politik/inland/salafisten-einen-koran-in-jeden-haushalt-11705989.html

15 www.spiegel.de/politik/deutschland/salafisten-junge-deutsch-tuerken-finden-koran-aktion-gut-a-850346.html

16 Einschätzung eines deutschen Nachrichtendienstlers am 17. 10. 2014 in Berlin

17 Ebd.

18 www.spiegel.tv/filme/salafistenprediger-mohammed-mahmoud/

Der deutsche Kämpfer

1 Gespräch mit einem deutschen Nachrichtendienstler im Dezember 2005

2 Zeugenvernehmung durch das BKA, im Archiv des Autor

3 Gespräch mit einem BKA-Beamten im November 2014 in Berlin

4 Gespräch mit einem ehemaligen Beamten des BKA im Oktober 2014

5 Gespräch mit einem deutschen Ermittler 2013 in Berlin

6 Gespräch mit einem Nachrichtendienstler am 24. 9. 2014 in Zürich

7 Gespräch mit einem deutschen Nachrichtendienstler am 26. 10. 2014 in Berlin

8 Gespräch mit einem westlichen Geheimdienstmitarbeiter am 24. 9. 2014 in Zürich

9 www.welt.de/politik/ausland/article132792520/Die-Terror-gruppe-die-nie-existierte.html

Der Dschihad in Europa

1 Gespräch mit einem belgischen Ermittler am 29. 9. 2014 in Brüssel

2 Aus dem Vermerk eines europäischen Dienstes, im Archiv des Autors

3 Gespräch am 19. 11. 2014 in Berlin

4 www.lepoint.fr/monde/nicolas-henin-quand-nemmouche-ne-chantait-pas-il-torturait-06-09-2014-1860836_24.php

5 www.bild.de/politik/ausland/isis/isis-angst-in-deutschland-37713556.bild.html

6 Gespräch mit einem deutschen Beamten am 15. 11. 2014 in Berlin

7 www.theguardian.com/world/2014/nov/20/french-isis-figh-ters-filmed-burning-passports-calling-for-terror

8 www.zeit.de/politik/deutschland/2014-10/salafisten-deutsch-land-verfassungsschutz

9 www.youtube.com/watch?v=Ov00rNamNig

10 www.spiegel.de/politik/ausland/is-in-syrien-wie-daene-mark-rueckkehrer-reintegrieren-will-a-998832.html

11 www.asianimage.co.uk/feeds/926599.met_investigate_anti-pope_protest/

12 www.independent.co.uk/news/uk/home-news/anjem-chou-dary-claims-he-would-renounce-british-citizenship-and-live-under-isis-rule-9846993.html

13 www.telegraph.co.uk/news/worldnews/middleeast/sy-ria/10582945/Al-Qaeda-training-British-and-European-jiha-dists-in-Syria-to-set-up-terror-cells-at-home.html

14 www.oe24.at/oesterreich/politik/ISIS-Oesterreich-ist-Terror-Hotspot/157743500

15 Gespräch mit einem ehemaligen Mitarbeiter des BND im Sommer 2014, der seinerzeit auf dem Balkan unterwegs war.

Israelische Soldaten
brechen ihr Schweigen

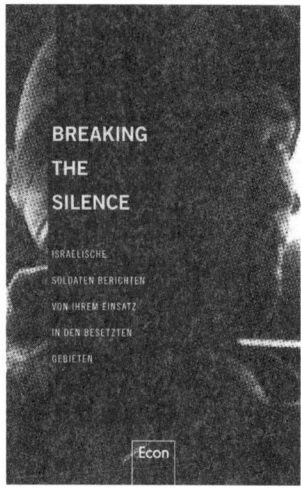

Breaking the Silence (Hrsg.)
Israelische Soldaten berichten von ihrem Einsatz in den besetzten Gebieten
416 Seiten mit s/w-Abbildungen und farbigen Karten
Hardcover mit Schutzumschlag
€ [D] 19,99 · € [A] 20,60
ISBN 978-3-430-20147-6

In diesem Buch berichten Veteranen der israelischen Armee von Schikanen und Übergriffen gegenüber der palästinensischen Bevölkerung, die sie gesehen oder selbst begangen haben. Ein schockierendes Dokument über das Vorgehen der israelischen Armee und die Realität in den besetzten Gebieten.

»Ein wichtiges Buch« *Avi Primor*

»Ein extrem wichtiger Beitrag, um die Ereignisse
im Nahen Osten besser zu verstehen.«
Financial Times Deutschland